Kleincomputer-Fibel

Von Jürgen Groh

3. Auflage

Akademie-Verlag Berlin 1989

Verfasser:

Dr. sc. nat. Jürgen Groh
Friedrich-Schiller-Universität Jena

Der Titel wurde vom Originalmanuskript des Autors reproduziert.

ISBN 3-05-500033-1

Erschienen im Akademie-Verlag Berlin, Leipziger Straße 3 - 4,
Berlin, DDR-1086

Lizenznummer: 202.100/527/89
Printed in the German Democratic Republic
Gesamtherstellung: VEB Druckerei "Gottfried Wilhelm Leibniz",
Gräfenhainichen, DDR-4450
Einband: Annemarie Wagner
Lektor: Dipl.-Math. Gesine Reiher
LSV 1089, 3059
Bestellnummer: 763 539 6 (6922)

01950

Vorwort

Zunehmend werden wir in alltäglichen Situationen, ob in Ausbildung, Berufsleben oder Freizeit, mit Kleincomputern konfrontiert. Wir begegnen diesen Geräten zumeist von aussen als einer Anlage mit Tasten, Bildschirm und Kassetten ohne Kenntnisse über das Innenleben und die theoretischen Grundlagen solcher Computer. Der vorliegende Text entstand aus dem Wunsche, Nicht-Fachleuten eine Hilfe bei der Beschäftigung mit Kleincomputern und ihrer Nutzung zu geben. Dazu werden über die Allgemeinbildung hinaus keine theoretischen oder technischen Spezialkenntnisse vorausgesetzt. So wie die Fibel als unser erstes Lesebuch, soll dieses Bändchen die ersten Schritte des Weges in eine sich beim Umgang mit Computern öffnende neue Sprach- und Denkwelt begleiten.

Ein Grossteil Anregungen habe ich in Arbeitsgemeinschaften und bei Vorträgen vor Jenaer Schülern, Studierenden und Lehrern im Rahmen der URANIA erhalten. Gerade das erfrischend wache Interesse der jüngeren Generation an moderner Mikrorechentechnik und Mathematik war mir ein hoher Ansporn bei dem Versuch, auch über zuweilen Komplizierteres in möglichst einfacher Sprache zu schreiben. Hierbei wurde ich durch eine Vielzahl von Kollegen und Freunden in mannigfaltiger Hinsicht unterstützt, wofür ich mich herzlich bedanke. Besonderer Dank gebührt meinem Chef, Herrn Prof. Dr. Kurt Nawrotzki. Als Direktor der Sektion Mathematik der Friedrich-Schiller-Universität Jena hat er mein Vorhaben unterstützt und mir in grosszügiger, verständnisvoller Weise Arbeitsmöglichkeiten gewährt. Herr Prof. Dr. Karl Hinderer führte mich am Institut für Mathematische Statistik der Universität Karlsruhe und auch daheim in die Anfangsgründe des Umgangs mit Personalcomputern ein. Seit diesem Zusammentreffen hat mich die Begeisterung an der Anwendung kleiner Computer in Theorie und Praxis nicht mehr verlassen. Herzlichen Dank möchte ich auch Herrn Prof. Dr. Horst Völz vom Zentralinstitut für Kybernetik und Informationsprozesse der Akademie der Wissenschaften der DDR in Berlin und Herrn Dr. Wolfgang Burmeister, Sektion Mathematik der TU Dresden, für freundlich gewährte Hilfe sagen. Ebenfalls unterstützt wurde ich durch eine Reihe von Firmen im In- und Ausland, speziell danke ich diesen für die bereitwillige Überlassung von Produktbeschreibungen und Daten.

Dem Lektorat Mathematik des Akademie-Verlages und insbesondere Frau Dipl.-Math. Gesine Reiher danke ich sehr für die überaus verständnisvolle und kameradschaftliche Zusammenarbeit sowie Ermutigung in schwierigen Arbeitsphasen.

Nicht zuletzt schulde ich grossen Dank meiner Familie, die das Leben eines von Terminen und anderen Widrigkeiten gestressten Schreibers mit viel Geduld und Verständnis geteilt und mitgetragen hat.

Ich hätte in diese Fibel gerne noch viele weiterführende Fragen aufgenommen. Weil aber gerade jetzt ein grosser Bedarf an populärwissenschaftlicher Literatur besteht und dieses Gebiet ohnehin in einer stürmischen Entwicklung begriffen ist, möchte ich es zunächst bei den vorgelegten Kapiteln bewenden lassen. Um den Lesern den Titel möglichst schnell zur Verfügung zu stellen, haben Verlag und Autor sich auch entschlossen, ihn im Offsetverfahren zu drucken. Eventuelle Anregungen, Kritiken und auch Wünsche zu besonders interessierenden weiteren Themen sind mir im Blick auf die Weiterentwicklung dieser Fibel stets willkommen.

Jena, im Herbst 1985 Jürgen Groh

Inhalt

Einleitung

1

Wie fing alles an?

Als es eingangs der siebziger Jahre gelang, auf einem einzigen integrierten Schaltkreis alle Funktionen von Steuer- und Rechenwerk eines Computers zu vereinigen, schlug die Geburtsstunde des Mikroprozessors. Mit dem Beginn der Massenproduktion und damit einhergehend drastisch gesunkenen Herstellungskosten begann der Eintritt universell nutzbarer Mikrochips in so viele Bereiche unseres Lebens, dass es heute schwerfällt, mit Bestimmtheit zu sagen, wo dieses zum Symbol gewordene Ergebnis wissenschaftlich-technischen Fortschrittes keine Rolle spielt oder demnächst spielen wird. Zusammen mit einer damals bereits verfügbaren wirtschaftlichen Technologie zur Herstellung elektronischer Speicherschaltkreise war der Weg zur Konstruktion kleiner, vergleichsweise billiger und dennoch leistungsfähiger Computer offen. Diese Entwicklung liess dann auch nicht lang auf sich warten, und schon in der Mitte des Jahrzehnts waren die ersten Computer 'zum Anfassen' gebaut. Diese Microcomputer wurden neben den Geräten der Unterhaltungselektronik zu den gegenwärtig wohl populärsten Produkten der Elektronikindustrie.

Computer überall

Der nunmehr einsetzende Entwicklungsschub beruhte ganz wesentlich darauf, dass der Einsatz von Computern keineswegs auf den Bereich des maschinellen Rechnens beschränkt ist, wie das ihr Name vielleicht vermuten liesse. Schon seit geraumer Zeit werden sie zur Verarbeitung auch nichtnumerischer Daten genutzt, unter anderem mit dem Ziel einer höheren Effizienz der Arbeit in Büros und Verwaltungen. Doch mindestens ebenso wirkungsvoll lassen sich die nun 'klein' gewordenen Computer zur Kontrolle und Regelung äusserer materieller Prozesse einsetzen. Und gerade hierauf beruht das Vordringen der Mikroelektronik in so viele Zweige des Produktions- und Reproduktionsprozesses. Gegebenenfalls massenhaft anfallende Daten eines real ablaufenden Prozesses können in hinlänglich kurzer Zeit verarbeitet werden um - entsprechend interpretiert - im Echtzeitbetrieb auf denselben Prozess steuernd einzuwirken. So wäre die Ausprägung der gegenwärtig als Basistechnologien apostrophierten modernen Methoden der Mess- und Steuertechnik im allgemeinen, der Telekommunikation, der Biotechnik, der rechnergestützten Konstruktion und Produktion einschliesslich der Entwicklung und Herstellung neuer mikroelektronischer Bauelemente ohne den Einsatz leistungsfähiger Computer nicht möglich gewesen.

Computer am Arbeitsplatz

Infolge dieser Entwicklung wird ein stetig wachsender Anteil von Werktätigen in Industrie und Landwirtschaft, in der Forschung oder auch im Verkehrs- und im Gesundheitswesen mit der Notwendigkeit des Umganges mit Computern und Computertechnik konfrontiert. In vergleichbaren Industrieländern überschreitet der Anteil dieser Beschäftigtengruppen demnächst die Fünfzigprozentmarke. Dabei kann und darf nicht erwartet werden, dass dieser Prozess unkompliziert und problemfrei vonstatten geht. Nicht jeder ruft beim Anblick eines Arbeitsplatzcomputers oder eines Laborautomaten 'Chip-Chip Hurra' und beginnt folgenden Tags mit dem systematischen Erlernen einer Programmiersprache. Im Gegenteil, in der Regel bedarf es eines der jeweiligen Situation angepassten Überzeugungs- und Lernprozesses, um die Akzeptanz der neuen Technik zu erreichen. Hierbei erscheint mir die Vermittlung von Sachkenntnissen der einzig richtige Weg, die nicht selten zu beobachtende Schwellenangst vor einer aktiven Nutzung der Computertechnik überwinden zu helfen. Das Auftreten derartiger Ängste und Hemmungen ist dabei ein natürlicher und keineswegs auf unsere Epoche beschränkter Vorgang, man denke nur an die Bedenken gegenüber einer explosionsartigen Verbreitung gedruckter Bücher als Massenprodukt im 18. Jahrhundert oder die Anfänge der nun 150jährigen Historie deutscher Eisenbahnen.

Früh übt sich ...

In dieser Situation ist es nur folgerichtig, unsere Schuljugend bereits heute so zu bilden, dass die zitierte Schwellenangst später gar nicht erst aufkommt. Mit dazu notwendigen Schritten wurde begonnen, und man kann annehmen, dass künftig ein anwendungsbezogenes Grundwissen über Computertechnik wie auch das Erlernen einer einfachen Programmiersprache zur Allgemeinbildung gehören. Gegenwärtig wird dies in fakultativen Arbeitsgemeinschaften, an Spezialschulen oder den Stationen Junger Techniker mit gutem Erfolg und hohem Engagement aller Beteiligten praktiziert. Die zunehmende Verfügbarkeit von Kleincomputern fördert diesen Prozess wesentlich. Solche Geräte funktionieren nach genau denselben Prinzipien wie ihre 'grossen Brüder', und die inzwischen erreichte Leistungsfähigkeit gestattet schon die Lösung schwierigerer Aufgabenklassen, so dass ihr Einsatz auch im wissenschaftlich-technischen Bereich durchaus interessant ist. Zugleich tritt mit zunehmender Verbreitung die Problematik teurer Rechenzeit in den Hintergrund, und es kann auch für 'Nicht-Profis' effektiver sein, Aufgaben am Arbeitsplatz vollständig selbst zu lösen, als die Hilfe eines Rechenzentrums in Anspruch zu nehmen. Unterstützt wird dieser Prozess durch die Dialogfähigkeit vieler Kleincomputer, die gerade dem Neuling den Einstieg sehr erleichtert. In der Regel wird dies durch die dialogorientierte, für Anfänger entwickelte Programmiersprache BASIC realisiert. Dabei ist es möglich, beginnend mit der Kenntnis eines Bruchteiles des Sprachumfanges dieses Programmiersystems, bereits kleinere lauffähige Programme zu schreiben. Der Umgang mit dem Micro kann somit schrittweise und verbunden mit den nicht zu unterschätzenden Erfolgserlebnissen erlernt werden. Auch kleinere Systeme sind enorm nutzerfreundlich ausgelegt und ebnen gegebenenfalls durch eine Vielzahl ausgeklügelter, sanft mahnender Fehlermeldungen den Weg zum korrekten Programm.

Zu diesem Buch

Den geschilderten Lernprozess möchte die Computerfibel hilfreich begleiten. So werden im zweiten Kapitel der Aufbau und die Inbetriebnahme eines einfachen Kleincomputersystems einschliesslich Bildschirm und Recorder ausführlich behandelt. Danach lernen wir im dritten Kapitel die ersten Worte der Programmiersprache BASIC, um den Rechner zur Lösung einfacher wie auch komplizierterer Aufgaben im Direktbetrieb als Tischrechner einsetzen zu können. Anschliessend schauen wir uns im vierten Kapitel gründlicher auf der Tastatur des Micro um und lernen die Bedeutung der Steuertasten kennen. Das fünfte Kapitel ist den unterschiedlichen Schreibweisen von Zahlen gewidmet und erklärt ausführlich den Begriff der Variablen. Damit sind wir so weit vorbereitet, um unsere ersten eigenen Programme schreiben zu können. Wieder beginnen wir mit sehr einfachen Beispielen, die ausschliesslich Übungscharakter haben. Danach entwerfen wir auch schon mal eine Graphik oder schreiben ein ganz einfaches Spiel, dies alles unter dem Gesichtspunkt eines möglichst zwanglosen Anfreundens mit den Funktionen und Fähigkeiten unseres Computers. Stets sind Sie dazu eingeladen, es auch mit eigenen Programmen zu versuchen und insbesondere genau zu überlegen, was Sie da gerade tun. So ganz nebenbei lernen Sie den Wert eines Flussdiagrammes oder auch Struktogrammes für Ihre Arbeit kennen, und ab und an wird auch an die Schulmathematik erinnert. Alle Programme sind durch Listings direkt aus dem Drucker angegeben und, wo es sinnvoll schien, durch einen Programmlauf dokumentiert. Die angegebenen Programme sind auch deshalb einfach gehalten, damit sie auf möglichst vielen Typen von Kleincomputern lauffähig sind.

Damit kommen wir zu einem durchaus problematischen Punkt dieser Darstellung. Die Programmiersprache BASIC existiert gegenwärtig in etwa sovielen Versionen oder Dialekten, wie es Computertypen gibt. Obwohl alle abgedruckten Programme auf zumeist mehreren verschiedenen Micros getestet wurden, ist es möglich, dass das eine oder andere Programm Anweisungen enthält, die auf Ihrem Micro einer Modifizierung bedürfen. Generell ist in solchen Fällen das speziell für Ihren Computer geschriebene Handbuch zuständig, das ohnehin Ihre tatsächlich erste Lektüre sein sollte und natürlich Ihr wichtigstes Nachschlagewerk bleibt, wenn Sie diese Fibel längst ausgelesen haben.

Die ersten sechs Kapitel dieses Buches bilden einen zusammenhängend lesbaren, einführenden Part. Wenn Sie nach dessen Lesen noch Lust oder die Pflicht haben, sich weiter mit Ihrem Rechner zu befassen, so können Sie im siebenten Kapitel mit einer systematischer angelegten Einführung in BASIC beginnen. Dort lernen Sie die Grundbegriffe dieser Programmiersprache kennen. Im achten Kapitel werden die auf Kleincomputern gebräuchlichsten BASIC Anweisungen nach ihrer Funktion geordnet vorgestellt. Zu jedem neu besprochenen Befehl sind ein oder zwei Programmbeispiele angegeben. Im neunten Kapitel wird beschrieben, wie die in der Mathematik üblichen Standardfunktionen in BASIC benutzt werden. Das abschliessende zehnte Kapitel ist den in vielen BASIC Versionen vorhandenen Funktionen zur Bearbeitung von Wörtern und Texten gewidmet.

Gelegentlich auftretende Wiederholungen bei der systematischen Darstellung einzelner Befehle wie auch Überschneidungen zu den ersten Kapiteln werden dabei bewusst in Kauf genommen. Damit's auch in diesem Teil nicht ganz so trocken zugeht, sind zuweilen etwas längere Programme eingefügt worden in der Hoffnung, dass Ihnen das Ausprobieren des einen oder anderen Spass bereitet. Sicher werden Sie viele Programme zur Kritik herausfordern, und Sie beginnen, sich an schöneren, eleganteren und den Verhältnissen Ihres Rechners angepassten Versionen zu versuchen. Und bald wenden Sie sich gänzlich dem Schreiben eigener Programme zu. Dann hat die Fibel ihren Dienst getan, und Sie werden sich nach weiterführender Literatur umschauen.

Um diesen Weg zu erleichtern, werden im Anhang eine Reihe der allseits beliebten Abkürzungen entschlüsselt und eine Liste gebräuchlicher englicher Fachausdrücke angegeben. Überdies sind Tabellen mit häufig benutzten Zahlencodes sowie der Zurückführung mathematischer Standardfunktionen auf solche in BASIC verfügbaren enthalten. Endlich werden ausgewählte Daten konkreter Kleincomputersysteme wie auch zweier auf 8 bit Kleincomputern vorwiegend eingesetzter Mikroprozessoren zitiert. Der Text endet mit einer Auswahl weiterführender und vertiefender Literatur.

Inbetriebnahme des Computers 2

Der Kleincomputer

Entsprechend seinen Funktionen besteht ein Kleincomputer aus dem Grundgerät, das die Zentraleinheit und die internen Speicher enthält, einer schreimaschinenähnlichen Tastatur für Eingaben 'per Hand', einem Bildschirm als Ausgabeeinheit und der Stromversorgung. Für Erweiterungen sowie Ein- und Ausgaben können sich am Grundgerät noch eine Reihe zusätzlicher Anschlüsse oder 'Schnittstellen' befinden, von denen uns hier nur der Anschluss für den als externen Speicher vorgesehenen Kassettenrecorder interessiert. Bereits in diesen Äusserlichkeiten besteht eine grosse Vielfalt industriell gefertigter Kleincomputer. So ist es möglich, dass alle aufgezählten Komponenten in einem einzigen Gerät zusammengefasst oder nur das Netzteil oder die Tastatur ins Grundgerät integriert sind. In der Regel werden die zum Zusammenschluss aller Einheiten benötigten Kabelverbindungen mitgeliefert. Wenn Sie sich beim Aufbau Ihres Computers genau an die im Handbuch gegebenen Vorschriften halten, kann eigentlich nichts passieren. Zudem sind durch unterschiedliche Steckerformen Fehlanschlüsse weitestgehend ausgeschlossen oder bleiben zumindest ohne Folgen.

Unser Fernseher als Monitor

Eine feine Sache ist, dass die meisten Micros so konstruiert sind, dass einige bereits vorhandene elektronische Geräte ins System integriert werden können. Insbesondere trifft das auf die Ausgabeeinheit des Computers, den auch 'Monitor' oder 'Display' genannten Bildschirm und die ihn zur Steuerung umgebende Elektronik, zu. Funktionell können wir den Monitor als ein Gerät ansehen, das es uns gestattet, in einen bestimmten 'aktuellen' Bereich des Speichers hineinzuschauen. Hierzu können wir bei vielen Micros unseren Fernsehapparat benutzen.

Ist Ihr Computer für den Anschluss eines üblichen Fernsehgerätes vorgesehen, so besitzt er intern einen Modulator zur Erzeugung und Codierung eines hochfrequenten Signales, das dem Fernseher über die Antennenbuchse zugeführt und von ihm ohne weitere Zusatzgeräte 'verstanden' wird. Es handelt sich dabei also um eine Art Kabelfernsehen, dessen Programm-Macher der Micro und Sie selbst sind. Dem Handbuch entnehmen Sie, welcher Kanal zur Übertragung benutzt wird. Das kann sowohl im VHF-Bereich, etwa der Kanal 3, oder auch im UHF-Bereich sein; hier ist Kanal 36 besonders beliebt.

Falls Sie über ein modernes Fernsehgerät mit einer 75 Ohm Koaxial-Antennenbuchse verfügen, so dürfte es beim Anschluss keine Probleme geben. Sind sowohl Ihr Micro als auch der Fernseher farbtüchtig, dann müssen sie natürlich in der benutzten Farbfernsehnorm SECAM oder PAL einander entsprechen, um ein Farbbild zu produzieren. Besitzt Ihr Fernsehgerät ein Senderschnellwahl-Aggregat, so reservieren Sie von nun an einen Kanal für Ihren Computer. Bei einem Farbgerät werden Sie bemerken, dass nicht jede Kombination von Vorder- und Hintergrundfarbe zur Ausgabe von Texten geeignet ist. Am besten eignet sich Weiss als Zeichenfarbe und Blau für den Hintergrund. Bei monochromen Monitoren sind Grün und neuerdings auch Bernsteingelb oder Amber auf dunklem Untergrund zur augenschonenden Textausgabe üblich.

Nun erscheint es durchaus verständlich, dass nach Abklingen der ersten Begeisterung Ihre Familie etwas dagegen hat, dass Sie just zur Hauptsendezeit den Fernseher als Monitor missbrauchen möchten. Da kommt dann schnell der Gedanke auf, den längst ausser Dienst gestellten Schwarzweiss-Empfänger zu reaktivieren, um den Familienfrieden zu sichern. Und das funktioniert auch, falls der Oldtimer über den geeigneten Kanal verfügt; bei vielen Micros bedeutet das schlicht die Möglichkeit zum Empfang des 2. Programmes.

Gewiss bringt es mehr Spass, das neueste Video-Spiel in Farbe laufen zu lassen, aber für die eigentliche Arbeit am Computer tut es ein Schwarzweiss-Bildschirm auch. Im Gegenteil, es ist möglich und durch Nahaufnahmen auch belegt, HC Magazin, 3 (1984), dass die Struktur der Maske einer Farbbildröhre unter Umständen mit der des vom Computer erzeugten Bildes schlecht harmoniert und aus diesen und anderen Gründen das Bild unruhig und nicht scharf ist. In solchen Fällen ist ein flimmerfreies Schwarzweiss-Bild vorzuziehen, insbesondere bei längeren Sitzungen am Rechner.

Falls sowohl Ihr Computer als auch der Fernseher über einen sogenannten Video-, Monitor- oder RGB-Anschluss verfügen, so können Sie durch Nutzung dieser Kontakte eine deutliche Verbesserung der Bildqualität erzielen. Hierbei wird das die eigentliche Bildinformation enthaltende BAS oder FBAS Videosignal nicht erst im Computer einem hochfrequenten Trägersignal aufmoduliert, um dann im Fernsehgerät viele Empfangsstufen zu durchlaufen, sondern es wird auf direktem Wege zur Synchronisation und Bildaustastung genutzt. Verfügt nur Ihr Computer über einen solchen Video-Ausgang, so kann Ihnen vielleicht ein Fernsehtechniker helfen. Aber bitte, lassen Sie selbst unbedingt die Hände vom Inneren der elektronischen Geräte, im Computer könnten Sie ein vielleicht unersetzliches Bauteil zerstören, und der Fernseher führt auch noch lange nach dem Ausschalten lebensgefährliche Hochspannung.

Betriebssystem

Alle bislang erwähnten Einheiten gehören zur sogenannten Hardware unseres Computers. Insbesondere zählen alle im Grundgerät enthaltenen Innereien hierzu, also die Leiterplatte mit Widerständen, Kondensatoren und den inzwischen berühmt gewordenen Silizium-Chips. Für sich genommen, stellt die Hardware eine Anhäufung hochkomplizierter, aber noch nicht betriebsfähiger Materie dar. Dafür, dass diese entsprechend unseren Wünschen funktioniert und organisiert arbeitet sowie über die Ein- und Ausgabe Informationen fliessen können, ist in Form von Programmen die auch in der Öffentlichkeit immer häufiger zitierte Software - wenn Sie so wollen, der 'Lebenssaft' des Computers - zuständig. Einfach gesagt, wird die Hardware durch Aufprägung von Software intelligent gemacht.

Hier ist an erster Stelle das Betriebssystem zu nennen, welches wie die Bildschirmeinheit oft ebenfalls als Monitor bezeichnet wird. Der Monitor bildet ein System von Programm-Routinen, die kurz nach dem Einschalten des Grundgerätes zu arbeiten beginnen und alle Komponenten des Computers überwachen und steuern. So wird durch den Monitor die Übergabe von Informationen von der Tastatur an die Zentraleinheit sowie von dieser zu den internen und externen Speichern oder zum Bildschirm überhaupt erst möglich.

Physikalisch ist das Betriebssystem in gewisse, zum sogenannten ROM Bereich des internen Speichers gehörende Chips fest eingebrannt, also in Gestalt von Hardware realisiert. Hier erkennt man deutlich den oft nahtlosen Übergang von Software und Hardware. Das zeigt auch das Beispiel der Schaltkreise unseres Micro. Natürlich gehören das Siliziumplättchen eines Chips und die auf ihm realisierten vielen Tausend Transistorfunktionen zur Hardware, aber das Layout, die Art und Weise, wie diese Transistoren auf dem Chip zu einer Schaltung verbunden sind, kann man unter Umständen auch zur Software rechnen. Wären die Speicher des Computers nach dem Einschalten völlig blank, also ohne jede im ROM abgelegte Information, so müssten alle zum Betrieb erforderlichen Routinen jedesmal in Form ellenlanger Folgen von Nullen und Einsen im Rechner mühsam codiert werden. Mithin stellt das im ROM gespeicherte Betriebssystem eine grosse Arbeitserleichterung und Vereinfachung dar, ja es ermöglicht dem Nicht-Spezialisten überhaupt erst den Umgang mit dem Micro.

Interpreter

Zur weiteren Anpassung an die Arbeitsweise des Menschen verfügt der Kleincomputer in der Regel über ein dialogfähiges Programmierungssystem, das die recht einfache Nutzung einer höheren Programmiersprache gestattet. Durch diese enorm nutzerfreundliche Einrichtung wird ein unkomplizierter, ohne technische Details belasteter Umgang mit dem Micro möglich - neben der nunmehr massenhaften Verfügbarkeit billiger Mikroprozessoren der zweite Grund für die wachsende Akzeptanz und Beliebtheit von Microcomputern auch bei Nicht-Fachleuten.

Das die Programmiersprache umfassende Programmierungssystem gehört ebenfalls zur Software und ist im sogenannten Interpreter realisiert oder 'implementiert'. Bei einigen Micros finden Sie das Interpreterprogramm ganz gegenständlich in Form codierter Impulsfolgen im Hörfrequenzbereich auf eine Tonbandkassette aufgespielt. In diesem Falle muss bei jeder Inbetriebnahme des Rechners der Interpreter in einen genau festgelegten Teil des mit RAM bezeichneten Arbeitsspeicher des Micro überspielt werden. Dieser Vorgang wird durch das fest programmierte Betriebssystem unterstützt.

Das geschilderte Verfahren ist ohne Zweifel etwas umständlich. Andererseits kann man später einmal bei nicht benötigtem Programmierungssystem den dafür reservierten Speicherbereich anderweitig nutzen. Auch wird der Umstieg auf eine andere Programmiersprache oder die Benutzung eines Compilers technisch sehr vereinfacht, man benötigt hierzu lediglich eine (relativ billige) Kassette mit dem geeigneten Programm.

Die andere Möglichkeit besteht darin, dass auch der Interpreter fest im ROM, also dem nichtflüchtigen Teil des Speichers programmiert ist. In diesem Falle meldet sich der Interpreter in der Regel sofort nach dem Einschalten des Computers, oder er wird gemäss Handbuch durch ein einfaches Kommando von der Tastatur aus aufgerufen. Danach können Sie unmittelbar mit der Arbeit am Micro beginnen.

Der Kassettenrecorder als externer Speicher

Der Kassettenrecorder ist das zweite Gerät aus dem Bereich der Heimelektronik, das in unser Computersystem integriert werden kann. Wie schon erwähnt, erfordern einige Kleincomputer, bei Betriebsbeginn den Interpreter von einer Kassette in den Speicher zu laden. Hierfür ist ein Recorder notwendig, falls er nicht ohnehin, wie bei einigen Geräten üblich, in den Computer physisch integriert ist. Aber auch zum Überspielen anderer, industriell produzierter Computerprogramme oder zum Sichern und Laden selbstentwickelter Programme ist bei der gegenwärtig aktuellen Generation von Kleincomputern ein Recorder als externer Speicher am gebräuchlichsten und eigentlich unverzichtbar. Das liegt daran, dass nach Einschalten des Computers zwar ein grosser Bereich des internen Speichers dem Nutzer als Arbeitsspeicher oder RAM völlig frei zur Verfügung steht. Der Inhalt ist indessen von der Aufrechterhaltung der Betriebsspannung abhängig, geht also nach dem Ausschalten des Gerätes verloren. Ein auf Kassette gespeichertes Programm kann dagegen innerhalb der langen Lebensdauer einer Kassette beliebig oft vom Band gelesen werden, belastet aber sonst das System nicht.

Ein Nachteil der als externe Speicher benutzten Recorder besteht in den recht langen Zugriffszeiten, die wegen des nötigen Umspulens im Minutenbereich liegen, so dass eine dialogorientierte Arbeit mit Zugriffen auf den externen Speicher nicht möglich ist.

Viele Micros verfügen zur Verbindung mit dem Kassettenrecorder über einen genormten Mono-Diodenanschluss. Hat der Recorder ebenfalls eine solche Buchse, was die Regel ist, so macht der Anschluss kaum Probleme, wenn Sie einfaches dreiadriges Diodenkabel - kein Überspielkabel - verwenden.

Einige Kleincomputer benutzen zum Laden und Sichern von Programmen getrennte Klinkenstecker-Buchsen, die jeweils mit der Ohrhörerbuchse beziehungsweise dem Mikrophonanschluss des Recorders zu verbinden sind. In diesem Falle läuft der Signalweg im Recorder auch über den vom Lautstärkeregler und eventuell vorhandenen Tonhöhenreglern abhängigen Verstärkerteil, daher ist, hier der Wahl einer geeigneten Wiedergabe- beziehungsweise Aufnahmelautstärke grosse Aufmerksamkeit zu schenken; einige Micros reagieren in diesem Punkte sehr empfindlich. Zur Vermeidung von Rückkopplungen im Recorder darf stets nur eine der Mikrophon- oder Ohrhörerbuchsen beschaltet werden.

Nicht jeder Kassettenrecorder besitzt einen separaten Mikrophonanschluss. In diesem Falle können Sie sich eventuell durch den Bau eines geeigneten 'Interface' helfen oder helfen lassen. Dies ist nichts weiter als ein Stück Diodenkabel, das an beiden Enden mit den passenden Steckern korrekt geschaltet wird.

Als Recorder genügt ein Monogerät ohne besonderen Komfort. Ein Bandzählwerk sollte allerdings vorhanden sein, da es die künftige Arbeit mit Programmdateien wesentlich erleichtert. Von einem Hersteller wird die Verwendung des 'Geracord' empfohlen. Als recht nützlich erweist sich ein auf manchen Recordern installiertes 'Auto Program Search System' (APSS). In Abhängigkeit von dem jeweils benutzten Datenübertragungsverfahren kann es erforderlich sein, die auf den meisten Recordern vorhandene Aussteuerungs-Automatik abzuschalten und den Pegel per Hand einzustellen. Dabei sollte man nicht zu schwach aussteuern. Irgendwelche Rauschunterdrückungsverfahren oder MPX-Filter des Recorders sind in jedem Falle störend und sollten abgeschaltet werden.

Bezüglich des verwendeten Bandmaterials ist nur wichtig, dass es im Typ zum Recorder passt und insbesondere frei von 'drop outs' sein muss. Während bei der Wiedergabe von Musikaufnahmen kleinere 'Löcher' in der Magnetschicht des Tonbandes kaum ins Gewicht fallen, sind sie bei einer Nutzung als Datenband sehr störend, da hierdurch wertvolle Information verloren gehen kann. Auch sollten Sie magnetische Datenträger nicht in unmittelbarer Nähe starker Netztransformatoren oder von Dauermagneten abgelegt werden.

Organisation des Arbeitsplatzes

Vor Einrichtung Ihres Bildschirmarbeitsplatzes, eventuell auch daheim, sollten Sie einiges bedenken. Am besten wär's, Sie fänden ein Plätzchen für einen kleinen Tisch oder Schreibtisch, auf den alles benötigte Gerät passt. Dabei können zwischen den einzelnen Einheiten gewisse Mindestabstände erforderlich sein, da sich die elektronischen Geräte durch Störstrahlungen eventuell gegenseitig beeinflussen. Dies betrifft in Sonderheit den Fernseher, der aber zum Zwecke eines günstigen Betrachtungsabstandes ohnehin im Hintergrund bleiben sollte.

Fast alle Geräte besitzen einen separaten Netzanschluss. Um das dadurch entstehende Kabelgewirr in Grenzen zu halten, sollten Sie diese Leitungen am Tischende in einer vorschriftsgemässen Netzverteilerleiste zusammenfassen. Seien Sie in diesem Punkte nicht knickrig und gewährleisten durch einen industriell gefertigten Verteiler die elektrische Betriebssicherheit Ihrer Anlage. Sorgen Sie durch Aufrollen für eine sichere Kabelführung, wie schnell ist durch Stolpern über eine provisorische 'Freileitung' ein vielleicht unersetzbares Gerät zu Boden gegangen. Also, lassen Sie keine Kabelschleifen herumhängen und achten von Anfang an auf diese 'Kleinigkeiten'. Sie wissen doch, nichts ist haltbarer als ein Provisorium. Dies trifft natürlich auch auf die nötige

Verbindung der Geräte untereinander zu, auch hier sollten Sie nur einwandfreies, intaktes Material verwenden und jeden Wackelkontakt vermeiden.

Insbesondere Micros mit eingebautem Netzteil sind sehr empfindlich gegenüber Wärmestaus. Sorgen Sie dafür, dass alle am Gerät vorhandenen Lüftungsschlitze stets frei sind und auch nicht durch ein 'schnell mal abgelegtes Handbuch' verdeckt werden.

Lassen Sie sich auf dem Arbeitstisch genügend Platz zum Schreiben und auch für das Handbuch, das stets griffbereit sein muss. Überhaupt sollten Sie bei der Gestaltung des Arbeitsplatzes nicht nur an die Technik, sondern auch an sich und Ihr Wohlbefinden denken. Insbesondere dann, wenn Sie mehrstündige Sitzungen am Rechner beabsichtigen, wozu es ganz schnell kommen kann. So ist die rechte Bildschirmergonomie durchaus ein Kapitel für sich; DIN-Taschenbuch 194 (1984), Koch,H. (1980). Das Bild sollte möglichst ruhig stehen und nicht flimmern; und dass ein scharfabbildender Schwarzweiss-Schirm einem schlechten Farbgerät vorzuziehen ist, wurde schon gesagt. Achten Sie auf Blendfreiheit und stellen den Fernseher wie üblich schräg gegen das Fenster. Dann können Sie unbewusst immer mal das Auge heben und durch einen Blick zum Fernpunkt entspannen. Stellen sich Kopfschmerzen oder tränende Augen ein, so wird es höchste Zeit, die Sitzung am Schirm zu unterbrechen und durch Entspannung sowie Veränderungen des Arbeitsplatzes für Abhilfe zu sorgen.

Falls Sie die Wahl haben, so geben Sie einem Rechner mit bedienerfreundlicher Schreibmaschinentastatur den Vorzug. Durch die richtige Wahl der Höhe von Sitz- und Arbeitsfläche können Sie dazu beitragen, Verspannungen im Bereich der Wirbelsäule zu vermeiden. Wenn Sie nun noch darauf achten, dass durch die neue Beschäftigung Ihre insgesamt vor Bildschirmen verbrachte Lebenszeit nicht wesentlich verlängert wird, dann haben Sie schon mal was für Ihre Gesundheit getan.

Apropos, wir sprachen schon vom Haussegen. Lassen Sie sich bei einer Beschäftigung am Computer daheim ruhig in die Karten - sprich den Monitor - schauen. Falls Sie die Computerei wirklich packt - und wie alle Beobachtungen zeigen, wären Sie mit diesem Problem durchaus nicht allein auf der Welt - kann dies zu ganz erheblichen Verschiebungen in Ihrem Freizeitverhalten führen. Und dies machen Sie Ihrer Familie doch wohl am ehesten verständlich, wenn Sie sich mit dem Micro nicht verkriechen, sondern alle an Ihren Erfolgen teilhaben lassen. Noch besser, Sie schrieben Ihrem Partner ab und an mal ein Programm, das er wirklich brauchen kann.

Und Ihren Kindern könnte tatsächlich nichts Besseres passieren, als dass sie mit Ihnen gemeinsam die neue Technik verstehen und begreifen lernen. So kommt in ihnen eine Schwellenangst vor Computern gar nicht erst auf. Übrigens ist kein Fall bekannt geworden, dass Kindern das frühzeitige Erlernen einer einfachen Programmiersprache geschadet hätte. Das heisst ja nicht, dass Sie Ihren Jüngsten keine Märchen mehr erzählen. Gerade Märchen haben viel mit Phantasie zu tun, und diese brauchen unsere Kinder gewiss. Ganz gleich, wie Sie es sehen, die von uns allen gewollte und erarbeitete friedliche Entwicklung vorausgesetzt, werden sich spätestens unsere Kinder in einer weitgehend von Automation und Computertechnik dominierten Welt zurechtfinden müssen. Und wenn wir wollen, dass sie diese ihre Welt nicht nur erleben, sondern aktiv gestalten und beherrschen, so ist heute die Überlassung eines Taschenrechners schlicht zu wenig.

Noch ein paar Tips

1. Besitzt Ihr Fernsehgerät keinen modernen 75 Ohm Koaxialanschluss, sondern einen symmetrischen Antenneneingang, so benötigen Sie einen Antennenstecker mit eingebautem Symmetrierglied,um Geisterbilder zu vermeiden. Handelsüblich sind folgende Ausführungen:
   - ESY 1 - Übergang von Koax auf Bananensteckerkontakte
   - ESY 3 - Übergang von Koax auf symmetrischen VHF-Kontakt für Kanäle des 1.Programmes (zum Beispiel Kanal 3)
   - ESY 4 - Übergang von Koax auf symmetrischen UHF-Kontakt für Kanäle des 2.Programmes (zum Beispiel Kanal 36)

Streng genommen stellt das Anschrauben eines neuen Steckers an ein Originalkabel bereits einen technischen Eingriff ins Gerät dar, den Sie aus Garantiegründen meiden sollten. Zudem bleiben Sie flexibel, wenn Sie sich mit einem geeigneten der genannten Stecker, einem Stück Koaxialantennenkabel und einem Koaxial-Verlängerungsstecker ein kleines Übergangskabel bauen. Bei sehr alten Fernsehgeräten sollten Sie wirklich ganz sicher sein, dass der Antenneneingang gleichspannungsfrei ist, bevor Sie ihn an den Micro schalten.

2. Benutzen Sie Ihr TV-Gerät als Monitor, so ziehen Sie bitte alle Fernsehantennenstecker ab. Auch eine zusätzliche Antennenweiche sollten Sie nicht benutzen. Zwar liesse sich damit das lästige Umstöpseln vermeiden, doch könnte eventuell das vom Computer abgegebene Bildsignal in das Antennensystem abgestrahlt werden. Dies wäre unzulässig und könnte zu Empfangsstörungen bei anderen Rundfunk- und Fernsehgeräten führen. Der Anschluss zweier Fernsehgeräte an den Computer ist in aller Regel unproblematisch. Zum Beispiel können Sie ein kleines Gerät als Arbeitsschirm und einen grossen Bildschirm zur Demonstration kombinieren. Hierzu ist die im Handel erhältliche Antennenweiche Nr. 3024 aus dem Universal-Verstärker-System in geschirmter Technik geeignet.

3. Manche Kleincomputer lassen durch Verstellen gewisser von aussen zugänglicher Trimmpotentiometer eine Feinregulierung des Modulators für das Fernsehsignal zu. Tun Sie das erst, wenn Sie bereits einige Erfahrungen im Umgang mit dem Micro gesammelt haben und wissen, wie Sie die Farben des Bildschirms programmieren. Dann regulieren Sie entsprechend den Angaben in Ihrem Handbuch so, dass Sie ein stabiles, flimmerfreies Bild mit nicht ausgefransten, scharfen Rändern erhalten. Mit einem eventuell vorhandenem zweiten Trimmer sorgen Sie für ausreichenden Kontrast zwischen den Bildschirmfarben Weiss und Gelb. Besitzt Ihr TV-Empfänger eine AFC-Taste, so stellen Sie diese während der Einregulierung des Bildes auf 'aus'.

4. Auch wenn Ihr Micro zum Anschluss des Kassettenrecorders eine fünf- oder gar siebenpolige Diodenbuchse besitzt, kann es erforderlich sein, zur Verbindung des Micro mit dem Recorder ein Kabel mit dreipoligen Steckern zu benutzen.

Mono-Buchse: Stereo-Buchse:

1 - Aufnahme, 2 - Masse, 3 - Wiedergabe

Der Grund ist, dass die überzähligen Kontakte im Micro oft für andere Zwecke, beispielsweise zum Anschluss eines Zweitlautsprechers oder für eine automatische Motorsteuerung des Recorders, beschaltet sind. Ist der Recorder ein Monogerät, so sind in aller Regel im Gerät die Kontakte 3 und 5 sowie oft auch 1 und 4 kurzgeschlossen, was bei Verwendung eines fünfpoligen Kabels zu Komplikationen im Micro führen kann. Die oben angegebene Numerierung der Kontakte für Diodenanschlüsse ist beim Blick von aussen auf die Buchse gültig.

5. Gewöhnlich enthält das vom Computer abgegebene Videosignal kein Tonsignal. Deshalb kann auch keine Tonwiedergabe über den Lautsprecher des Fernsehgerätes erfolgen. Viele Micros indessen verfügen zur Ausgabe von Ton- oder Geräuscheffekten über einen kleinen eingebauten Lautsprecher. Meistens ist ein Anschluss für einen zweiten Lautsprecher oder einen Verstärker vorgesehen, mit dem Sie dann die erzeugten Tonsignale in HIFI-Qualität abhören können, wenn Sie das wollen.

6. Einige Micros tolerieren auch geringfügige Abweichungen von der Sollnetzspannung nicht. Es kann dann zum Rollen oder zu anderen Deformationen des ausgegebenen Fernsehbildes kommen oder sogar der Mikroprozessor aus dem rechten Takt geraten. In solchen Fällen hilft ein am besten per Hand regulierbarer Stelltransformator zur Stabilisierung der Netzspannung. Diese Geräte sind für verschiedene Anschlussbelastungen erhältlich. Seien Sie nicht kleinlich und dimensionieren Sie die Nennleistung so, dass alle Netzanschlüsse Ihres Computersystems über den Stelltrafo versorgt werden können. Nicht zuletzt Ihrem Fernseher tuen Sie damit etwas Gutes in puncto Lebenserwartung an.

7. Bei einigen Systemen ist die Reihenfolge des Einschaltens der einzelnen Geräte von Belang. Nach dem Einschalten des Micro wird auf den Fernseher kurzzeitig ein Balken- oder Quadratmuster ausgegeben, das dann in die normale Bildausgabe übergeht. Bei Geräten mit externer Stromversorgung kann es sein, dass das Balkenmuster stehenbleibt. In diesem Falle sollten Sie zuerst die Stromversorgung ans Netz legen und danach die abgegebene Gleichspannung auf den Micro schalten. Damit vermeiden Sie das Durchschlagen eines Induktionsstosses auf den Micro, das diesen bei der Ausgabe des Balkenmusters hängen lässt. Bei Geräten mit eingebautem Netzteil tritt dieses Problem nicht auf.

Einen eventuell angeschlossenen Drucker sollten Sie stets zuletzt einschalten. Dadurch vermeiden Sie, dass durch Einschaltvorgänge verursachte Pseudo-Informationen zu Fehldrucken führen.

Wie reden wir mit unserem Micro? 3

Der Rechner meldet sich

Nach dem Einschalten wird sich unser Computer-System auf dem Bildschirm melden - vorausgesetzt, wir haben beim Aufbau alles richtig gemacht und den Fernseher sauber abgestimmt. Die Art und Weise dieser Meldung hängt vom konkreten Rechnertyp ab und wird etwa so

```
Computer-System
** Monitor - 1985 **
>■
```

oder auch so

```
EXTENDED BASIC V3.0
(C) 1985 COMPUTER SYSTEM
47870 BYTES FREE

Ready
■
```

ausschauen. Der Micro teilt uns hierdurch mit, dass er sich im Grundzustand befindet und dass seine Systeme funktionieren. Das Hirn des Rechners - die Zentraleinheit - sowie seine Speicher und Peripheriebausteine wurden nach Anliegen der internen Versorgungsspannungen initialisiert, das heisst in einen genau definierten Anfangszustand gebracht. Danach arbeitet der Micro bereits nach einem fest vorgegebenem Programm, dem Monitor oder

Betriebssystem, englisch auch 'operating system' abgekürzt OS, genannt. Das ebenfalls aus dem Englischen stammende Wort Monitor lässt sich in diesem Zusammenhang mit 'Aufpasser' oder 'Aufsichtführender' übersetzen, was die technische Funktion recht zutreffend charakterisiert.

Zu den Aufgaben des Monitor gehört - für uns im Resultat erkennbar - die Steuerung aller Signale zum Bildschirm sowie die Kontrolle oder Abfrage der Tastatur, die nun betriebsfähig ist. Auf diese Weise schafft der Monitor - nicht zu verwechseln mit der ebenso genannten Bildschirm-Ausgabeeinheit - die Grundvoraussetzung für einen Dialog mit dem Rechner, der jetzt auf unsere erste Eingabe wartet. Auf dem Bildschirm wird dies durch das kleine, bei den meisten Systemen blinkende Quadrat signalisiert. Alle diese Vorgänge laufen unabhängig von uns ab, nach einem dem Rechner ein für allemal fest eingeprägtem Schema.

Sprechen Sie BASIC?

In der Frühzeit der Rechentechnik wurden die für den Rechner bestimmten Informationen, in langen Folgen von Nullen und Einsen codiert, etwa über die Tastatur oder mittels der wohlbekannten Lochkarten und eines Lochkartenlesers übergeben. Besonders komfortabel war dies gerade nicht. Zuerst eine gute Nachricht, unser Micro versteht eine richtige Sprache, in der wir ihn über seine Tastatur ansprechen können. Und nun die schlechte, diese Sprache ist eine künstliche, also insbesondere nicht etwa Deutsch.

Die Wörter dieser Kunstsprache bestehen aus einzelnen Zeichen sowie Abkürzungen und Worten, die der englischen Sprache entlehnt sind. Letzteres hat historische Gründe. Wichtig ist, dass sowohl der Sprachumfang als auch die zugehörige Grammatik sehr begrenzt und, bezogen auf einen konkreten Rechner, völlig festgelegt sind.

Die Sprache unseres Micro heisst BASIC, das ist ein Kunstwort und bedeutet Beginners All-purpose Symbolic Instruction Code, zu deutsch etwa 'Allzweck-Programmiersprache für Anfänger'. Erfunden wurde BASIC von den Mathematikern John G. Kemeny und Thomas E. Kurtz im Jahre 1964 am Dartmouth College Hanover im US-Staat New Hampshire. Ursprünglich als ein Provisorium geschaffen, um Studierenden verschiedenster Fachdisziplinen den ersten Umgang mit der damals neuen Rechentechnik zu erleichtern, hat sich BASIC zu einer hochentwickelten Programmiersprache gemausert und sich als 'erste' dialogorientierte Sprache für Microrechner mit seinen vielen Vorzügen und - leider auch - Schwächen weltweit durchgesetzt. Streng genommen gibt es inzwischen so viele Versionen oder Dialekte von BASIC, wie es technisch ausgereifte Typen von Microrechnern gibt. Parallel zu der dadurch provozierten Sprachverwirrung gab und gibt es Bestrebungen zu einer Vereinheitlichung der vielen existierenden BASIC Dialekte. Zu einem gewissen Standard ist das weit verbreitete (interpretierte) BASIC der Firma Microsoft geworden. Neuestes Kind dieser durchaus von handfesten ökonomischen Interessen bestimmten Entwicklung ist das sogenannte Microsoft Extended BASIC derselben Software-Firma. Diese neueste Sprachversion umfasst das alte Microsoft BASIC und gehört zu einem mit MSX bezeichneten Computer-Standard, der auch wesentliche Elemente der Hardwarekonfiguration und des Betriebssystems von Microcomputern berührt, Radio Fernsehen Elektronik, 2 (1985), Steffens, E. (1985). Wichtigster Vorteil eines allgemein akzeptierten Standards wäre die Übertragbarkeit von BASIC Programmen auf Kleincomputer unterschiedlicher Hersteller, wovon heute leider keine Rede sein kann.

Es sei noch bemerkt, dass eine gewisse Kenntnis des Englischen nicht nur beim Erlernen von BASIC hilft, sondern auch für das Verständnis des gesamten Microcomputer-Systems recht nützlich ist, da eine Vielzahl von Bezeichnungen und Abkürzungen der Mikrorechentechnik dieser Sprache entstammt.

Start des Interpreters

Damit unser Micro die Sprache BASIC versteht, muss er entsprechend programmiert sein. Hierfür ist der Interpreter zuständig. Wie schon besprochen, ist bei einigen Kleincomputern zu Betriebsbeginn das Programm des BASIC Interpreters von einer Kassette zu laden. Diesen Fall wollen wir zuerst besprechen. Der Micro meldet sich dann so wie eingangs dieses Kapitels dargestellt, etwa mit Ausgabe der Zeile ** Monitor ** oder auch der Buchstaben OS für 'Operating System'. Hierdurch wird angezeigt, dass der Monitor arbeitet. Auf vielen Micros wird nun in der nächsten Zeile das 'Prompt' genannte Zeichen > ausgegeben und rechts daneben ein blinkendes Quadrat, der Cursor oder Positionsanzeiger. Dieser meldet die Bereitschaft zur Annahme einer Eingabe über die Tastatur in der sogenannten Betriebssystem-Ebene des Rechners. Ein eingetipptes Zeichen wird unmittelbar auf der aktuellen Position des Cursors ausgegeben, wobei der Cursor dann um eine Position weiterrückt.

Zum Laden des Interpreters verfahren Sie wiederum genau nach den Angaben Ihres Handbuches. In jedem Falle müssen Sie zuerst die Kassette mit dem BASIC Interpreter in den Recorder einlegen und das Band an den Beginn der entsprechenden Aufzeichnung fahren. Auf einigen Micros geben Sie nun den Befehl LOAD ein, indem Sie nacheinander die Buchstaben <L> <O> <A> <D> in die Tastatur tippen. Dabei verfolgen Sie auf dem Bildschirm, ob auch alles stimmt. Jetzt schliessen Sie diese Eingabezeile ab, indem Sie die mit ENTER, RETURN, CR oder manchmal auch mit einem Pfeilwinkel ↵ gekennzeichnete Taste drücken, was hier in der Folge mit <ENTER> ausgedrückt wird. Im Rechner wird jetzt ein dem Befehlswort LOAD entsprechendes Kommando ausgeführt, und auf dem Bildschirm erscheint eine Aufforderung zum Start des Datenbandes, etwa ↓ PLAY oder 'start tape'. Hierauf betätigen Sie die <PLAY> Taste Ihres Recorders, worauf der Interpreter in den Arbeitsspeicher des Computers geladen wird. Dies ist deutlich an dem nunmehr ertönenden, wenig melodischen Geräusch erkennbar, da die zu übertragende, das Programm des Interpreters enthaltende Information ja in Impulsfolgen des Hörfrequenzbereiches codiert ist. Falls Sie einen Recorder mit Diodenausgang verwenden, können Sie die akustische Wiedergabe auf ein erträgliches Mass reduzieren. Insbesondere des Nachts sollten Sie dabei auch Ihres Nachbarn gedenken.

Ist die Intensität des Ausgangssignales Ihres Recorders von der Stellung des Lautstärkereglers abhängig, so finden Sie die richtige Einstellung durch Probieren etwa in Mittelstellung. Den Höhenregler drehen Sie dabei bitte voll auf. Manche Rechner teilen die fehlerfreie Übertragung gelesener Datenblöcke durch Ausgabe der jeweiligen Block-Nummer mit. Die Übertragung des gesamten Interpreter-Programms nimmt circa zwei bis drei Minuten in Anspruch. Falls alles funktioniert hat, teilt dies der Rechner auf dem Bildschirm mit, zum Beispiel durch Ausgabe eines OK. Nun sollten Sie das Band - wohl das dem stärksten Verschleiss unterliegende Teil Ihres gegenwärtigen Systems - gleich wieder zurückspulen, da es im aufgerollten Zustand die grösste Lebensdauer garantiert. Deponieren Sie die Kassette umgehend fern aller elektronischen Geräte, insbesondere des Fernsehers. Schliesslich enthält die Kassette Ihre gegenwärtig wichtigste Systemsoftware, deren Verlust fatale Folgen hätte. Einige Interpreter sind selbststartend und melden sich nun sofort, andere werden durch Eingabe eines Befehlswortes, etwa BASIC und anschliessendes Drücken von <ENTER>, von der Monitor-Ebene aus gestartet. Auch hierbei gibt es wiederum Unterschiede, so fordern viele Micros mit der Ausgabe von MEMORY SIZE? dazu auf, die obere Grenze des zur Speicherung von BASIC Programmen vorgesehenen Bereiches im Arbeitsspeicher oder RAM festzulegen. Mit diesen Feinheiten belasten wir uns jedoch vorläufig nicht, sondern antworten hierauf sofort mit <ENTER>, wodurch gewöhnlich der maximale, für Programme verfügbare Speicherbereich zugewiesen wird.

Der Micro ist jetzt von der Monitor-Ebene in die Interpreter-Ebene übergegangen. Genauer gesagt, befindet er sich im sogenannten Kommando-Modus des Interpreters. Dies bedeutet, dass nunmehr über die Tastatur erfolgende Eingaben als Befehlsworte der 'höheren', problemorientierten, maschinenfernen Programmiersprache BASIC interpretiert werden. Bei dem von der Firma Zilog für den Mikroprozessor Z80 entwickelten Interpreter - den man als 'Ahnherrn' für viele spätere Entwicklungen ansehen kann - wird dieser Betriebszustand durch erneute Ausgabe des 'Prompt' oder Bestätigungszeichens > gemeldet. Der hiernach ausgegebene blinkende Cursor signalisiert, auf welcher Bildschirmposition die nächste Ausgabe erfolgt. In diesem Kommando-Modus oder Direktbetrieb werden eingegebene BASIC Worte als Kommando interpretiert. Die entsprechende Aktion wird unmittelbar nach Betätigung von <ENTER> intern ausgeführt und der korrekte Abschluss durch die Ausgabe eines OK oder auch des Wortes Ready, zu deutsch 'fertig', mitgeteilt.

Bei Geräten mit fest im ROM gespeichertem Interpreter ist alles etwas einfacher, da das Einlesen von der Kassette entfällt. Entweder meldet sich der Interpreter sofort nach Einschalten des Micro, oder man muss ihn von der Monitor-Ebene aus, etwa durch Eingabe von <B> <A> <S> <I> <C>, <ENTER>, starten.

Wieder andere Kleincomputer geben unmittelbar nach dem Einschalten über den Bildschirm zeilenweise ein sogenanntes Menü aus. Hier können Sie sich wie auf einer Speisekarte für eine Betriebsart entscheiden, indem Sie - entsprechend den Anweisungen des Handbuches - den Cursor mit Hilfe der durch Pfeile gekennzeichneten Cursorführungstasten an den Anfang der gewünschten Zeile positionieren und anschliessend <ENTER> eingeben.

Irgend etwas klappt nicht

Es ist gar keine Frage, dass bei einem relativ komplizierten Vorgang wie dem Einlesen des Interpreters von der Kassette ins RAM auch mal was schiefgehen kann. Dies ist überhaupt kein Grund, gleich nervös zu werden. Vorab ist es tröstlich zu wissen, dass anfangs in aller Regel ein Fehler zuerst bei uns, seltener im Recorder und so gut wie gar nicht im Micro auftritt. Am besten, Sie lesen in einem solchen Falle die betreffende Passage in Ihrem Handbuch nochmal gründlich und in aller Ruhe durch, in einigen Handbüchern sind richtige Check-Listen zur Fehlersuche angegeben. Zuerst sollten Sie an den korrekten Sitz der Steckkontakte an Micro und Recorder denken.

Geirrt haben können wir uns bereits bei der Eingabe des Befehlswortes LOAD. Bemerkten wir diesen Fehler schon beim Eintippen, so können wir ihn vor Drücken der ENTER-Taste zumeist ganz einfach korrigieren. Viele Micros besitzen hierfür eine Löschtaste, die es erlaubt, das links vom Cursor stehende Zeichen zu löschen. Bei einigen Micros besitzt in der Monitor-Ebene des Rechners die mit dem Pfeil ← gekennzeichnete Cursorführungstaste diese Funktion. So können wir durch Löschen und anschliessende Neueingabe falsch getippte Zeichen vor Betätigung der ENTER Taste korrigieren. Haben Sie ein Befehlswort falsch eingegeben und mit <ENTER> abgeschlossen, so wird es der Monitor nicht verstehen können und teilt dies durch Ausgabe einer codierten Fehlermeldung mit. Danach wird das Bestätigungszeichen ausgegeben, und Sie können es nochmal versuchen. Schwieriger ist es, wenn Sie versehentlich ein anderes, zum Befehlsvorrat des Monitor gehörendes Wort eingegeben und abgeschlossen haben. Dies wird dann irgendeine völlig unbeabsichtigte Reaktion des Micro auslösen. In einem solchen Fall können Sie durch Drücken der auf vielen Micros vorhandenen RESET Taste 'die Notbremse ziehen' und den Computer intern zum sogenannten Warmstart, etwa in den Anfangszustand kurz nach dem Einschalten, zurücksetzen. Fehlt eine solche Taste, hilft oft nur noch die radikale Methode einer Unterbrechung der Stromzufuhr.

Erwähnt sei noch, dass in der Monitor-Ebene des Rechners der Vorrat akzeptierter Befehlsworte sehr begrenzt ist, gleichgültig ob diese durch sukzessives Drücken von Buchstabentasten oder mittels einer einzigen Befehlstaste aufgerufen werden. Insbesondere sind hier Worte der Sprache BASIC nicht zugelassen, sie kann der Micro in diesem Betriebszustand nicht verstehen, da der BASIC Interpreter ja noch gar nicht arbeitet.

Gründe für einen fehlerhaften Ladevorgang liegen oft im Recorder. Schon ein paar Staubfussel am Tonkopf können die Übertragung eines Datenblockes so stören, dass der Micro den Lesevorgang einstellt - unabhängig davon, dass das Band im Recorder weiterläuft und 'Datengeräusch' ertönt. In diesem Falle stoppen Sie das Band und fahren es zurück. Bei blockweiser Datenübertragung genügt es oft, dem Micro das Band ab dem fehlerhaft gelesenen Block nochmal vorzuspielen. Da die Datenblöcke mittels eines Code numeriert sind, findet sich der Micro dabei allein zurecht.

Bei anderen Systemen spulen Sie das Band bis zum Anfang zurück. Falls der Micro keine andere Hilfe bietet, gehen Sie nun mit RESET zurück zum Warmstart und wiederholen die gesamte Ladeprozedur noch einmal.

Sollte bei mehrmaligen Ladeversuchen ein Übertragungsfehler stets im selben Datenblock auftreten - eventuell erkenntlich an den auf dem Bildschirm ausgegebenen Blocknummern oder auch an der aktuellen Position des Cursors - so liegt der böse Verdacht eines Fehlers im Datenband nahe, das vielleicht an der betreffenden Stelle einen Knick abbekommen hat. Viele Datenbänder besitzen eine zweite, als Sicherheitskopie dienende Aufzeichnung des Interpreters, auf die Sie nun probeweise ausweichen können. Funktioniert auch das nicht, so besteht vieleicht ein grundsätzlicher Anschlussfehler, verursacht durch eine ungeeignete Kabelverbindung, oder der Recorder ist zur Zusammenarbeit mit Ihrem Computer nicht geeignet. Dies kann an nicht richtig angepassten Signalpegeln oder - in ganz seltenen Fällen - an einer gegensinnigen Kopfpolarität im Recorder liegen. Bevor Sie nun einen Fehler in Ihrem Micro vermuten, sollten Sie unbedingt verschiedene Recordertypen, eventuell mit unterschiedlichen Anschlussformen, ausprobieren. Bei einigen Rechnertypen hängt das korrekte Funktionieren der Datenübertragung sehr von der Wahl des passenden Recorders ab.

Die erwähnten Schwierigkeiten beim Kassettenbetrieb sind ein Grund, nochmals auf einen sehr pfleglichen Umgang mit der den Interpreter enthaltenden Systemkassette hinzuweisen. Vielleicht denken Sie schon mal darüber nach, wie Sie sich eine zusätzliche Sicherheitskopie Ihres Interpreters auf einer anderen Kassette verschaffen können. Dabei kann Ihnen die Kenntnis der Tatsache helfen, dass nach Einlesen des Interpreters dieser - eventuell erst nach einer gewissen, 'bank-switching' genannten internen Verlagerung - schliesslich in einem genau definierten Bereich des RAM gespeichert wird. Auf vielen Micros besteht die Möglichkeit, mittels eines systemabhängigen Schreibbefehls SAVE Daten aus einem vorgebbaren Speicherbereich zu lesen und auf Band zu sichern.

Die ersten Gehversuche

Wird nicht ausdrücklich anderes gesagt, so gehen wir von nun an stets davon aus, daß der Micro bereits in der Interpreter-Ebene arbeitet.

Falls notwendig, wurde also der Interpreter bereits erfolgreich geladen und das Interpreter-Programm gestartet. Unser Micro versteht jetzt die auf ihm implementierte Programmiersprache BASIC. Eine über die Tastatur eingegebene Information oder auch ein bereits im Arbeitsspeicher des Micro befindliches Programm kann damit im Sinne der Sprache BASIC interpretiert werden. So wird ein dem Rechner übergebenes Wort vom Interpreter mit dem eigenen, fest definierten Wortschatz verglichen und, nachdem es erkannt ist, ein entsprechendes Kommando als 'Maschinenroutine' intern realisiert. Bei einem einzigen eingegebenen Befehl geht dies alles so schnell vonstatten, dass Sie augenblicklich das Resultat wahrnehmen und der Micro bereits die nächste Eingabe erwartet. Selbstverständlich benötigt der Computer zur Verarbeitung von BASIC Befehlen eine endliche Zeitspanne, die etwa im Millisekunden-Bereich liegt. Später werden wir sehen, dass der Rechner zur Interpretation eines viele Befehle enthaltenden Programmes unter Umständen recht viel Zeit benötigt, einer der wenigen Nachteile von BASIC Interpretern.

Versuchen wir nun in einem ersten Anlauf, unseren Micro wie einen Taschenrechner zu betreiben, etwa um die Addition 5 + 2 ausführen zu lassen. Also geben wir ein:

<5> <+> <2> <=>

Das Drücken einer bestimmten Taste symbolisieren wir hier wieder durch Setzen spitzer Klammern. Auf dem Bildschirm erscheint die Zeichenfolge 5 + 2 = , gefolgt von dem blinkenden Cursor, der uns signalisiert, dass 'dort' auf die nächste Eingabe gewartet wird. Mehr geschieht indessen nicht. Jetzt erinnern wir uns, dass Eingaben mit <ENTER> abzuschliessen sind, also drücken wir nun noch voller Erwartung auf diese Taste. Ja, und jetzt stellen wir fest, dass der Micro mit dieser Eingabe nichts anfangen kann. Entweder reagiert er überhaupt nicht erkennbar, oder es wird eine Fehlermeldung, etwa 'SN' ausgegeben. Dem Handbuch entnehmen wir, dass dies SYNTAX ERROR bedeutet, wir also einen syntaktischen Fehler gemacht haben. Viele Micros sind so freundlich und teilen uns derartige Fehlermeldungen verbal auf Englisch mit.

Das Resultat der Addition von 5 und 2 haben wir aus dem Rechner allerdings noch immer nicht herausbekommen. Dies liegt daran, dass sich die Arbeitsweise unseres Micro auch im Direktbetrieb grundlegend von der eines normalen Taschenrechners unterscheidet. Soll uns der Kleincomputer bei der Lösung unserer Additionsaufgabe helfen, so müssen wir die Eingabe in einer dem Rechner verständlichen Form vollziehen, in unserem Falle also die Programmiersprache BASIC benutzen. Jetzt nun lernen wir unsere erste BASIC Vokabel, nämlich das für die Ausgabe von Resultaten zuständige Wort PRINT, abgeleitet von to print, zu deutsch 'drucken'. Die Bedeutung dieses Wortes ist historisch zu verstehen, da vor der Einführung von Bildschirmen oder Bildschirm-Terminals die Ausgaben eines Computers zumeist über einen Fernschreiber oder Drucker erfolgten.

Starten wir also einen weiteren Versuch. Wir wünschen das Ergebnis einer Addition auf dem Bildschirm zu sehen, versuchen wir es daher mit folgender Eingabe:

<P> <R> <I> <N> <T> < > <5> <+> <2>

Dabei bezeichnen wir mit < > eine Betätigung der Leertaste - oft und besser auch Space-Taste genannt - ganz unten auf der Tastatur. Durch Drücken dieser Taste geben wir keineswegs etwa nichts, sondern ein 'blankes' Zeichen ein, das sich in der Feinstruktur eben aus lauter Punkten in der Hintergrundfarbe des Schirmes zusammensetzt. Für den Rechner ist es übrigens ein Zeichen wie jedes andere. Das ist auch daran erkenntlich, dass der Cursor nach einer Eingabe um eine Position weiterrückt. Von den drei in der Literatur gebräuchlichen Bezeichnungen Leerzeichen, Space oder Blank ist - wie leider bei vielen anderen Fachausdrücken auch - das deutsche Wort am wenigsten zutreffend. Durch Eingabe eines Leerzeichens wird keinesfalls eine 'leere' Information an den Rechner übergeben; auf letzteres kommen wir später noch mal zu sprechen.

Solange noch genügend Platz im Speicher ist, sollten Sie die Space-Taste fleissig benutzen. Das Schreiben von Zwischenräumen verbessert die Lesbarkeit und erhöht damit auch die Fehlersicherheit Ihrer Programme. Einige BASIC Versionen fordern sogar das Setzen von Blanks vor und nach BASIC Schlüsselwortern oder Operationszeichen.

Doch noch blinkt der Cursor am Schluss der Bildschirmausgabe und fordert uns zum Abschluss dieser Befehlszeile durch ⟨ENTER⟩ auf. Na endlich, jetzt hat es geklappt - in der nächsten Zeile steht das gewünschte Ergebnis. Der Bildschirm sieht nun etwa folgendermassen aus, eventuell mit zusätzlicher Ausgabe einiger Prompts > an Zeilenanfängen:

```
Ready
PRINT 5 + 2     <ENTER>
7
Ready
>■
```

Hierbei ist ⟨ENTER⟩ nur zur Erklärung der auszuführenden Handlungen auf der Tastatur hinzugefügt. Diese Taste realisiert die Eingabe eines nicht darstellbaren Steuerzeichens, das also auch nicht auf dem Bildschirm ausgegeben werden kann.

Jetzt haben wir im Handumdrehen bereits zwei Dinge gelernt. Einmal wissen wir nun, wie man per Befehl - also nicht bloss durch einfaches Eintippen - Zahlen auf den Bildschirm ausgeben kann, hier das Ergebnis von 5 + 2. Zum anderen sehen wir, wie einfach in der Programmiersprache BASIC die arithmetische Operation der Addition gehandhabt wird.

Auf der Tastatur mancher Heimcomputer müssen Sie zum Erreichen des Zeichens + gleichzeitig die SHIFT Taste betätigen. Dies funktioniert wie bei einer richtigen Schreibmaschinentastatur. Zuerst drückt man den Umschalter SHIFT und hält ihn fest. Anschliessend tippt man das gewünschte Zeichen aus der 'oberen Reihe' ein.

Bei einigen Kleincomputern, so etwa dem Sinclair Spectrum, wird die oben beschriebene Aufgabe etwas anders gelöst. Hier geben Sie durch einmaliges Drücken einzelner Tasten gesamte BASIC Schlüsselworte ein. So wird beim Spectrum durch Tippen von <P> bereits das gesamte Schlüsselwort PRINT eingegeben. Wir erkennen dies an der Reaktion auf dem Bildschirm, wo sofort das Wort PRINT erscheint, gefolgt von einem Blank. Dieses Verfahren ist etwas einfacher und reduziert die Fehlermöglichkeiten, da ein BASIC Wort in einem eizigen Tastendruck nicht fehlerhaft eingegeben werden kann. Erkauft wird dieser Vorteil durch eine Vielfachbelegung fast aller Tasten. Bei solchen Micros müssen Sie stets sehr genau darauf achten, in welchem Modus die Tastatur gerade betrieben wird. Nach Eingabe des Schlüsselwortes PRINT wechselt der Spectrum automatisch den Eingabemodus und erwartet nun einzelne Zeichen. Der aktuelle Modus wird dabei durch die zusätzliche Ausgabe eines Buchstaben in dem blinkenden Cursor signalisiert. Auch bei diesem Rechnertyp wird der Abschluss einer Befehlszeile durch Drücken von <ENTER> erreicht.

Solche und andere Besonderheiten Ihres Rechners entnehmen Sie im Detail dem zugehörigen Handbuch, mit dem Sie sich Abschnitt für Abschnitt gründlich vertraut machen. In Bälde gehen wir in unserem Text zu einer neutralen Schreibweise über, die dann für alle mit einem 'minimalen' BASIC ausgestatteten Kleincomputer in etwa gültig ist.

Mehr zur Arithmetik

Die auf unserem Micro implementierte Programmiersprache BASIC kennt fünf einfache arithmetische Operationen zur Verknüpfung von Zahlen, nämlich:

Addition	+
Subtraktion	-
Multiplikation	*
Division	/
Potenzierung	↑

Die neu hinzugekommenen Operationen werden in BASIC genauso einfach wie die Addition realisiert, was wir uns gleich an ein paar ganz leichten Aufgaben klarmachen wollen. Beachten Sie, dass auf

Computern die sonst üblichen Rechenzeichen Punkt und Doppelpunkt für Multiplikation beziehungsweise Division nicht gebräuchlich sind. Ihre Anwendung würde zu Fehlermeldungen oder - schlimmer noch - zu Fehlinterpretationen der betreffenden Befehle führen. Auch das sonst übliche Fortlassen des Multiplikationszeichens ist nicht statthaft, ein Befehl zur Multiplikation zweier Zahlen muss stets das Rechenzeichen * enthalten. Programmiersprachen werden sequentiell niedergeschrieben, die Befehle also in Zeilen formuliert. Deshalb ist für die Potenzierung oder Exponentiation ein eigenes Rechenzeichen erforderlich. Insbesondere auf älteren Micros sind anstelle des Hochpfeiles ↑ zwei hintereinandergeschriebene Sterne ** üblich. Bei der Ausgabe über einen Drucker wird das Potenzzeichen übrigens nur als Dach ^ geschrieben.

Stellen wir nun zum Kennenlernen dem Micro einige Aufgaben und verfolgen unser Tun auf dem Bildschirm.

Subtraktion:

<P> <R> <I> <N> <T> < > <2> <1> <-> <4> <ENTER>

```
PRINT 21 - 4    <ENTER>
17
Ready
>■
```

Multiplikation:

<P> <R> <I> <N> <T> < > <7> <*> <2> <2> <1> <ENTER>

```
PRINT 7 * 221    <ENTER>
1547
Ready
>■
```

Division:

<P> <R> <I> <N> <T> < > <2> <Ø> </> <8> <ENTER>

```
PRINT 20 / 8    <ENTER>
2.5
Ready
>■
```

Das Resultat dieser Division wird vom Rechner korrekt als Dezimalbruch dargestellt. Dabei ist zu beachten, dass entsprechend der amerikanischen Schreibweise zwischen Einer- und Zehntelstelle statt des Kommas ein Punkt geschrieben wird. Das gleiche gilt auch bei der Eingabe gebrochener Dezimalzahlen, auch hier muss das Komma durch einen Punkt ersetzt werden. Auf keinen Fall dürfen Sie die Null mit dem Grossbuchstaben O verwechseln. Zur Vermeidung von Irrtümern wird auf dem Bildschirm die Null oft mit Strich Ø ausgegeben.

Potenzieren:

<P> <R> <I> <N> <T> < > <2> <↑> <1> <6> <ENTER>

```
PRINT 2 ^ 16    <ENTER>
65536
Ready
>■
```

Wurzelziehen:

Entsprechend den arithmetischen Regeln für das Potenzieren und das Radizieren können wir auf dem Micro auch Wurzeln ziehen, indem wir Potenzen mit gebrochenen Exponenten benutzen.

<P> <R> <I> <N> <T> < > <6> <5> <5> <3> <6> <↑> <Ø> <.> <5> <ENTER>

```
PRINT 65536 ^ 0.5    <ENTER>
256
Ready
>■
```

Steht in einem Dezimalbruch vor dem Dezimalpunkt nur eine Null, so braucht diese auf den meisten Micros nicht eingegeben zu werden und entfällt dann auch bei der Ausgabe. Wir könnten im obigen Beispiel auch PRINT 65536 ↑ .5 schreiben. Natürlich verkraftet unser Micro hier auch einen Bruch, nur dass wir diesen dabei in Klammern setzen müssen, PRINT 65536 ↑ (1/2). In BASIC werden arithmetische Ausdrücke entsprechend genau festgelegter Vorrangregeln ausgewertet, wobei der Hochpfeil eine höhere Priorität als der Bruch besitzt. Diese Rangfolge können wir durch Schreiben von Klammern durchbrechen, da diesen eine noch höhere Priorität zugeordnet ist. Am besten, Sie probieren dies gleich aus:

```
PRINT 65536 ^ 1/2    <ENTER>
32768
Ready
>■
```

Übrigens, sicher sind auch Sie der Meinung, dass die Eingabe solcher einfacher BASIC Befehle nun klar ist und wir das lästige Schreiben der vielen spitzen Klammern fortan sein lassen können.

Nur an den korrekten Abschluss von Befehlszeilen durch <ENTER> wollen wir noch eine Weile erinnern, bald lassen wir auch dies.

Selbstverständlich kann der Micro nur Befehle mit arithmetisch sinnvollen Operationen verarbeiten, so würde eine Division durch Null auf die Ausgabe der Fehlermeldung /Ø oder DIVISION BY ZERO führen. Auch Befehle, die aus dem Bereich der reellen Zahlen hinausführende arithmetische Operationen enthalten, sind unzulässig. So ergibt beispielsweise die Eingabe von PRINT (-4) ↑ (1/2) die Fehlermeldung FC oder ILLEGAL QUANTITY ERROR. Natürlich können auf dem Micro auch Probleme bearbeitet werden, die auf komplexe Zahlen führen. Nur, dass dabei entsprechend den hierfür gültigen Rechenregeln Real- und Imaginärteile getrennt zu behandeln sind.

Aber auch die Eingabe von PRINT (-27) ↑ (1/3) wird vom Micro nicht akzeptiert. Dies liegt daran, dass ein Potenzausdruck A↑B mit gebrochenem Exponenten im Rechner entsprechend der Formel A↑B = exp(B·ln A) ausgewertet wird. Da der Logarithmus nur für positives Argument definiert ist, muss in diesem Fall die Basis A positiv sein.

Jetzt versuchen wir, einige 'vermischte' Aufgaben zu lösen. Beginnen wir mit der Eingabe von

PRINT 3 + 5 * 4 <ENTER>

Sind Sie mit dem Ergebnis 23 zufrieden? Klar, der Micro hat berücksichtigt, dass zuerst die Multiplikation und danach die Addition auszuführen ist, unabhängig von der angegebenen Reihenfolge dieser Operationen. In der Schule haben wir zu diesem hierarchischen Prinzip 'Punktrechnung geht vor Strichrechnung' gesagt. Wollen wir eine andere Reihenfolge der Abarbeitung in einem solchen Ausdruck erzwingen, so setzen wir wieder Klammern:

```
PRINT (3 + 5) * 4     <ENTER>
32
Ready
>■
```

Man muss stets ebensoviele Klammern schliessen, wie man geöffnet hat. Anderenfalls wird eine Fehlermeldung ausgegeben, da der Computer sich die einzelnen, durch Klammern gebildeten Ebenen merkt und automatisch darauf achtet, dass 'alles aufgeht'. Bei der Umwandlung komplizierterer Formeln in das BASIC Format ist hohe Aufmerksamkeit geboten, ein inkorrekt gesetztes Klammerpaar kann ein Ergebnis total verfälschen.

Hier einige Beispiele für das Übertragen von Formeln in BASIC Befehle. Beginnen wir mit (3 + 19)(17 - 4), wobei wir in BASIC das Multiplikationszeichen nicht vergessen dürfen.

```
PRINT (3 + 19) * (17 - 4)    <ENTER>
286
Ready
>■
```

Der Ausdruck $\frac{6(2 + 5)^2}{2^3(9{,}3 + 0{,}7)}$ ist schon etwas komplizierter umzuformen.

```
PRINT 6 * (2 + 5)^2 / (2^3 * (9.3 + .7))
3.675
Ready
>■
```

Schliesslich berechnen wir $-\frac{11{,}7 \cdot 8{,}9}{3} - \frac{1}{2^2}$.

```
PRINT -11.7 * 8.9 / 3 - 2^-2
-34.96
Ready
>■
```

In den obigen Beispielen ist auf die Hierarchie der einzelnen Rechenarten zu achten. Die vollständige Reihenfolge der Prioritäten aller bisher beschriebenen Operationen lautet:

Klammerung	(,)
Vorzeichen	+, -
Potenzieren	↑
Multiplikation und Division	*, /
Addition und Subtraktion	+, -

Gleichrangige Operationen werden in der Reihenfolge ihrer Eingabe, also von links nach rechts, bearbeitet.

Versuchen Sie, mit ein paar weiteren Eingaben die Arbeitsweise Ihres Micro zu verstehen. Dass alle Eingaben zeilenweise jeweils mit ⟨ENTER⟩ abzuschliessen sind, ist uns nun so geläufig, dass wir es nicht mehr jedesmal dazuschreiben.

```
PRINT 2 * 3 * 4
PRINT 4 + 3 * 2
PRINT 4 / 2 - 3
PRINT 2 + 3 / 4
```

```
PRINT 2 * 3 / 4
PRINT 2 / 4 * 3
PRINT 3 + 2 ↑ 4
PRINT 3 - 4 ↑ 2
PRINT 2 + 4 ↑ 3 * 2
```

Sind Sie sich bei einem Problem über die Wirkung der Vorrangregeln noch nicht ganz sicher, so können Sie dies durch Setzen von Klammern testen.

Angenommen, Sie haben sich bei der Eingabe solch eines Befehls mal vertan und möchten den Fehler korrigieren. Vor Abschluss der Befehlszeile durch die ENTER Taste ist das kein Problem. Auch einfache Micros besitzen hierfür eine zumeist mit DELETE oder auch RUBOUT gekennzeichnete Taste. Durch Drücken dieser Taste wird das links vor dem Cursor stehende Zeichen gelöscht, wobei der Cursor anschliessend auf die Position des gelöschten Zeichens rückt. Danach ist die Löschung eines weiteren Zeichens oder auch die Eingabe eines neuen Zeichens auf der Position des eben gelöschten möglich. Fehlerhafte Befehlszeilen werden hier also 'von hinten' korrigiert.

Komfortablere Systeme verfügen über erweiterte Korrekturmöglichkeiten. Dann können einzelne Zeichen auf einer beliebigen Position der Programmzeile korrigiert oder gelöscht werden, ohne dabei die übrige Zeile zu beeinflussen. Hierzu bewegt man durch Benutzung der mit Pfeilen gekennzeichneten Cursor-Führungstasten den Cursor auf die Position des zu ändernden Zeichens. In der Regel dient hier die DELETE Taste <DEL> dazu, das unter dem Cursor befindliche Zeichen zu löschen, wobei anschliessend die Zeile verdichtet, also nach links zusammengeschoben wird.

Mittels der oft vorhandenen INSERT Taste <INS> können Sie in eine noch nicht abgeschlossene Programmzeile ein oder auch mehrere Blanks (Leerzeichen) einfügen. Dabei werden das Zeichen unter dem Cursor sowie alle rechts folgenden Zeichen jeweils um eine Position nach rechts verschoben. Anschliessend kann das eingeschobene Blank durch irgendein anderes Zeichen überschrieben werden.

Mittels einer mit CLEAR LINE bezeichneten Taste <CL LN> kann eine eingegebene Befehlszeile vor dem Abschluss vollständig gelöscht werden. Nach erfolgtem Löschen springt der Cursor an den Anfang dieser Zeile und erwartet dort eine Neueingabe.

Schliessen wir nun eine korrigierte oder ergänzte Befehlszeile mit Betätigung der ENTER Taste ab. Dann wird die aktuelle Zeile verlassen, und wir können an dem eingegebenen Befehl nichts mehr ändern. Warum ist das so? Nun, im Gegensatz zu einem Taschenrechner zeigt auch beim Direktbetrieb des Micro nicht jeder einzeln eingegebene Tastendruck eine sofortige Wirkung. Die zwischen dem Bereitschaftszeichen und 〈ENTER〉 eingegebene Zeichenfolge wird als ein Ganzes verarbeitet. Solange die Zeile noch nicht abgeschlossen ist, gelangen die aktuell eingegebenen Zeichen der Reihe nach von der Tastatur - wo sie abgefragt und codiert werden - in den sogenannten Tastaturpuffer. Hier werden sie vorläufig gespeichert und sind über das unentwegt tätige Betriebssystem auf die oben beschriebene Weise für Änderungen und Ergänzungen leicht zugänglich. Erst bei Ausführung von 〈ENTER〉 wird der Tastaturpuffer 'auf einen Schlag' entleert und sein Inhalt dem Interpreter zur Verarbeitung übergeben. Dann entscheidet es sich, ob der Befehl syntaktisch korrekt formuliert war und die entsprechende Routine vom Rechner realisiert werden kann.

Es leuchtet ein, dass der Tastaturpuffer wie jeder andere Speicher eine begrenzte Kapazität besitzt. Dadurch wird die maximal mögliche 'logische' Länge einer Eingabezeile festgelegt, die bei vielen Micros etwas weniger als 80 Zeichen beträgt. Das hat nichts mit der Länge einer Bildschirmzeile zu tun, die oft nur 40 Zeichen fasst.

Gleitpunktdarstellung

Der ökonomische Umgang mit dem verfügbaren Speicherplatz legt es nahe, die Stellenzahl der vom Rechner verarbeiteten sowie der ausgegebenen Zahlen zu begrenzen. Äusserlich wird das an der Anzahl der auf dem Bildschirm angezeigten 'signifikanten' Stellen sichtbar. Diese beträgt bei vielen Micros sechs, oft aber auch acht, neun Stellen, je nach dem Format, in welchem der Rechner Zahlen intern verarbeitet. Übrigens, in der Praxis haben zuviele 'mitgeschleppte' Dezimalen keinen Nutzen. So bieten komfortablere Micros die Möglichkeit der Umschaltung von einer normalen, relativ niedrigen Stellenzahl auf 'doppelte Genauigkeit'. Dann kann mit einer wesentlich höheren Stellenzahl gerechnet werden, was aber den Speicher stärker belastet und die Rechengeschwindigkeit mindert. Da sich die Werbeprospekte mancher Hersteller über die Genauigkeit ihrer Rechner in vornehmes Schweigen hüllen, empfiehlt es sich, auf diesen Punkt besonders zu achten.

Die maximale Anzahl der von unserem Micro anzeigbaren Dezimalen ermitteln wir durch Ausführung einer einfachen Division.

```
PRINT 1 / 3
.333333333
Ready
>■
```

Offensichtlich bleibt jedem Rechner bei der Lösung dieser Aufgabe gar nichts anderes übrig, als das Ergebnis in gerundeter Form anzuzeigen. Im konkreten Fall arbeitet der Rechner mit einer Genauigkeit von etwa neuneinhalb Dezimalen und gibt ein Ergebnis mit neun wertanzeigenden Stellen aus. Die Null vor dem Komma auszugeben wäre völlig überflüssig und würde eine Stelle verschenken. Schauen wir uns eine weitere einfache Aufgabe an:

```
PRINT 1 + 1/3
1.33333333
Ready
>■
```

Jetzt ist die Stelle vor dem Komma bedeutungsvoll und wird selbstverständlich ausgegeben. Da hier aber insgesamt nur neun Stellen angezeigt werden können, kostet dies die Genauigkeit einer Stelle nach dem Komma - pardon, nach dem Punkt sagen wir besser.

Eben sprachen wir über eine Genauigkeit von 'neuneinhalb' Dezimalstellen. Der Grund für diese unrunde Angabe liegt darin, dass der Rechner intern grundsätzlich binär arbeitet, also Daten in nur zwei Zuständen ausdrücken und verarbeiten kann. Dies drückt sich mathematisch dadurch aus, dass bei Kleincomputern die arithmetischen Operationen in der Regel im zweiwertigen Dualzahlensystem ausgeführt werden. Da unser Micro sehr nutzerfreundlich konstruiert ist und die Eingabe von Zahlen in dem uns vertrauten Dezimalsystem akzeptiert sowie diese üblicherweise auch so ausgibt, sind also stets Umrechnungen oder Konvertierungen zwischen diesen Zahlensystemen nötig. Dabei gehen zur Darstellung von Zahlen die jeweils benutzten Stellen nicht immer auf, so ergibt beispielsweise der endliche Dezimalbruch 0.2 sogar einen periodischen Dualbruch. Dies führt bei der Konvertierung zu Rundungsfehlern mit zuweilen überraschenden Konsequenzen. Die Problematik ist so grundsätzlich mit der Arbeitsweise unseres Rechners verbunden, dass sie auch in unserem einführenden Text immer mal wieder zur Sprache kommen wird.

In den beiden Beispielen oben konnten wir sehen, dass der Dezimalpunkt vom Micro an eine Stelle gesetzt wurde, welche die Ausgabe einer maximalen Anzahl wertdarstellender Ziffern ermöglicht. Dieses Verfahren hat Prinzip, und wir wollen uns noch etwas näher damit befassen. Angenommen, wir haben es mit einer grossen, sagen wir zwanzigstelligen Zahl zu tun:

51090942171709445046

Dann sind praktisch oft nur wenige führende Stellen von Belang, während alle folgenden Stellen durch Mess- oder Rundungsfehler so 'verrauscht' sind, dass man sie sich eigentlich gar nicht merken muss. Eine Methode wäre, geeignet zu runden und die nicht bedeutsamen (signifikanten) Stellen durch Nullen zu ersetzen:

51090942200000000000

Aber nach wie vor würden wir mit diesem Zahlen-Ungetüm die Speicher des Computers belasten, dem ist es schliesslich egal, ob er sich am Ende dieser Darstellung eine Sechs oder eine Null merken muss. Wesentlich eleganter wäre es, sich lediglich um die Anzahl der für eine korrekte Zahlenangabe benötigten Nullen zu kümmern. Hierzu wäre nur die zusätzliche Speicherung einer ein- oder zwei-stelligen Zahl erforderlich. Dieses Verfahren ist uns von der Angabe von Vielfachen einfacher Masseinheiten wohlbekannt. So wird die Leistung eines Kraftwerksblockes gewöhnlich in Megawatt angegeben, und jeder weiss, dass durch das Wort Mega der Faktor $1000000 = 10^6$ ausgedrückt wird, mit dem die nachfolgende Masszahl zu multiplizieren ist, um auf die Leistung in Watt zu kommen. Und genauso macht das unser Micro, nur dass er den benötigten Faktor nicht durch ein Wort, sondern gleich als Zehnerpotenz ausgibt. Probieren wir das sofort an unserem Beispiel aus:

```
PRINT 51090942171709445046
5.10909422E+19
Ready
>■
```

Was bedeutet diese Ausgabe? Die eingegebene Zahl ist zu gross, als dass sie nach Übergabe an den Interpreter so, wie sie ist, verarbeitet werden könnte. Daher wird die Zahl intern in das sogenannte Gleitpunktformat umgesetzt und auch so auf dem Bildschirm ausgegeben. Diese, auch wissenschaftliche Notation oder Exponentendarstellung genannte Form einer Zahlenangabe ist Ihnen gewiss schon von Ihrem Taschenrechner bekannt.

Im ersten Teil des Ausdruckes

5.10909422E+19

der sogenannten Mantisse, werden alle signifikanten Stellen ausgegeben - im konkreten Fall ein Dezimalbruch mit neun Stellen. Danach erfolgt die Angabe des durch den Buchstaben E gekennzeichneten Exponenten (zur Basis 10). Dieser gibt die Zehnerpotenz an, mit der die Mantisse zu multiplizieren ist, um auf die hier dargestellte zwanzigstellige Zahl zu kommen:

$$5.10909422\text{E+}19 = \underbrace{5.10909422}_{\text{Mantisse}} \cdot \underbrace{10}_{\text{Basis}}^{\overbrace{19}^{\text{Exponent}}}$$

Auf vielen Micros erfolgt die Ausgabe von Gleitpunktzahlen in dieser Weise normalisiert. Vollkommen gleichwertig wäre die Darstellung:

$$0.510909422\text{E+}20 = 0.510909422 \cdot 10^{20}$$

Sinngemässes gilt auch für Rechner mit einer anderen Zahl maximal ausgegebener signifikanter Stellen, zum Beispiel:

$$5.10909\text{E+}19 = 5.10909 \cdot 10^{19}$$

Die geschilderte Technik erlaubt also eine problemlose Verarbeitung sehr grosser Zahlen auf dem Rechner, falls es nicht auf die letzte Genauigkeit ankommt. Will man sich dagegen etwa davon überzeugen, dass die oben eingegebene Zahl die Summe dreier Fakultäten 21! + 7! + 3! ist, genügt die Gleitpunktarithmetik unseres Micro nicht mehr und man muss andere Methoden benutzen. Doch davon mehr im 10. Kapitel.

Das Problem der Verarbeitung sehr kleiner (positiver) Zahlen wird mit Hilfe der Gleitpunktdarstellung ebenso elegant durch Benutzung von Zehnerpotenzen mit negativem Exponenten gelöst. Betrachten wir das Ergebnis der Multiplikation zweier kleiner Zahlen:

```
PRINT 0.007513 * 0.000314
2.359082E-06
Ready
>■
```

Die Ausgabe erfolgt wiederum in normalisierter Form, wobei es zwischen einzelnen Rechnern Unterschiede gibt. Das Ergebnis lautet

$$2.359082E\text{-}06 = 2.359082 \cdot 10^{-6} = 0.000002359082$$

wobei relative Fehler bei einer solchen Gleitpunktoperation etwa in der gleichen Grössenordnung bleiben.

Wir bemerken, dass in der Exponentendarstellung einer Zahl zwei Vorzeichen auftreten können, eines vor der Mantisse, das andere vor dem Exponenten. Bei Eingaben kann ein positives Vorzeichen vor dem Exponenten auf vielen Micros auch entfallen.

```
PRINT -1.17E+28 * 7.14E-12
-8.3538E+16
Ready
>■
```

Natürlich hat auch die Darstellung im Gleitpunktformat ihre Grenzen, üblicherweise lassen sich auf Kleincomputern positive Zahlen etwa im Bereich von 1.7E-38 bis 1.7E+38 darstellen und verarbeiten. Dies ist für viele Zwecke völlig ausreichend, wann hat man es schon mit achtunddreissigstelligen Zahlen zu tun?

Liegt eine positive Zahl innerhalb des Bereiches absoluter Genauigkeit und ist sie nicht kleiner als 0.01, so wird sie auf dem Bildschirm in Form einer Dezimalzahl oder eines Dezimalbruches ausgegeben. Intern ändert sich dabei an der Darstellung im Gleitpunktformat nichts, diese ist durch die Konstruktion des Interpreters ein für allemal festgelegt. So wäre es zum Beispiel nicht möglich, eine Zahl in Gleitpunktdarstellung mit gebrochenem Exponenten einzugeben - das lässt das Format nicht zu. Das BASIC mancher Micros akzeptiert nicht einmal das Pluszeichen + als Vorzeichen der Mantisse oder einer gewöhnlichen Dezimalzahl.

Andere Micros dagegen besitzen zusätzlich die Möglichkeit der Verarbeitung von Zahlen im Ganzzahlformat. Die ganzen Zahlen oder Integers lassen sich aufgrund ihrer einfachen Struktur wesentlich weniger aufwendig speichern und verarbeiten. Damit können unter Umständen erheblich kürzere Rechenzeiten sowie eine geringere Speicherbelastung erreicht werden, nur dürfen bei der dann benutzten Ganzzahlarithmetik die arithmetischen Operationen nicht aus dem Bereich der ganzen Zahlen hinausführen. Die Kennzeichnung ganzzahliger Ausdrücke wie auch arithmetischer Ausdrücke bei doppelter Genauigkeit ist nicht standardisiert und muss gegebenenfalls dem Handbuch entnommen werden.

Vom Runden

Eben schon sprachen wir von Fehlern, die durch das zuweilen notwendige Auf- oder Abrunden von Zahlen entstehen. Hierfür bestehen zwei Gründe. Einmal muss eine zu umfängliche Zahl bei der Eingabe oder der Verarbeitung gerundet werden, damit sie ins Gleitpunktformat passt, also rechnerabhängig eine etwa sechs- oder neunstellige Mantisse hat. Die Arithmetik der meisten Micros basiert auf dem System der Dualzahlen. Bei den dazu erforderlichen Konvertierungen zwischen Dezimal- und Dualzahlen erfolgen weitere Rundungen, die neuerliche kleine Fehler nach sich ziehen. Das liegt eben daran, dass keineswegs jeder eingegebene Dezimalbruch auf dem Micro ein exaktes binäres Äquivalent besitzt. Dies trifft nur für die sogenannten Maschinenzahlen zu, die eine recht ungleichmässig verteilte Teilmenge der reellen Zahlen bilden. Mehr hierüber findet man in dem schönen Buch von G. Maeß (1984) im Kapitel 1.

Schauen wir uns zur Erläuterung ein paar Beispiele an. Zuerst kümmern wir uns um den erstgenannten, leichter zu durchschauenden Typ von Rundungsfehlern.

```
PRINT 1E+10 + 1 - 1E+10
0
Ready
>■
```

Nanu, hier kommt Null heraus? Ja, wobei das Ergebnis dieser Aufgabe wesentlich von der Reihenfolge der eingegebenen Summanden abhängt. Die arithmetischen Operationen + und - besitzen die gleiche Priorität, also wird der Ausdruck üblicherweise vom Interpreter von links nach rechts ausgewertet. Nun ist eine Zahl der Grössenordnung 1E+10 = 10^{10} bereits zu gross, um stets exakt gespeichert werden zu können. Das heisst, solche Zahlen sind mit einer Ungenauigkeit, die in unserem Falle grösser als 1 ist, behaftet. So kann der Interpreter die Auswertung des Ausdrucks 1E+10 + 1 nicht von 1E+10 unterscheiden, und dies erklärt dann das Ergebnis der Rechnung. Mindestens ebenso bemerkenswert ist folgendes Resultat bei einem Rechner mit acht oder neun angezeigten Stellen:

```
PRINT 5E+9 + 1 - 5E+9
2
Ready
>■
```

Die Ungenauigkeit bei der Darstellung der Zahl 5E+9 liegt bei +1. Wird zu dieser Zahl eine Eins addiert, so wird in der letzten Stelle auf eine Zwei gerundet, dies erklärt das Ergebnis. So ist also der Wert von 5E+9 + 2 nicht von 5E+9 + 1, wohl aber von 5E+9 unterscheidbar.

Aber auch bei Operationen mit Zahlen 'normaler' Grössenordnung können überraschende und nur schwer zu durchschauende Fehler auftreten. Sie beruhen, wie gesagt, auf den Besonderheiten der Gleitpunktarithmetik für Dualzahlen sowie den erforderlichen Konvertierungen. Auch hierzu einige Beispiele, wobei auf verschiedenen Micros unterschiedliche Ergebnisse auftreten können.

```
PRINT 3 ^ 4
81.0000001
Ready
>■
```

```
PRINT 0.1 - 1/10
1.45519152E-11
Ready
>■
```

Man hat also allen Grund, bei den Ergebnissen numerischer Rechnungen stets kritisch zu sein. Keinesfalls darf man seinem Micro alle Ausgaben bis auf die letzte Stelle glauben!

Es kann auch noch schlimmer kommen. So ist es aufgrund von Rundungen und der begrenzten Genauigkeit von Zahlendarstellungen möglich, dass der Micro auf dem Bildschirm ein exaktes Ergebnis ausgibt, intern aber mit einem fehlerhaften Wert operiert. Hierzu ein sehr einfach erscheinendes Beispiel

```
PRINT 1/100 * 100
1
Ready
>■
```

Das Ergebnis dieser Rechnung ist überzeugend klar, und wir sind's zufrieden. Doch nun rechnen wir im nächsten Beispiel weiter und subtrahieren noch eine Eins. Alles klar? Leider nein, wie der folgende Test zeigt:

```
PRINT 1/100 * 100 - 1
-2.32830644E-10
Ready
>■
```

Zugegeben, der auftretende absolute Fehler ist sehr klein. Doch stellen wir uns beispielsweise vor, dass der Lauf eines Programmes von dem Ausgang des Tests einer berechneten Zahl auf den exakten Wert Eins abhängt. Dann können derartige Ungenauigkeiten zu einer gänzlich unerwünschten Deformation der Programmlogik führen, was unter Umständen recht erhebliche Fehler zur Folge hat, nach dem Prinzip 'Kleine Ursache - grosse Wirkung'.

Ein paar Rechenübungen

Zum Abschluss dieses Kapitels geben wir einige zumeist recht einfache arithmetische Ausdrücke an. Diese werden dann in der Sprache BASIC formuliert, um sie durch den Rechner auswerten zu lassen. Klar, dass es hierbei nur auf's Prinzip ankommt; auch künftig werden wir Vier und Fünf ohne Hilfe unseres Micros zusammenzählen. Die komplizierteren Aufgaben habe ich dem lehrreichen Buch von Friedrich A. Willers (1962) entnommen. Beginnen wir mit etwas Leichtem:

1. Mathematischer Ausdruck: $231 + 813$
   Formulierung in BASIC: `PRINT 231 + 813`

Entsprechend fahren wir fort.

2. $4713 - 846$
   `PRINT 4713 - 846`
3. $19 \cdot 38$
   `PRINT 19 * 38`
4. $576 : 72$
   `PRINT 576 / 72`
5. $\frac{7}{5}$
   `PRINT 7 / 5`
6. 2^{19}
   `PRINT 2 ↑ 19`
7. $-111 + 8$
   `PRINT -111 + 8`
8. $-88 \cdot 7$
   `PRINT -88 * 7`
9. $15 : (-3)$
   `PRINT 15 / -3`
10. 2^{-2}
    `PRINT 2 ↑ -2`
11. $-(3^2)$
    `PRINT -3 ↑ 2`

12. $(-6)^2$
PRINT (-6) ↑ 2

13. $916 \cdot 3{,}174$
PRINT 916 * 3.174

14. 728,293 - 583,62
PRINT 728.293 - 583.62

15. 12,5 : 2,5
PRINT 12.5 / 2.5

16. $-3{,}88516 \cdot 10^{10}$
PRINT -3.88516 * 10 ↑ 10

17. $17{,}23^3$
PRINT 17.23 ↑ 3

18. $7^{13} \cdot 3^{11}$
PRINT 7 ↑ 13 * 3 ↑ 11

19. $2^{24} \cdot 10^{13}$
PRINT 2 ↑ 24 * 1E+13

20. 4294967295 - 4294967294
PRINT 4294967295 - 4294967294
Bemerkung: Auf vielen Micros mit acht- oder neunstelliger Anzeige ist zumeist $4294967295 = 2^{32} - 1$ die grösste exakt zu verarbeitende Zahl; bei Micros mit sechsstelliger Anzeige ist es $16777215 = 2^{24} - 1$.

21. 16777215 - 16777210
PRINT 16777215 - 16777210

22. $5 \cdot 10^2 + 7 \cdot 10^1 + 3 \cdot 10^0 + 9 \cdot 10^{-1} - 2 \cdot 10^{-2}$
PRINT 5 * 10 ↑ 2 + 7 * 10 + 3 + 9/10 - 2E-2

23. $\sqrt[3]{300763}$
PRINT 300763 ↑ (1/3)

24. $\sqrt[4]{4096}$
PRINT 4096 ↑ .25

25. $\frac{9}{5 \cdot 3}$
PRINT 9 / (5 * 3)
Bemerkung: Der Ausdruck 9 / 5 / 3 ist formal gleichwertig, kann aber aufgrund unterschiedlicher Reihenfolge in der Auswertung zu geringfügig differierenden Resultaten führen.

26. $\frac{7}{3 \cdot 5} - \frac{7}{3} : 5$
PRINT 7 / (3 * 5) - 7 / 3 / 5

27. $3{,}5 \cdot 7 - 5 \cdot 8{,}9$
PRINT 3.5 * 7 - 5 * 8.9

28. $2{,}5 - 3^3 : 4$
PRINT 2.5 - 3 ↑ 3 / 4

29. $\frac{3(4+5)^2}{2^3(5+3)}$

```
PRINT 3 * (4 + 5) ↑ 2 / (2 ↑ 3 * (5 + 3))
PRINT 3 * (4 + 5) ↑ 2 / 2 ↑ 3 / (5 + 3)
```

30. $-\frac{79{,}03 \cdot 29{,}56}{1315}$

```
PRINT -79.03 * 29.56 / 1315
```

31. $\frac{1+2+3}{4+5} \cdot 6$

```
PRINT (1 + 2 + 3) / (4 + 5) * 6
```

32. $\frac{7+8}{1+\frac{2}{3}}$

```
PRINT (7 + 8) / (1 + (2/3))
```

33. $5\left[7 + 6(7-3) - \frac{9}{7-0{,}2}\right] + 17$

```
PRINT 5 * (7 + 6 * (7 - 3) - 9 / (7 - .2)) + 17
```

34. $(3 \cdot 0{,}22 + 5)^2 - (4 \cdot 0{,}22 - 3)^2 - (12 \cdot 0{,}22 - 15)^2$

```
PRINT (3*.22 + 5)↑2 - (4*.22 - 3)↑2 - (12*.22 - 15)↑2
```

35. $(25 \cdot 3{,}1^4 + 0{,}2^2 \cdot 3{,}1^2 + 25 \cdot 0{,}2^4):(5 \cdot 3{,}1^2 + 7 \cdot 0{,}2 \cdot 3{,}1 + 5 \cdot 0{,}2^2)$

```
PRINT (25*3.1↑4 + .2↑2*3.1↑2 + 25*.2↑4)/
(5*3.1↑2 + 7*.2*3.1 + 5*.2↑2)
```

36. $\frac{\frac{3}{4}+\frac{5}{7}}{\frac{1}{2}+\frac{4}{5}}$

```
PRINT (3/4 + 5/7) / (1/2 + 4/5)
```

37. $\frac{5 \cdot 1{,}8 - 32}{1{,}8^2 - 11 \cdot 1{,}8 + 28}$

```
PRINT (5 * 1.8 - 32) / (1.8 ↑ 2 - 11 * 1.8 + 28)
```

38. $27 \cdot 3^{-4}$

```
PRINT 27 * 3 ↑ -4
```

39. $-99\sqrt{2} + 192\sqrt[3]{3} - 54 \cdot \sqrt[3]{7}$

```
PRINT -99 * 2↑.5 + 192 * 3↑(1/3) - 54 * 7↑(1/3)
```

40. $\sqrt[27]{3^{13}}$

```
PRINT 3 ↑ (13/27)
```

Die folgenden arithmetischen Ausdrücke formulieren Sie bitte selbst in BASIC.

1. $17 + 4$

2. $9 - 3$

3. $3 \cdot 7$

4. $21 : 3$

5. 64^2

6. 2^{29}

7. $17(-128)$

8. -3^{-3}

9. $-7 + 1763$

10. $-3 \cdot 111$

11. $1026,32 - 739,447$

12. $517,81 : 0,9382$

13. $0,9135 \cdot 0,0217 \cdot 0,1368$

14. $2 \cdot 3 - 4$

15. $-28,19^4$

16. $-7,1 + 2,3 - 4,1$

17. $9,28^2 + 7,91^3$

18. $2^{31} + 10^{11}$

19. $16777217 - 16777216$

20. $4294967297 - 4294967295$

21. $3,14159 \cdot 10^3$

22. $\sqrt[5]{601692057}$

23. $\frac{9}{7 \cdot 3} - \frac{9}{7} : 3$

24. $\frac{(1 + 2 + 3)5}{6 + 7}$

25. $\frac{2}{3} + \frac{1}{2} \frac{1}{1 + \frac{1}{2}}$

26. $[2 (2 + 3)]^2$

27. $\frac{5(-212 - 32)}{9}$

28. $(6 \cdot 1,3 - 4)^3 - (5 \cdot 1,2^2 - 2 \cdot 1,3)^2 - (7 \cdot 1,3 + 2)^3$

29. $(9 \cdot 7,3^3 - 2 \cdot 5,9^3 - 7 \cdot 7,2 : 5,9^3) : (3 \cdot 7,2 - 2 : 5,9)$

30. $\frac{\frac{9}{7} + \frac{1}{8}}{\frac{3}{5} + \frac{5}{8}}$

31. $\frac{4 \cdot 3,7 + 7}{9 \cdot 3,7^2 - 16}$

32. $0,63 \cdot (-0,14)^{-2}$

33. $11 \cdot \sqrt[3]{2} - 5 \cdot \sqrt[2]{3}$

34. $\frac{3 \sqrt{5} - 2 \sqrt[3]{7}}{17}$

35. $\sqrt[5]{3^3}$

36. $\left(\frac{1726}{767}\right)^3$

37. $0,98^5$

38. $1,03^6$

39. $3 \cdot \sqrt[35]{3^8}$

40. $\sqrt{2 + \sqrt{3}}$

4 Das Alphabet des Computers

In gutem Kontakt

Bei der gegenwärtigen Generation von Micros ist die wohl wichtigste Schnittstelle zwischen Mensch und Computer durchaus traditionell konzipiert, nämlich als Tastatur - uns von der Schreibmaschine her wohlvertraut. Tastaturen sind aber bereits viel länger gebräuchlich, gibt es doch eine grosse Familie klassischer Musikinstrumente, bei denen per Tastendruck geeignet codierte Befehle an den eigentlichen Tonerzeuger übergeben werden.

Auf vielen Micros lehnt sich die Tastatur in der Form deutlich an diejenige einer Schreibmaschine an, es sind aber zusätzlich noch mehr oder weniger viele Sondertasten vorhanden. Man kann dabei vier Tastengruppen mit jeweils unterschiedlichen Funktionen unterscheiden:

Buchstabenfeld
Ziffernfeld
Steuertasten
Programmierbare Funktionstasten

Die Tasten selbst sind bei den einzelnen Computern in recht unterschiedlicher Weise ausgebildet, von der einfachen Folientastatur, der von vielen Taschenrechnern bekannten Gummitaste bis zur professionellen Schreibmaschinentaste. Wichtig ist, dass Sie recht bald ein gutes Gefühl für den Druckpunkt Ihres Systems bekommen. Dann können Sie Zeichen sicher eingeben, ohne ständig zur Kontrolle auf den Bildschirm starren zu müssen. Bei komfortableren Systemen wird das sogenannte Prellen der Tasten, das eine unerwünschte Mehrfachausgabe von Zeichen bei einem einzigen Tastendruck zur Folge hat, durch konstruktive und auch elektronische Mittel unterdrückt. Auch sorgt die Elektronik für eine klare Entscheidung, wie mehrere gleichzeitige Tastendrücke verarbeitet werden. So ist es möglich, dass die Tastatur die Annahme neuer Informationen verweigert, solange eine (normale) Taste noch nicht wieder losgelassen wurde.

Alphanumerische Tastatur

Wir haben bereits kleinere Aufgaben mit dem Micro gelöst und kennen uns auf einem Teil der Tastatur schon ganz gut aus. Dazu gehört das auf den ersten Blick erkennbare alphanumerische Tastenfeld. Wie bei einer Schreibmaschine gibt es oben eine Reihe mit Ziffern - den numerischen Zeichen, sowie darunter alle Buchstaben - die sogenannten Alphazeichen. Die Buchstaben sind in der auf Schreibmaschinen üblichen Weise angeordnet - links oben mit Q beginnend bis zum M unten rechts. Auf Maschinen mit internationalem Zeichensatz ist im Unterschied zur deutschen Anordnung lediglich das Y mit dem Z vertauscht. Man spricht dann von einer QWERTY-Tastatur. Wichtig ist eine deutliche Unterscheidung der einzelnen Zeichen, insbesondere des Buchstabens O von der Null. Letztere wird auf der Tastatur und dem Bildschirm zumeist durchgestrichen ausgegeben, Ø, während bei der Ausgabe auf Schreibmaschine oder Drucker eine Unterscheidung oft nur aus dem Kontext klar wird.

Weiter finden wir die üblichen Satzzeichen sowie vielleicht die Unterstreichung und natürlich mathematische Zeichen. Von den letzteren haben wir nur die 'kleiner als' und 'grösser als' Zeichen < beziehungsweise > noch nicht benutzt. Die grosse Space-Taste ganz unten für das Schreiben von Blanks kennen wir auch schon. Dann gibt es eventuell noch ein paar Tasten mit Sonderzeichen, so das Nummernzeichen oder Doppelkreuz #, das Währungszeichen $, Prozentzeichen %, den Trennstrich |, das Kaufmanns-Und & oder das Kaufmanns-a @, auch Klammeraffe oder Schnecke genannt. Auf manchen Tastaturen sind noch eckige und geschweifte Klammern [ ] { } , Gravis ` , linker Schrägstrich \ und weitere Sonderzeichen nationaler Zeichensätze, £ (Grossbritannien) oder auch/¤ (Schweden) verfügbar.

Zumeist links unten befindet sich die Umschalttaste SHIFT (engl. shift - Wechsel), mit der wir die Zweitbelegung der Tasten erreichen. Wie bei der Schreibmaschine drückt man zuerst den Umschalter, hält fest und tippt dann das gewünschte 'obere' Zeichen ein. Bei vielen Micros werden auf diese Weise die weniger wichtigen Kleinbuchstaben erreicht. Auf einigen Micros kann über die Zweitbelegung der Space-Taste das Blank invers, also als Vollzeichen ■ ausgegeben werden. Die eventuell vorhandene Taste SHIFT LOCK (engl. lock - Schloss, Riegel) wirkt als elektronischer Feststeller des Umschalters SHIFT. Schwierigkeiten bereiten oft die Umlaute und das ß ; diese Zeichen sind auf vielen Micros nicht verfügbar. Bei Rechnern mit frei definierbaren Graphikzeichen kann man diesem Mangel durch eine geeignete Programmierung - also mittels Software - abhelfen. Gegenwärtig ist dieses Problem für uns mindestens eine Nummer zu gross.

Damit ist das gesamte auf dem Bildschirm ausgebbare oder druckbare Alphabet des Computers aufgezählt. Wie bei jedem Alphabet besteht eine genaue Reihenfolge dieser Zeichen. Diese wird durch einen Code festgelegt, mit dem unser Micro die Zeichen intern verarbeitet.

Viele Micros besitzen eine automatische Repetiereinrichtung für die mehrfache Ausgabe eines Zeichens. Hält man eine Zeichen-Taste nach dem Drücken fest, so wird nach circa einer Sekunde die Ausgabe des Zeichens automatisch wiederholt - solange die Taste gedrückt bleibt. Kennt man die entsprechende Systemadresse, so kann die Verzögerungszeit bis zum Einsetzen des Repetierens programmiert werden.

Funktions- und Steuertasten

Eine der wichtigsten Steuertasten ist die mit ENTER, RETURN, CR, NEW LINE oder ↵ gekennzeichnete Taste zum Abschluss von Eingaben; wir haben sie schon oft benutzt. Hier steht CR für Carriage Return, das bezeichnet eine Funktion bei mechanischen Schreibmaschinen und bedeutet dort soviel wie Wagenrücklauf plus Zeilenvorschub. Nächstwichtig sind die mit Pfeilen gekennzeichneten Cursor-Führungstasten; deren Beschriftung ist selbsterklärend. Dabei ist der Aufwärtspfeil nicht mit dem Potenzzeichen ^ zu verwechseln.

Auf einigen Micros sind die Cursor-Führungstasten in der Zweitbelegung als spezielle Funktionstasten wirksam. Viele Rechner besitzen besondere Funktionstasten wie DELETE und INSERT. Mit STOP oder BREAK kann ein laufendes Programm angehalten werden. Durch Betätigung der HOME Taste wird der Cursor in die linke obere Bildschirmecke heimgeschickt, also auf den Bildschirmanfang gesetzt. Die CLS Taste hat die gleiche Funktion, wobei zusätzlich der Bildschirm gelöscht wird. Die Abkürzung CLS steht für engl. clear screen. Weiterhin kann noch eine INVERSE Taste für die inverse Darstellung aller nachfolgend ausgegebenen Zeichen vorhanden sein. Die Inversion besteht dabei oft in einer lokalen Vertauschung der Rolle von Vorder- und Hintergrundfarbe eines ausgegebenen Zeichens. Durch Betätigung der NORMAL Taste wird die Ausgabe wieder normalisiert. Ausserdem besitzen einige Micros spezielle COLOR Tasten zur Steuerung von Vorder- und Hintergrundfarbe des Bildschirmes.

Auf der Tastatur vieler Micros befindet sich noch eine mit CTRL oder Control bezeichnete Kontroll-Taste. Diese Taste funktioniert wie ein Umschalter und erlaubt in Verbindung mit gewissen Buchstabentasten die Ausgabe von Steuerzeichen im Direktbetrieb. In der Bedeutung dieser Taste gibt es gewisse Übereinstimmungen auf den einzelnen Microcomputertypen. So führt in aller Regel die Eingabe von CTRL L zum Löschen des Bildschirmes, CTRL M löst ein Carriage Return aus, oder CTRL X bewirkt eine Annullierung der aktuellen Eingabezeile bei Rücksetzung des Cursors. Der Grund für eventuelle Übereinstimmungen besteht darin, dass der bereits erwähnte Zahlencode nicht nur für Textzeichen, sondern auch für eine grössere Anzahl von Steuerzeichen gilt. Der Zahlencode ist standardisiert, wobei sich die Hersteller von Microcomputern mehr oder weniger an diesen Standard halten. Die Steuerzeichen sind nicht druckbar, besitzen aber einen zusätzlichen Buchstabencode, über den sie in Verbindung mit der CTRL Taste erreicht werden können.

Weiterhin besitzen viele Micros eine mit ESC bezeichnete ESCAPE Taste (engl. to escape - entweichen). Nach Drücken dieser Taste wird das nächste eingegebene Zeichen vom Micro als ein sogenanntes Attribut interpretiert. Damit können zum Beispiel die Vorder- und Hintergrundfarbe, doppelte Zeichenhöhe oder Blinken nachfolgend ausgegebener Zeichen gesteuert werden.

Nach dem Einschalten des Micro befindet sich die Bildschirmausgabe im sogenannten Scroll-Modus (engl. scroll - Rolle, Spruchband). Ist der Bildschirm vollgeschrieben und hat der Cursor also den unteren Bildschirmrand erreicht, so wird bei Verlassen dieser Zeile der gesamte Bildschirminhalt um eine Zeile nach oben gerollt. Es wird also unter Verlust der Kopfzeile erst einmal Platz für die nächste neue Zeile geschaffen. Auf einigen Micros kann man durch Betätigung einer bestimmten Taste oder auch durch Eingabe eines BASIC Befehles den Scroll-Modus ausschalten und die Bildschirmausgabe in den sogenannten Page-Modus versetzen (engl. page - Seite). Dann springt der Cursor bei vollgeschriebenem Schirm von der letzten Zeile zum Bildschirmanfang oben links. Damit wird der Beginn einer neuen Bildschirmzeile markiert. Nun kann der bisherige Bildschirminhalt zeilenweise überschrieben werden. Natürlich gibt es dann auch einen inversen Befehl, mit dem die Bildschirmausgabe wieder in den Scroll-Modus gebracht werden kann.

Graphikzeichen

Viele Computer verfügen neben den bereits beschriebenen alphanumerischen Zeichen und Sonderzeichen über einen zweiten Zeichensatz. Hierbei handelt es sich um ebenfalls fest programmierte sogenannte Graphikzeichen. Dienen die üblichen Zeichen zur Ausgabe von Texten im weitesten Sinne, so lassen sich mit Hilfe der Graphikzeichen Blockgraphiken oder auch kompliziertere Figuren auf dem Bildschirm ausgeben. Dies hat nicht zuletzt für die Konstruktion von Spielprogrammen Bedeutung, bei einigen Micros können aber auch recht komplizierte Kurven ausgegeben werden.

Die Graphikzeichen selbst sind nicht standardisiert, und ihre Handhabung ist auf jedem Computertyp etwas anders. In der Regel können diese Zeichen nach einer Umschaltung in den sogenannten Graphik-Modus wie die Textzeichen über die Tastatur erreicht und auf dem Bildschirm ausgegeben werden. Zur Umschaltung dient oft eine mit GRAPHIC, MOD SEL (Mode Selection) oder ähnlich gekennzeichnete Sondertaste. Nach erneuter Betätigung des Graphik-Umschalters können dann wieder normale Textzeichen ausgegeben werden. Bei einigen Micros kann die Umschaltung in den Graphik-Modus wie auch zurück zum Text-Modus jeweils nur über einen speziellen

BASIC Befehl erfolgen.

Wie die Textzeichen werden auch die Graphikzeichen intern mittels eines Zahlencodes verarbeitet, sie bilden sozusagen noch ein weiteres, zusätzliches Alphabet. Meist sind die Tasten mit den entsprechenden Graphikzeichen beschriftet, dann ist die korrekte Ausgabe auf den Bildschirm völlig problemlos. Bei anderen Micros sind die Tabellen des Handbuches zu nutzen, um die gewünschten Zeichen auszugeben. Es kann vorkommen, dass das Alphabet des zweiten Zeichensatzes sehr umfangreich ist und trotz Umschaltungen nicht alle Graphikzeichen über die Tastatur ausgegeben werden können. Die übrigen Zeichen sind dann nur über einen speziellen BASIC Befehl und die entsprechende Codenummer zu erreichen.

Programmierbare Funktionstasten

Neben der Haupttastatur befinden sich bei vielen Rechnern noch einige, oft mit F1, F2, ... bezeichnete Tasten. Das sind die programmierbaren Tasten des Micro. Auf verschiedenen Geräten haben diese bereits im Grundzustand eine Funktion und erlauben es, bestimmte BASIC Befehle mittels eines einzigen Tastendruckes einzugeben. Wichtiger ist die Möglichkeit, diese Tasten mit selbst definierten Befehlen belegen zu können. Das kann einmal zur Abkürzung komplizierter, oft benutzter Eingaben dienen. Bei einigen Geräten wird über die Funktionstasten zum anderen eine Möglichkeit eröffnet, eigene, noch nicht im BASIC vorhandene Befehle zu implementieren und in den Interpreter einzubinden. Die Details dieser Technik sind auf jedem Micro anders und stets dem Handbuch zu entnehmen.

Geh heimwärts, Micro

Manchmal entsteht bei der Abarbeitung eines Programmes eine Situation, die man als Aufhängen bezeichnet. Der Micro hat sich durch eine fehlerhafte Programmlogik derartig verfranzt oder ist in eine Endlos-Schleife geraten, so dass das Programm zu keinem Ende findet und oft der Rechner überhaupt keine Reaktion mehr zeigt. Viele Micros besitzen die überaus nützliche RESET Taste (engl. to reset - rücksetzen). Durch Betätigung dieser Taste kann in vielen, nicht allzu bösartigen Fällen die Zentraleinheit des Micro intern in den Anfangszustand zurückgestellt werden, ohne dabei irgendwelche bereits im RAM gespeicherte BASIC Programme und Dateien zu zerstören; man spricht auch von einer Rückkehr zum Warmstart. Der Micro meldet sich dann mit OK oder Ready und Ausgabe des Prompt >.

Hilft auch das Drücken von RESET nicht oder ist diese Taste gar nicht vorhanden, bleibt als Ausweg nur ein Abschalten der Versorgungsspannung. Das schadet dem Micro nicht weiter, aber alle im RAM gespeicherten Programme und Daten gehen dabei verloren.

Von Zahlen, Zeichenketten und Variablen 5

Zahlen

Über die Darstellung und Verarbeitung von Zahlen haben wir schon gesprochen. So wissen wir, dass der Rechner reelle Zahlen intern im Gleitpunktformat verarbeitet. Zur Ausgabe auf den Bildschirm sind verschiedene Darstellungen möglich. In Abhängigkeit von ihrer Grösse wird eine reelle Zahl als ganze Zahl mit oder ohne Vorzeichen, als Dezimalbruch mit oder ohne Vorzeichen oder in wissenschaftlicher Notation, also der Exponentenschreibweise, ausgegeben.

Haben Sie bei der Eingabe einer Zahl im Gleitpunktformat noch Schwierigkeiten, so kann Ihnen der Micro dabei helfen. Geben Sie die betreffenden Zahlen mittels des PRINT Befehles einfach in dezimaler Schreibweise ein:

```
PRINT 537.8008411
PRINT 0.000000236606
```

In Abhängigkeit von der auf dem Micro verfügbaren Stellenzahl wird die eingegebene Zahl intern verarbeitet, dabei eventuell gerundet und anschliessend in normalisierter Gleitpunktdarstellung auf dem Bildschirm ausgegeben.

Variablen

Jetzt probieren wir etwas Neues. Geben Sie ein:

```
PRINT A
```

Nun erscheint keineswegs der Buchstabe A auf dem Bildschirm, sondern bei den meisten Micros die Zahl Ø. Wie ist das zu erklären? Unser Micro interpretiert den Buchstaben A nach dem Schlüsselwort PRINT nicht als 'zu druckendes' Zeichen, sondern als Platzhalter für eine Zahl. Die Zuweisung eines Wertes für diesen Platz erfolgt mit Hilfe eines weiteren BASIC Befehles; geben wir ein:

```
LET A = 17
```

Nach Abschluss dieses Befehles mit <ENTER> passiert rein äusserlich auf dem Bildschirm gar nichts weiter, lediglich der Cursor springt an den Anfang der nächsten Zeile, wo eine neue Eingabe erwartet wird. Wiederholen wir nun nochmals den Befehl:

```
PRINT A
```

Aha, wenn alles geklappt hat, erscheint jetzt die dem Platzhalter A zugewiesene Zahl 17 auf dem Bildschirm. Also spielt hier das Zeichen A wie bei der 'Buchstabenrechnung' in der Schule die Rolle einer Variablen, und so wollen wir es künftig auch nennen.

Apropos Schule, von Rechnen war ja noch gar nicht die Rede. Geben wir also weiter ein

```
LET X = 4
```

und in der nächsten Zeile:

```
PRINT A + X
```

Richtig, da steht 21, das funktioniert also, wie wir es uns wünschen; wir können mit Variablen rechnen.

Auf diese Weise können wir Zahlen speichern und sie beliebig oft abrufen, um sie bei weiteren Rechnungen benutzen zu können. Intern wird beim ersten Auftreten einer Variablen in einem eigens dafür vorgesehenen Bereich des Arbeitsspeichers RAM der Name der Variablen eingetragen und Platz für die Zuweisung eines Wertes bereitgehalten. Ohne explizite Zuweisung wird dabei der Wert der Variablen auf Null gesetzt.

```
LET B = 2.1 : LET Y = -4
```

Das Schreiben des Doppelpunktes erlaubt uns, in einer einzigen Zeile mehrere Befehle unterzubringen. Die beiden Zuweisungen werden also mit einem einzigen <ENTER> dem Interpreter übergeben. Geben wir nun weiter ein:

```
PRINT 8 * A - 12 * B * X - 1.8 * Y + 1
```

Wollen wir diesen Ausdruck für einen anderen Wert X, sagen wir X = 3.12, berechnen, so geben wir ein:

LET X = 3.12

Dabei wird der Variablen X, die wir vordem mit dem Zahlenwert 4 belegt hatten, nun der Wert 3.12 zugewiesen. Wiederholen wir den obigen PRINT Befehl, so wird der angegebene arithmetische Ausdruck mit dem nun gültigen - aktuellen - Wert der Variablen X berechnet. Mit diesem Verfahren werden wir uns später viel Arbeit sparen, lassen sich doch derartige Vorgänge sehr leicht in einem Rechenschema - vornehmer auch Algorithmus genannt - vereinheitlichen und programmgesteuert vom Rechner bearbeiten.

Bei der Zuweisung darf auf den meisten Micros das BASIC Schlüsselwort LET weggelassen werden:

X = 3.14 : PRINT X

Es sei nochmals ausdrücklich festgestellt, dass das Zeichen = hierbei der Variablen X den Wert 3.14 zuweist und nicht etwa wie beim mathematischen Gleichheitszeichen die Gültigkeit der Relation X = 3.14 ausgesagt wird. Noch deutlicher wird dieser Unterschied in dem Beispiel

X = Ø.7 : PRINT X : X = X + Ø.3 : PRINT X

Hierbei wird also im dritten Schritt der Variablen X als neuer Wert das Ergebnis der Berechnung von X + Ø.3 mit dem bislang gültigen Wert für X zugeordnet. Dagegen wäre X = X + Ø.3 als mathematische Relation gelesen stets falsch.

Es dürfen also auf der rechten Seite einer Zuweisung bereits erklärte Variable stehen. So können wir zum Beispiel den etwas komplizierteren Ausdruck in einem der obigen PRINT Befehle zu einer einzigen Variablen zusammenfassen:

D = 8 * A - 12 * B * X - 1.8 * Y + 1

und das Ergebnis durch Eingabe von

PRINT D

testen. Jetzt allerdings würde eine weitere Änderung des Wertes für X an dem Wert von D nichts mehr ändern.

Auch beim Umgang mit Variablen sollten wir stets kritisch sein. Die Ursache für die Ende des 3. Kapitels beschriebenen Rundungsfehler lässt sich bei Benutzung von Variablen noch besser 'tarnen'. So sieht die Zeile

A = 1E1Ø : D = A + 1 - A

doch ganz korrekt aus. Allerdings ist unter dieser Variablenbelegung der Befehl

PRINT 1 / D

nicht zulässig, denn eine Division durch Null ist weder in der Mathematik noch auf unserem Micro erlaubt. Gerade bei der Bildung von Differenzen grösserer Zahlen muss man auf dem Rechner besonders vorsichtig sein. Sind in der Gleitpunktarithmetik zwar die relativen Fehler oft klein, trifft dies nicht für die absoluten Fehler zu. Und dies kann bei der Bildung kleiner Differenzen grosser Zahlen fatale Folgen haben.

Als Name für eine Variable kann jeder Buchstabe gewählt werden. Falls diese nicht ausreichen, können auf neueren Micros wie bei den Autonummern ein weiterer Buchstabe oder auch eine Zahl zur Unterscheidung geschrieben werden. Probieren wir das gleich aus:

LET XA = 5 : LET X1 = 6

PRINT XA - X, X1 - X

Durch Setzen eines Kommas oder auch eines Semikolons in einem PRINT Befehl können also mehrfache Ausgaben in einer Bildschirmzeile realisiert werden.

Oft sind auch längere Worte als Name für eine Variable zugelassen:

LET SEITE = 60

Von vielen Rechnern können längere Zeichenreihen jedoch nur durch die beiden ersten Zeichen als Variablen unterschieden werden. Testen wir das auf unserem Micro durch Eingabe von

PRINT SEITENNUMMER, SE

Ein Nutzen dieser Möglichkeit besteht darin, dass durch geeignete Wahl des Namens einer Variablen diese - natürlich nur für uns, nicht für den Rechner - eine zusätzliche Bedeutung tragen kann. Auf diese Weise wird ein umfangreiches Programm mit vielen eingeführten Variablen leichter lesbar, wenn da beispielsweise anstelle von S eben jeweils das Wort SEITE steht. Die Variablen werden durch geeignet gewählte Namen selbsterklärend.

Solange noch freier Platz im Speicher ist, können wir uns diesen Luxus leisten, allerdings ist nicht jedes Wort als Name für eine Variable zugelassen. So wird die Zuweisung

LET ANDREAS = 1

in der Regel vom Micro nicht akzeptiert. Das liegt daran, dass der Interpreter nach Abschluss eines Befehles den eingehenden Datenstrom sukzessive liest und abarbeitet. Stösst er jetzt auf die Zeichenreihe AND, so stellt er beim Durchmustern seiner internen 'Kartei' fest, dass es sich hierbei um ein reserviertes BASIC Schlüsselwort handelt. Gleich darauf gerät er in Schwierigkeiten, denn den Befehl PRINT AND kann er nicht deuten. Und jetzt tut der Interpreter das Schlaueste, was er tun kann. Er reagiert sofort, also noch vor Verarbeitung der restlichen Zeichenreihe REAS, mit einer Fehlermeldung. Danach wartet der Micro auf eine neue Eingabe, wozu wir durch den blinkenden Cursor aufgefordert sind. Dieses Verfahren ist typisch für das Funktionieren des Interpreters. Es ermöglicht und unterstützt den Dialog mit dem Micro wesentlich, was nicht nur für uns Anfänger von hohem Nutzen sein kann. Natürlich hat diese Technik auch Nachteile. So ist der Interpreter, unterstützt durch das Betriebssystem, auch im Direktbetrieb ständig damit beschäftigt, Eingaben - also Informationsströme - zu analysieren und muss sie Schritt für Schritt übersetzen und erkennen. Klar, dass dies alles seine Zeit braucht und daher eine interpretierte Sprache im Betrieb auf dem Micro nicht die schnellste sein kann. Dies stört uns gegenwärtig indes überhaupt nicht, wir sind vielmehr an einem zum Dialog bereiten, uns freundlich und mit immerwährender Geduld auf unsere Fehler hinweisenden Micro interessiert.

Noch ein Wort zum Sprachgebrauch. Des öfteren habe ich nun schon von 'ihm', dem Rechner oder dem Interpreter, gesprochen. Natürlich wissen wir, dass unser Micro eine Unperson ist und nicht über Intelligenz im biologischen Sinne verfügt. Aber offensichtlich beweist der Rechner schon bei der obigen Fehlermeldung die Anfänge künstlicher Intelligenz. So scheue ich davor zurück, mich landläufigen Meinungen anzuschliessen und hier zu verkünden, dass Computer zwar perfekte programmgesteuerte Automaten, aber sonst völlig 'dumm' seien. Auch bremst mich eine auch nur sporadische Kenntnisnahme der, sagen wir, zwei letzten Dekaden technischer Entwicklung, irgendwelche Prognosen bezüglich des bis zur Jahrtausendwende erreichbaren technischen Fortschrittes zur künstlichen Intelligenz zu wagen. Da halte ich ein Nachdenken über die gesellschaftspolitischen Konsequenzen der gegenwärtigen Entwicklung für wichtiger.

Stört es Sie, wenn ich zuweilen einen solchen Gedanken einflechte? Ein Grund ist, dass ich Sie nicht dem 'Hacker-Syndrom' verfallen lassen möchte. Darunter versteht man den wachsenden psychischen Zwang, ständig am Rechner zu sitzen und, meist ohne weitere Reflektionen, Tasten zu drücken oder im besten Falle vorfabrizierte Programme abzutippen. Da ist es schon besser, jeden Schritt vorher zu überlegen, bei umfangreicheren Aufgaben unbedingt erst mal mit Bleistift und Papier zu arbeiten und danach am Computer Richtiges und auch Falsches zu tun. Dann denken Sie in Ruhe über den letzten ERROR nach - aus Fehlern lernt man - und weiter geht's, nun aber auch in unserem Text.

Die Schrift auf dem Bildschirm

Haben Sie es sich auch schon gewünscht, das Ergebnis einer Rechnung in aussagekräftigerer Form, etwa in einer Schlusszeile '17 + 4 = 21' auf den Bildschirm zu bringen? Dazu eignen sich die sogenannten Zeichenketten oder Strings. Diese gestatten es, bis auf eine einzige Ausnahme alle druckbaren Zeichen per Befehl - also nicht bloss durch Tastendruck - auf den Schirm zu'schreiben. Befassen wir uns, wie bei den Zahlen, zuerst mit den 'Konstanten'. Diese werden durch Einschliessen in Anführungsstriche gekennzeichnet und können mit dem PRINT Befehl verarbeitet und ausgegeben werden. Geben Sie ein:

```
PRINT "ANDREAS"
```

Sie erinnern sich, dass die Zeichenreihe ANDREAS als numerische Variable nicht zulässig ist. Solche Schwierigkeiten treten bei Strings nicht auf. Sie können jede als String gekennzeichnete Zeichenreihe benutzen, lediglich eingeschränkt durch die vom Rechnertyp abhängige maximale Zeichenzahl, die beiden Anführungsstriche inbegriffen. Die bereits erwähnte Ausnahme bildet auf den meisten Micros der Anführungsstrich selbst. Logisch, denn wie sollte der Befehl PRINT """ interpretiert werden? Der Interpreter arbeitet sequentiell und erkennt nach dem Schlüsselwort PRINT die beiden ersten Anführungszeichen, die schlechthin nichts, nämlich die leere Zeichenreihe - nicht zu verwechseln mit dem Blank (Leerzeichen) - einschliessen. Es wird also tatsächlich nichts auf den Bildschirm ausgegeben. Das nun folgende dritte Anführungszeichen gestattet keine Interpretation und wird von vielen Micros ignoriert, bei anderen führt es zu einer Fehlermeldung.

Nun wollen wir Zahlen und Strings in einer Zeile mischen. Das wird durch Setzen eines Semikolens erreicht. Dieses erlaubt es, mehrere, jeweils durch PRINT ausgegebene Zeilen - egal, ob Zahlen oder Strings - auf dem Bildschirm in einer Zeile zusammenzufassen:

```
PRINT "SEITE"; : PRINT A
SEITE 17
Ready
>■
```

Der hier bei der Ausgabe erwünschte Platz zwischen dem Wort SEITE und der Seitennummer (A =) 17 entsteht dadurch, dass bei den meisten Micros Zahlen mit einem führenden und auch einem nachfolgenden Blank ausgegeben werden. Hat Ihr Rechner nicht diese Eigenschaft, so berücksichtigen Sie den Zwischenraum durch Eingabe von

```
PRINT "SEITE "; X
```

Wir sehen dabei auch, dass sich die beiden PRINT Befehle in einen einzigen zusammenfassen lassen; gleich noch ein paar Beispiele:

```
PRINT 13.5;7;Ø.1;3
PRINT 17; "UND"; 4
PRINT "DAS";" ";"REICHT"
```

Selbstverständlich lassen sich auch Ziffernzeichen in Strings verarbeiten. Das ermöglicht die Lösung der eingangs gestellten Aufgabe:

```
PRINT "17 + 4 =";17 + 4
17 + 4 = 21
Ready
>■
```

Auch die Ausgabe der aktuellen Werte von Variablen oder anderer arithmetischer Ausdrücke lässt sich in dieser Technik nutzerfreundlich gestalten.

```
A=10 : B=.1 : PRINT "A + B =";A+B
A + B = 10.1
Ready
>■
```

Strings lassen sich durch Benutzung des Pluszeichens + miteinander verknüpfen oder 'konkatenieren'.

```
PRINT "VER" + "KETTEN".
VERKETTEN
Ready
>■
```

Dies ist dann neben Vorzeichen und Additionszeichen die dritte Bedeutung von + als Konkatenationsoperator.

Es gibt auf vielen Micros eine Funktion, mit deren Hilfe Zahlen in Strings umgewandelt werden können. Diese Funktion wird durch das BASIC Schlüsselwort STR$ realisiert. Der Vorteil ist, dass sich Strings gegenüber Zahlen differenzierter verarbeiten lassen. Unter anderem kann die STR$ Funktion auf einigen Micros dazu benutzt werden, Zahlen bei der Bildschirmausgabe von den mitunter lästigen zusätzlichen Blanks zu befreien.

```
X = 21.7
PRINT "(B + X) = (B + ";STR$(X);")"
(B + X) = (B + 21.7)
Ready
>■
```

Ganz schön kompliziert, nicht wahr? Machen Sie es wie der Interpreter und analysieren Sie die Bedeutung jedes einzelnen nach PRINT eingegebenen Zeichens der Reihe nach. Dann lernen Sie deren Wirkungsweise und Zusammenspiel schnell.

Analog zu den Zahlen gibt es auch Platzhalter für Strings, das sind die sogenannten String-, Zeichenketten- oder Textvariablen. Sie werden zur Unterscheidung von den numerischen Variablen mit einem nachgestellten Dollar-Zeichen geschrieben:

```
A$ = "OFT AUSZUGEBENDE TEXTZEILE"
PRINT A$:PRINT:PRINT A$
OFT AUSZUGEBENDE TEXTZEILE

OFT AUSZUGEBENDE TEXTZEILE
Ready
>■
```

Während die Verkettung zweier Stringkonstanten bei der Ausgabe auch durch Setzen eines Semikolons realisiert werden kann, ist zur Bildung zusammengesetzter Stringvariablen der Konkatenierungsoperator notwendig:

```
A$ = "GERD" : B$ = "A" : C$ = A$ + B$ : PRINT C$
GERDA
Ready
>■
```

Unser erstes BASIC Programm 6

Viele Befehle sind noch kein Programm

Bislang haben wir unseren Micro für den unmittelbaren Dialog genutzt. Dabei arbeitete der Interpreter stets im sogenannten Direktbetrieb oder Kommandomodus. Jeder Befehl wurde direkt in die Tastatur eingegeben und dann bei Drücken von <ENTER> an den Interpreter zur unmittelbaren Ausführung übermittelt. In diesem Sinne waren alle bisherigen Eingaben Kommandos. Typisch für diese Betriebsart ist, dass jeder Befehl sofort und nur einmal ausgeführt wird. Da lediglich die erfolgten Zuweisungen für die Variablen nicht flüchtig sind, kann die Wiederholung der Lösung ein und derselben Aufgabe nur durch erneute Eingabe der nötigen Befehle erreicht werden. Dies erscheint zu Recht als ein sehr umständliches Verfahren. Wenn der Umfang aller notwendigen Befehle grösser ist, so könnten diese - schon um Eingabefehler zu vermeiden - auf eine Liste geschrieben werden, um sie dann vom Blatt weg jeweils neu einzutippen. Hierbei kommen uns die ausgezeichneten technischen Möglichkeiten des Kleincomputers entgegen. Wir sind in der Lage, die eben zitierte Liste von Befehlen als ein 'Programm' über die Tastatur in den Speicher des Micro zu schreiben. Von dort aus können wir dann - sooft wir mögen und solange der Computer eingeschaltet bleibt - die Befehlsfolge abrufen und vom Interpreter bearbeiten lassen. Unser Micro wird damit zum programmgesteuerten Automaten mit Steuerwerk, Rechenwerk und dem Arbeitsspeicher, der das Programm sowie die benötigten Daten enthält.

Wir multiplizieren

Beginnen wir mit dem einfachen Beispiel einer Multiplikation

```
40 A = 2.16479 : B = 3.23357
70 A = A * B
80 PRINT : PRINT "A * B =";A
```

Ersichtlich ist das Programm aus numerierten Programmzeilen aufgebaut, dies ist der wesentliche Unterschied zu den im Direktmodus benutzten Befehlsfolgen. Die Befehle hinter der Zeilennummer heissen Anweisungen. Sie setzen sich aus den BASIC Schlüsselwörtern (z.B. PRINT) und weiteren Zeichen zusammen und bilden sozusagen die Sätze der Programmiersprache. Dabei können wie in Zeile 80 mehrere, durch Doppelpunkt getrennte Anweisungen in einer einzigen Zeile zusammengefasst werden; die erste PRINT Anweisung steht hier solo und führt zum Ausdruck einer Leerzeile.

Wie bekommen wir nun unser Programm in den Speicher? Ganz einfach, wir schreiben es zeilenweise in die Tastatur, wobei wir jede Zeile mit <ENTER> (oder auch <RETURN>) abschliessen. Der Interpreter erkennt an der Zeilennummer, dass es sich um eine Programmzeile, und nicht etwa um einen Direktbefehl handelt.

Geben wir das kleine Programm nun ein und verfolgen dabei alles auf dem Bildschirm. Haben wir uns in einer Zeile beim Eintippen vertan, so können wir vor Ausführung von <ENTER> die Anweisung wie einen Direkt-Befehl korrigieren. Nur die Zeilennummer selbst ist bei manchen Rechnern einer Änderung nicht mehr zugänglich.

Falls Sie eine Zeilennummer - und damit die gesamte Programmzeile - löschen wollen, so geben Sie in einer neuen Zeile die betreffende Nummer ein und schliessen sofort mit <ENTER> ab. Damit wird unter dieser Zeilennummer eine leere Anweisung übergeben und der bisherige Eintrag faktisch gelöscht. Auf diese Weise können Sie Programmzeilen auch ändern - einfach nach der Zeilennummer die neue Anweisung schreiben, <ENTER> drücken, fertig. Wie man eine eingegebene und mit <ENTER> abgeschlossene Programmzeile ökonomisch, insbesondere ohne völlige Neueingabe ändern kann, wird im 7. Kapitel zusammen mit dem EDIT Befehl erklärt.

So, nun stimmt offenbar alles mit unserem kleinen Programm. Jetzt starten wir es im Direktmodus, in dem sich der Interpreter noch befindet, durch Eingabe des Kommandos RUN , das wir durch <ENTER> abschliessen.

```
RUN
A * B = 7
Ready
>
```

Das Ergebnis sollte etwa 7 lauten. Über geringfügige Abweichungen werden wir uns nach dem bisher zu Rundungsfehlern Gesagten nicht mehr wundern. Das Programm selbst ist uns klar; die einzelnen Anweisungen werden vom Interpreter in aufsteigender Folge der Zeilennummern abgearbeitet.

Verschönerungen

Nach erfolgter Programmausführung meldet sich der Interpreter wieder im Direktmodus. Dann können wir das Programm mit dem Kommando RUN erneut starten. Wenn uns dabei der teilweise beschriebene Bildschirm stört, geben wir zuvor das Kommando CLS ein und 'säubern' den Schirm; CLS ist die Abkürzung für engl. clear screen - Bildschirm löschen. Sie können aber auch - und das ist eine ganz feine Eigenschaft des BASIC Interpreters - das Programm um die Zeile

```
20 CLS
```

erweitern: einfach eintippen und <ENTER> drücken, fertig. Damit liegt der durch das Programm gesteuerte Bildaufbau vollständig in Ihrer Hand, beginnt doch der Rechner nach der Anweisung CLS den Bildschirm stets genau oben links zu beschreiben. Die neue Programmzeile wird automatisch ins bestehende Programm eingebunden und vom Interpreter in der richtigen Reihenfolge, hier also zuerst, bearbeitet - überzeugen Sie sich davon.

Wollen Sie sich das erweiterte Programm anschauen? Dazu geben Sie das Kommando LIST ein (<ENTER> nicht vergessen), der Interpreter sorgt dann im Direktmodus für die Auflistung auf dem Bildschirm. Es ist eine gute Idee, auch vor Eingabe von LIST mit CLS für einen sauberen Bildschirm zu sorgen.

Unser BASIC Programm schliessen wir nun noch mit der Anweisung

```
90 END
```

ab. Bei einem 'Geradeausprogramm' wie diesem kann die Zeile auch entfallen, falls nicht ein weiteres Programm in den Speicher geschrieben wird, ohne das alte zu löschen.

Struktur ins Programm

Eben haben wir den ersten Algorithmus auf unserem Micro implementiert. Klingt ziemlich hochtrabend, ist aber so. Wichtig daran ist, dass wir bereits jetzt ein gut Stück der Arbeitweise mit Computern verstanden haben, die sich schematisch in der Abfolge

EINGABE - VERARBEITUNG - AUSGABE

charakterisieren lässt. Die Verarbeitung erfolgt nach dem von uns festgelegten Algorithmus. Allgemein ist das eine präzise Vorschrift, welche kleinsten Einzelschritte zur Lösung einer Aufgabe erfolgen sollen. Die Entwicklung des Algorithmus besteht also in der Zerlegung einer Aufgabe in Teilprozeduren (bei uns als BASIC Anweisungen formuliert) sowie der Angabe des sequentiellen Ablaufes, also der Kontrollstruktur. Auch bei kleinen Aufgaben ist es sinnvoll, oft sogar unumgänglich, die festgelegte Kontrollstruktur während der Entwicklung mittels eines in der Regel graphischen Verfahrens zu dokumentieren. Sicher haben Sie schon einen Programmablaufplan in Form eines Flussdiagrammes gesehen, in jüngerer Zeit bedient man sich auch gern sogenannter Struktogramme. Unser Beispiel besitzt die denkbar einfachste Kontrollstruktur, nämlich die einer 'Sequenz'.

<u>Flussdiagramm</u>

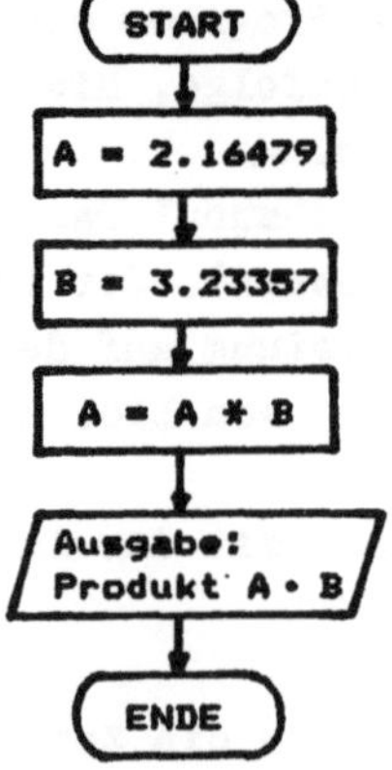

<u>Struktogramm</u>

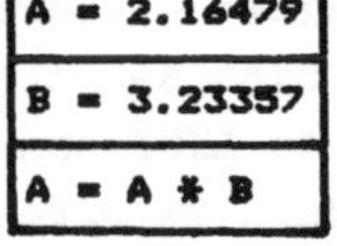

Die benutzten Symbole und Bezeichnungen sind selbsterklärend; das Rechteck im Flussdiagramm bezeichnet irgendeine Operation, das Parallelogramm dient zur Darstellung der Ein- und Ausgabe von Daten. Das Struktogramm verzichtet auf alles 'schmückende Beiwerk' und beschreibt lediglich den Algorithmus.

Eine Graphik

Haben Sie 'zwischendurch' Lust auf ein Späßchen? Dann lassen wir mal eben die Arbeit am Multiplikationsprogramm und beginnen etwas ganz anderes, 'sicherheitshalber' mit einer grösseren Zeilennummer.

```
500 REM  *** GROSS-SCHRIFT ***
501 :
510 B=3 : REM B BESTIMMT POSITION DES LINKEN RANDES
520 CLS:PRINT:PRINT:PRINT:PRINT:PRINT:PRINT:PRINT:PRINT
530 PRINT SPC(B)"*   *   *   *     *      ***     *"
540 PRINT SPC(B)"*   *  * *  *     *     *   *    *"
550 PRINT SPC(B)"*   * *   * *     *     *   *    *"
560 PRINT SPC(B)"***** *   * *     *     *   *    *"
570 PRINT SPC(B)"*   * ***** *     *     *   *    *"
580 PRINT SPC(B)"*   * *   * *     *     *   *"
590 PRINT SPC(B)"*   * *   * ***** *****  ***     *"
600 PAUSE 50
610 END
```

Geben wir das Programm nun zeilenweise ein und versuchen dabei, die Anweisungen zu verstehen. Gleich in Zeile 500 begegnet uns das neue BASIC Schlüsselwort REM, abgeleitet von engl. remark - Bemerkung. Die REM Anweisung erlaubt die Einschaltung von Kommentaren zur Verbesserung der Lesbarkeit eines Programmes. Bei der Programmausführung wird diese Anweisung vom Interpreter ignoriert; sie besitzt keinerlei Wirkung auf den Programmverlauf. Der besseren Lesbarkeit sollen auch die (unvermeidlichen) Sternchen sowie häufig benutzte Leerzeichen dienen. Mit Zeile 501 wird der Programmtitel hervorgehoben. Der Doppelpunkt sorgt dafür, dass die sonst leere Programmzeile beim LISTen mit erscheint. Erwähnen müssen wir noch die in Zeile 530 nach PRINT auftretende Funktion SPC( ), durch die eine definierte Anzahl von Blanks, hier B = 3, auf dem Bildschirm ausgegeben wird. Der PAUSE Befehl in Zeile 600 ist selbsterklärend; er dient dazu, für eine Weile die Ausgabe des die Graphik störenden Prompt zu unterdrücken.

So, haben Sie nun alles eingetippt? Freunde, ich weiss, wie

das ist, aber wenn es auch noch so sehr in den Fingern juckt, das Programm sofort zu starten, geben Sie ruhig noch mal CLS und LIST ein und überprüfen Ihr Programm. Insbesondere nach erfolgten Korrekturen - und wer macht schon keine Fehler - ist es möglich, dass das 'Bildschirm-Protokoll' nicht mehr mit dem tatsächlich im Speicher befindlichen Programm übereinstimmt. Apropos, wie starten wir dieses Programm eigentlich? Die Frage ist nicht unerheblich, steht doch unter den Zeilennummern 10 bis 90 noch das Multiplikationsprogramm im Speicher. Hier hilft uns, dass das Programmstart-Kommando auch in dem Format RUN n benutzt werden kann, wobei n für die gewünschte Start-Zeilennummer steht. Geben wir also ein

```
RUN 500
```

und schon leuchtet uns vom Bildschirm ein fröhliches

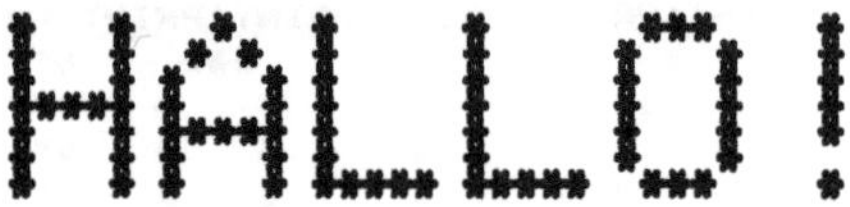

entgegen.

Die Zeichen der Graphik haben wir nach derselben Methode konstruiert, wie sie im Zeichengenerator für den Bildschirm vorbereitet werden. Wenn wir genau hinsehen, setzt sich ein per Tastendruck ausgegebener Buchstabe aus kleinen Punkten oder Pixeln zusammen, oft in einem Feld von 5 mal 7 Pixeln. Natürlich hätten Sie statt der Sterne jedes andere druckbare Zeichen, so auch das bei einigen Micros über SHIFT und SPACE Taste erreichbare Vollzeichen, nehmen können.

Mit der Variablen B in Programmzeile 510 bestimmen wir die Position des 'HALLO!' in waagerechter Richtung, die Anzahl der eingegebenen PRINT Anweisungen in Zeile 520 definiert seine vertikale Position. So können wir die Graphik an das unserem Micro eigene Bildschirm-Format anpassen.

Das kleine Programm ist insofern ganz interessant, dass es verdeutlicht, wie die (unterstellte) semantische Deutung der Graphik HALLO! auf dem Bildschirm mit dem Programm selbst nichts zu tun hat.

Der externe Speicher

Und noch eines haben wir gelernt, Programmieren ist Arbeit. Schon die Aufstellung einer solch einfachen Sequenz von Anweisungen bereitet einige Mühe, bis alles 'in Schönschrift' klappt. Übrigens, ärgern Sie sich nicht über die Fehler, die Ihnen dabei unterliefen, sondern versuchen Sie lieber die Reaktion Ihres Micro auf inkorrekte Eingaben zu verstehen - um daraus zu lernen. Danach ist es für Sie keine Hürde, mit einem eigenen Programm eine persönliche Botschaft auf den Bildschirm zu bringen - versuchen Sie's mal mit einem Zweizeiler?

So, nun haben Sie also was 'ganz Feines' produziert, doch jammerschade, bei Beendigung der Computersitzung schalten Sie mit dem Netzschalter auch die dynamischen Speicher Ihres Micro ab, und - welch deprimierender Gedanke - Ihr schönes Programm ist dahin. Hier hilft uns der Recorder. So, wie beim Laden des Interpreters Daten vom Band in den Speicher des Micro eingelesen wurden, besitzt der Computer eine Einrichtung, die den aktuellen Inhalt eines Speicherbereiches in solch eine Impulsfolge codiert, die vom Recorder aufgenommen werden kann.

Hier nun das Rezept. Legen Sie eine unbespielte Kassette in Ihren ordnungsgemäss angeschlossenen Recorder. Tippen Sie das Kommando

```
CSAVE "GRAPHIK"
```

in die Tastatur, vorläufig noch ohne <ENTER> zu drücken. Hierbei bedeutet engl. to save soviel wie sichern,und das C davor erinnert an Cassette. Auf einigen Micros lautet das entsprechende BASIC Schlüsselwort etwas anders, so etwa SAVE beim Spectrum. In den Anführungsstrichen erscheint der Dateiname, unter dem Sie das Programm abspeichern wollen. Hier sind Namen mit einer gewissen maximalen Wortlänge, etwa 8 oder 16, zugelassen. Alle üblichen Zeichen, einschliesslich des Blanks, sind erlaubt.

Jetzt starten Sie den Recorder zur Aufnahme durch gleichzeitiges Drücken seiner Tasten <PLAY> und <RECORD>. Lassen Sie das Vorspannband ablaufen und geben nun ohne Hast <ENTER> ein. Bei mässig aufgedrehtem Lautstärkeregler können Sie sich nach Ertönen des Vorspanntones Ihr GRAPHIKprogramm anhören, das nun unter diesem Namen auf der Kassette gespeichert wird.

Beim 'Überspielen' auf Band wird das im Rechner befindliche Programm nicht zerstört. Da wir die GRAPHIK jetzt nicht mehr brauchen, löschen wir das unter den Zeilennummern 500 bis 610 ·

gespeicherte Programm. Auf einigen Micros kann dies mittels Eingabe des Kommandos

```
DELETE 500-610
```

erreicht werden. Besitzt Ihr Micro diesen sehr nützlichen Befehl nicht, so bleibt Ihnen nur, das Programm zeilenweise durch sukzessive Eingabe aller betreffenden Zeilennummern zu löschen. Auf diese Weise können Sie den 'Rest', also bei uns die Zeilen 20 bis 90, im Speicher erhalten. Oder Sie löschen mit dem Kommando

```
NEW
```

radikal sowohl den gesamten BASIC Programmspeicher wie auch alle gesetzten Variablen.

Das Gegenstück zu der oben besprochenen CSAVE Routine wird mittels des Kommandos CLOAD realisiert. Damit können wir ein auf Band gespeichertes Programm in den Arbeitsspeicher des Computers laden. Hierzu spulen wir das Band an den Anfang des gewünschten Programms. Danach geben wir zusammen mit CLOAD den entsprechenden Dateinamen ein; in unserem Beispiel wäre das also:

```
CLOAD "GRAPHIK"
```

Der eingegebene Text muss dabei exakt dem Dateinamen entsprechen, einschliesslich eventuell zugehöriger Blanks oder Sonderzeichen. Wie üblich wird das Kommando mit <ENTER> abgeschlossen. Danach drücken Sie die <PLAY> Taste des Recorders. Nach Übernahme des Programms meldet sich der Interpreter im Direktmodus mit Ready oder OK, falls das geladene BASIC Programm nicht selbststartend ist.

Falls Sie den Dateinamen nicht mehr genau wissen, können Sie auf vielen Micros anstelle des Namens die leere Zeichenreihe "" eingeben. Dann wird in der Regel das unmittelbar nächste auf Band gespeicherte Programm geladen.

Die eben besprochene Prozedur gleicht sehr der im dritten Kapitel zum Laden des Interpreters beschriebenen. Allerdings gibt es dabei einen wesentlichen Unterschied. Während es sich bei dieser um das Laden eines Programmes in Maschinensprache auf der Monitor-Ebene des Rechners handelte, werden die oben eingeführten CSAVE und CLOAD Routinen auf der Interpreter-Ebene, also im BASIC realisiert.

Machen Sie eine Eingabe

Zurück zu unserem Multiplikationsprogramm, das - vorausgesetzt, wir hatten den Rechner nicht ausgeschaltet - noch immer unter den Zeilennummern 20 - 90 im Arbeitsspeicher steht. Wenn nicht, so tippen wir den Fünfzeiler nochmal ein und lassen das Programm laufen.

Sonderlich nutzerfreundlich ist unser Produkt gerade nicht. Jedesmal, wenn wir andere als die fest programmierten Zahlen miteinander multiplizieren wollen, müssen wir das Programm in Zeile 40 ändern und - per Anweisung - die Variablen A und B neu setzen.

Hier bietet die dialogorientierte Sprache BASIC eine elegantere Lösung an. Wir können die BASIC Anweisung INPUT benutzen, die den Rechner veranlasst, auf eine Eingabe des Benutzers zu warten. Zur INPUT Anweisung gehört die Variable, der ein (neuer) Wert per Tastatur zugewiesen werden soll. Geben Sie die neue Programmzeile

```
50 INPUT B
```

ein und starten das Programm mit RUN. Bei der Ausführung des Programms erscheint auf dem Bildschirm meist ein Fragezeichen und dahinter der blinkende Cursor. Der Micro geht in Wartestellung, und jetzt sind Sie am Zug. Geben Sie den gewünschten Wert ein. Das können Sie am Bildschirm verfolgen und jetzt auch noch korrigieren. Nach Betätigung von <ENTER> wird der Variablen B der eingegebene Wert automatisch zugewiesen, und das Programm wird weiter ausgeführt.

Das probieren wir gleich noch einmal. Versuchen Sie, der Variablen B einen nicht-numerischen Wert zuzuweisen, zum Beispiel RUN. Doch diese Eingabe veranlasst den Micro (nach <ENTER>) zum Ausdruck der Nachricht

```
?REDO FROM START
```

zu deutsch etwa soviel wie 'noch mal von vorn'. Was bedeutet das nun? Der Computer erwartet programmgemäss in Zeile 50 die Eingabe einer Zahl, soll doch der <u>numerischen</u> Variablen B ein Wert zugewiesen werden. Jede Eingabe wird vom Rechner geprüft und gegebenenfalls abgewiesen. Dies geschieht auf durchaus nutzerfreundliche Weise; das zweite Fragezeichen fordert zu einer erneuten Eingabe auf. Kompliziertere arithmetische Ausdrücke, etwa 1/9 sind übrigens auch nicht zugelassen.

Es ist guter Programmierstil, durch Hinweise auf dem Bildschirm präzise Eingaben zu unterstützen, etwa durch eine vorangestellte PRINT Anweisung. Komfortablere BASIC Versionen gestatten die Eingabe eines Hinweises in der INPUT Anweisung. Geben Sie ein

```
50 INPUT " EINGABE VON FAKTOR B: ";B
```

und begutachten Sie das Resultat dieser Programmänderung. Nach Hinzufügen beziehungsweise Ändern der Zeilen

```
30 INPUT " EINGABE VON FAKTOR A: ";A
40 PRINT
```

erhalten Sie ein gebrauchsfähiges Multiplikationsprogramm. Um das Programm ein paar Tage später noch zu verstehen und es auch anderen zeigen zu können, ergänzen wir es zu der verbesserten Version

```
10 REM  *** KLEINES MULTIPLIKATIONSPROGRAMM ***
11 :
20 CLS:PRINT
30 PRINT " DIESES PROGRAMM MULTIPLIZIERT"
32 PRINT " ZWEI ZAHLEN A UND B"
40 PRINT:PRINT
50 INPUT " EINGABE VON FAKTOR A: ";A
54 PRINT
60 INPUT " EINGABE VON FAKTOR B: ";B
70 PRINT:PRINT
80 PRINT " DAS PRODUKT A * B LAUTET: ";A*B
84 PRINT:PRINT
90 END
```

Programmlauf

```
RUN
....

 DIESES PROGRAMM MULTIPLIZIERT
 ZWEI ZAHLEN A UND B

 EINGABE VON FAKTOR A: ? 437
 EINGABE VON FAKTOR B: ? 154

 DAS PRODUKT A * B LAUTET: 67298

Ready
>
```

Die eingefügten Blanks sowie Leerzeilen dienen der verbesserten Lesbarkeit auf dem Bildschirm. Zeile 84 sorgt dafür, dass nach dem Programmlauf der Cursor nicht unmittelbar unter dem Ergebnis flackert.

Wir können über die INPUT Anweisung auch mehrere Eingaben in einer Zeile tätigen. Doch nun ändern wir nichts mehr an unserem Programm, sondern schreiben lieber ein neues, das alles erklärt.

```
10 REM  *** ARITHMETISCHES MITTEL ***
11 :
18 CLS:PRINT
20 PRINT " GEBEN SIE BITTE - JEWEILS DURCH"
24 PRINT
26 PRINT " KOMMAS GETRENNT - DREI ZAHLEN EIN"
30 PRINT
40 INPUT A,B,C
50 M=(A+B+C)/3
60 PRINT
70 PRINT " MITTELWERT =";M
80 PRINT:PRINT
90 END
```

Im Dialog mit dem Micro

Auch Zeichenketten lassen sich mittels der INPUT Anweisung während des Programmlaufs eingeben, wenn dies entsprechend programmiert wird. Das erlaubt dann ein tatsächlich interaktives Arbeiten mit dem Computer. Wir wollen dies an dem folgenden netten Beispiel entwickeln, es stammt aus Scriven, J. (1983).

```
100 REM  *** KOMPLIMENT ***
101 :
110 CLS:PRINT
120 INPUT " WIE HEISST DU ";NAME$
130 PRINT
140 PRINT " GRUESS DICH, ";NAME$
150 PRINT
160 INPUT " GIB DEIN GEBURTSJAHR EIN";JAHR
170 LET ALTER = 1986-JAHR
180 PRINT
280 PRINT " ";NAME$;", DU BIST ETWA";ALTER;"JAHRE ALT"
290 PRINT
300 END
```

Programmlauf

```
RUN ...     WIE HEISST DU ? FRIEDEMANN
            GRUESS DICH, FRIEDEMANN
            GIB DEIN GEBURTSJAHR EIN? 1974
            FRIEDEMANN, DU BIST ETWA 12 JAHRE ALT    ... Ready
```

Am Scheideweg

Von Komplimenten ist in diesem Programm bislang ja noch nicht die Rede, wir müssen dem Micro erst beibringen, eine Entscheidung zu fällen. Dazu konstruieren wir mit der BASIC Anweisung IF ... THEN einen bedingten Sprung. Die Anweisung ist wie folgt konstruiert

IF (logischer Ausdruck) THEN (Anweisung)

Mit dem 'logischen Ausdruck' wird eine entscheidbare Bedingung formuliert. Ist diese erfüllt - der logische Ausdruck also wahr - so wird vom Programm die nach THEN stehende Anweisung ausgeführt. Anderenfalls fährt das Programm mit der Ausführung der Anweisung in der folgenden Zeile fort. Wir wollen diese Möglichkeit zu einer qualitativen Verbesserung unseres Programmes nutzen.

```
100 REM  *** KOMPLIMENT ***
101 :
110 CLS:PRINT
120 INPUT " WIE HEISST DU ";NAME$
130 PRINT
140 PRINT " GRUESS DICH, ";NAME$
150 PRINT
160 INPUT " GIB DEIN GEBURTSJAHR EIN";JAHR
170 LET ALTER = 1986-JAHR
180 PRINT
190 PRINT " ";NAME$;", ENTSCHULIGE BITTE DIE FRAGE"
200 PRINT
210 INPUT " BIST DU WEIBLICH  <J/N> ";A$
220 PRINT
230 IF A$="N" THEN GOTO 280
240 PRINT " NUN ";NAME$;", EIN HUEBSCHES MAEDEL"
250 PRINT
260 PRINT " WIE DU MUSS ETWA 17 SEIN !"
270 PRINT:PRINT:END
280 PRINT " ";NAME$;", DU BIST ETWA ";ALTER;"JAHRE ALT"
290 PRINT
300 END
```

```
RUN
....
 WIE HEISST DU ? UTA
 GRUESS DICH, UTA
 GIB DEIN GEBURTSJAHR EIN? 1964
 UTA, ENTSCHULDIGE BITTE DIE FRAGE
 BIST DU WEIBLICH  <J/N> ? J
 NUN UTA, EIN HUEBSCHES MAEDEL
 WIE DU MUSS ETWA 17 SEIN!

Ready
>█
```

In Zeile 210 erkundigt sich der Micro nach Ihrer Geschlechtszugehörigkeit. Ihre Antwort wird in Zeile 230 getestet. Falls (IF) Sie <N> für männlich eingegeben hatten, so ist der logische Ausdruck A$ = "N" wahr. Dann (THEN) wird die intuitiv klare Anweisung GOTO 280 (gehe zu ...) ausgeführt und das Programm in Zeile 280 wie gehabt fortgesetzt. Interessanter ist natürlich die Alternative. Falls Sie also eine Dame sind, mithin in Zeile 210 der String-Variablen A$ den Wert "J" zugewiesen haben, ist der Ausdruck A$ = "N" falsch und der Interpreter ignoriert die nach THEN formulierte Anweisung. Danach druckt er unter Benutzung Ihres Namens das vorgegebene Scherzchen aus und beendet in der nächsten Zeile die Programmausführung. Die zusätzliche END Anweisung in Zeile 270 ist bei dieser Programmkonstruktion notwendig, sonst würde in Zeile 280 der Fauxpas doch noch begangen.

Bei einer eventuellen Fehlbedienung, sagen wir bei Eingabe einer Ziffer oder irgendeines anderen druckbaren Zeichens ausser N, reagiert der Micro - programmgesteuert - freundlich. Das eingegebene Zeichen wird der Variablen A$ zugewiesen, der Test in Zeile 230 geht negativ aus; das Programm wird in der nächsten Zeile fortgesetzt. Und noch eine kleine Feinheit; da wir vor Ausgabe einer Antwort in jedem Falle eine Leerzeile auf dem Bildschirm wünschen, ist es ökonomisch, dies bereits in Zeile 220, also vor Verzweigung des Programmes, zu veranlassen.

Auch sei erwähnt, dass es die Syntax unseres Interpreters erlaubt, Zeile 230 etwas einfacher zu schreiben:

```
_230 IF A$ = "N" GOTO 280
```

Manche Interpreter lassen auch diese Form zu,

```
_230 IF A$ = "N" THEN 280
```

probieren Sie es.

Die Fähigkeit des Computers, aufgrund von Logik und Wertzuweisungen Entscheidungen zu treffen, gehört zu seinen wichtigsten Eigenschaften. So besitzen diese Anweisungen eine eigene Symbolik in der graphischen Darstellung der Programmstruktur. Schauen wir uns dies am Beispiel unseres Programmes sowohl beim Flussdiagramm als auch beim Struktogramm an.

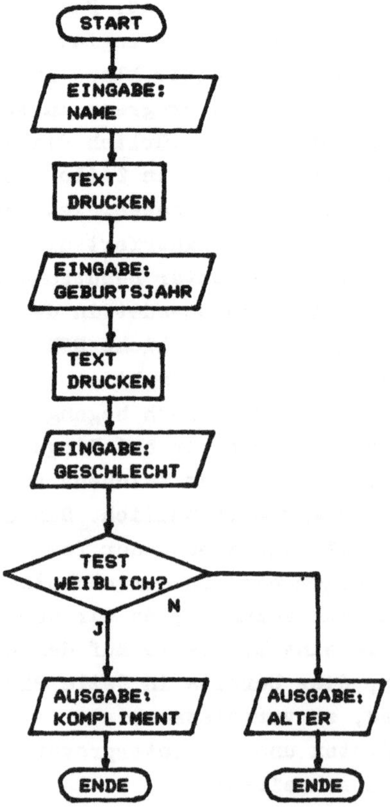

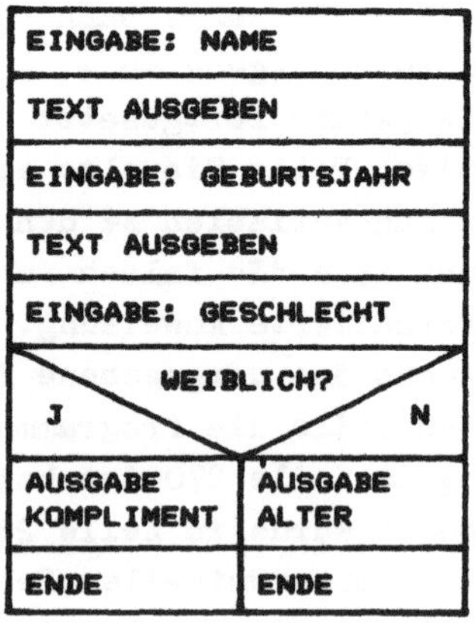

Beim Flussdiagramm wird die Programmverzweigung durch eine Raute, dem 'Entscheidungsdiamanten' mit den beiden Ausgängen für die Antworten J oder N symbolisiert. Der Programmsprung nach positiv ausgegangenem Test wird durch einen zusätzlichen Pfeil charakterisiert.

Wesentlich sparsamer ist die Darstellung im Struktogramm. Deutlich erkennt man drei Programmblöcke. Der erste, 'grosse' stellt den Anfang des Programmes bis zu der abgefragten alternativen Entscheidung dar. Auf die Verzweigung folgen - vollkommen gleichberechtigt - die beiden 'Antwortblöcke'. Deutlich erkennt man, dass diese Blöcke für sich genommen jeweils eindeutig definierte Ein- und Ausgänge besitzen.

Tu das noch einmal

Jetzt setzen wir alle neu erlernten BASIC Anweisungen zur Konstruktion eines kleinen Spielprogrammes ein. Dabei erfahren wir eine weitere wesentliche Eigenschaft unseres Micro. Er kann nicht nur innerhalb eines Programmlaufes Entscheidungen fällen, sondern auch in Abhängigkeit vom Ergebnis solcher Entscheidungen genau festgelegte Programmteile mehrfach abarbeiten.

```
100 REM  *** ZAHLENRATEN ***
101 :
110 CLS:PRINT
120 PRINT SPC(12) "* ZAHLENRATEN *"
130 PRINT:PRINT SPC(10) "EIN SPIEL FUER ZWEI"
140 PRINT:PRINT
150 PRINT" DER ERSTE SPIELER GIBT JETZT, VERDECKT"
152 PRINT
160 INPUT" FUER DEN ZWEITEN, EINE ZAHL EIN: ";A
170 CLS:PRINT:PRINT
199 :
200 PRINT" TIP DES ZWEITEN SPIELERS ";
202 INPUT TIP
210 PRINT
220 IF TIP>A THEN PRINT " ZU HOCH GETIPPT"
230 IF TIP<A THEN PRINT " ZU NIEDRIG GETIPPT"
240 IF TIP<>A THEN PRINT" NOCH EIN VERSUCH ";:GOTO 202
299 :
300 PRINT " RICHTIG GETIPPT"
310 PRINT
320 END
```

```
RUN
....

            * ZAHLENRATEN *
          EIN SPIEL FUER ZWEI

 DER ERSTE SPIELER GIBT JETZT, VERDECKT
 FUER DEN ZWEITEN, EINE ZAHL EIN: ? 17
....

 TIP DES ZWEITEN SPIELERS ? 5

 ZU NIEDRIG GETIPPT
 NOCH EIN VERSUCH ? 21

 ZU HOCH GETIPPT
 NOCH EIN VERSUCH ? 12

 ZU NIEDRIG GETIPPT
 NOCH EIN VERSUCH ? 17

 RICHTIG GETIPPT!

Ready
>
```

Schauen wir uns das Programm an. In den Zeilen 100 bis 199 wird das Spiel initialisiert. Im nächsten Block von Zeile 200 bis 299 wird nach erfolgter Wertzuweisung für die Variable TIP diese mit dem vorgegebenen Wert von A durch sukzessives Testen der logischen Ausdrücke TIP >A, TIP <A und TIP <>A (das bedeutet TIP ungleich A) verglichen und der abgegebene TIP des zweiten Spielers bewertet. Da sich die drei logischen Ausdrücke paarweise ausschliessen, ist dieses 'lineare' Vorgehen korrekt. Am wichtigsten ist Zeile 240. Hier wird auf 'Misserfolg' getestet und in diesem Fall der Interpreter angewiesen, nach Ausdruck der Aufforderung NOCH EIN VERSUCH ? zurück zu Zeile 202 zu gehen, also eine Programmschleife auszuführen. Es sind also nach THEN mehrfache, durch Doppelpunkt getrennte Anweisungen zulässig. Der dritte, abschliessende Programmblock 300 - 320 ist klar.

Das Prinzip der Konstruktion von Programmschleifen ist so wichtig, dass wir es wieder graphisch veranschaulichen wollen. Beim Struktogramm gibt es dafür ein eigenes, neues Symbol.

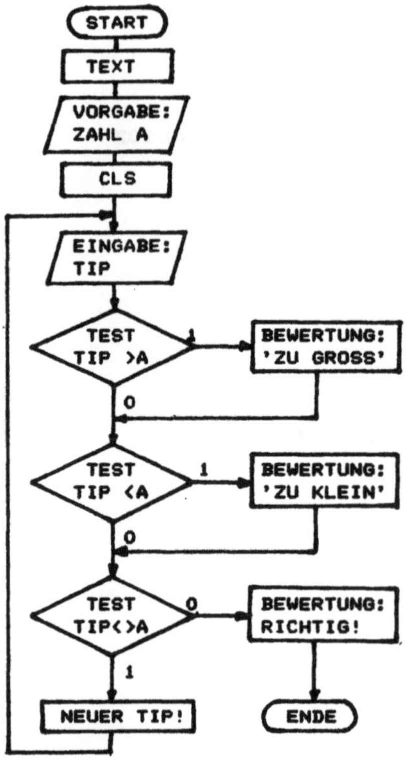

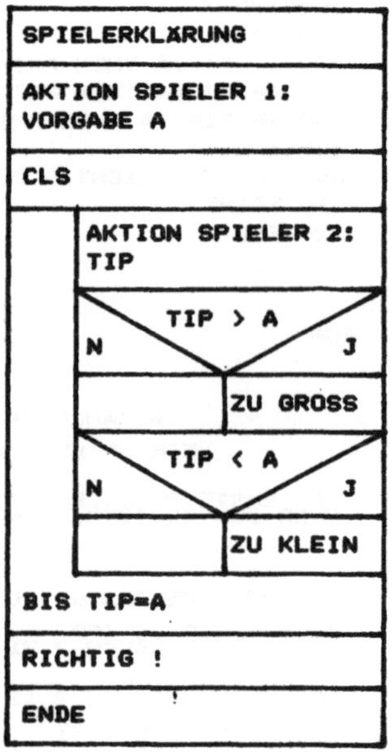

In dem Flussdiagramm werden mit 0 beziehungsweise 1 die Wahrheitswerte 'Falsch' oder 'Wahr' der logischen Ausdrücke innerhalb der Entscheidungsdiamanten charakterisiert. Im Mittelblock des Struktogramms erkennen wir an der L-Form des 'Hakens' sehr schön, dass es sich in unserem Programm um eine sogenannte annehmende Schleife handelt. Der 'Schleifenrumpf' wird auf jeden Fall einmal durchlaufen; daraufhin wird unter 'BIS' auf eine etwaige Wiederholung getestet.

Selbstverständlich lassen sich auch Programme mit abweisender Schleife konstruieren, deren Struktogramm dann die folgende Gestalt besitzt:

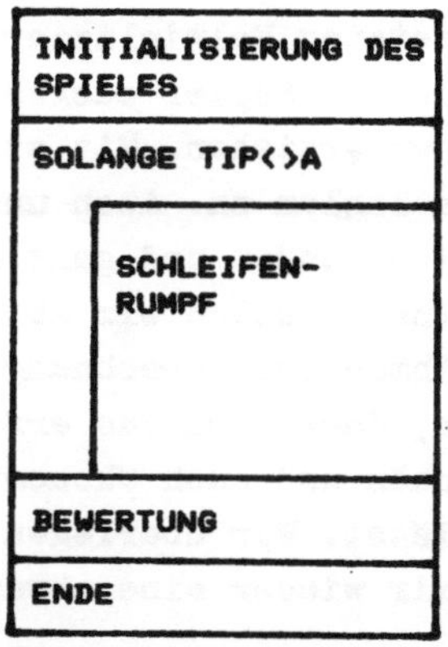

Und jetzt sind Sie am Zug. Schreiben Sie - ausgehend von der im Struktogramm vorgegebenen Programmstruktur unter weitestgehender Nutzung der Programmblöcke des Listings unseres Programmes ZAHLENRATEN - ein eigenes Programm und testen Sie es gründlich. Damit arbeiten Sie übrigens in der angemessenen Reihenfolge: Zuerst das Problem formulieren, dann ein Struktogramm - erst in Blockstruktur, dann immer verfeinerter - aufzeichnen. Danach erfolgt die (erste) Niederschrift des Programmes, je nach Komplexität ebenfalls in Blöcken. Jetzt schlägt beim Programmtest die Stunde der Wahrheit. Lassen Sie sich bitte durch Misserfolge, auch viele, nicht entmutigen. Dass ein eben niedergeschriebenes Programm beim ersten Lauf auf Anhieb funktioniert, ist die seltene Ausnahme und nicht der Normalfall.

Fakultät

Die Fakultät N! einer positiven ganzen Zahl N ist das Produkt der natürlichen Zahlen von 1 bis N. Bevor wir uns einen Algorithmus zur Berechnung von Fakultäten überlegen, präzisieren wir diese Definition und formulieren sie in mathematischen Symbolen mittels der Rekursionsformel

$$1! = 1$$
$$N! = N \cdot (N - 1)! \qquad (N = 2,3,\ldots).$$

Die Bedeutung dieser rekursiven Definition ist intuitiv klar. Im Prinzip kann die Fakultät einer jeden positiven ganzen Zahl durch fortgesetztes Multiplizieren gewonnen werden. Allerdings würde uns bald das Papier ausgehen, wollten wir uns tatsächlich dieser Arbeit unterziehen. Mit steigendem N wächst die Fakultät zu enorm grossen Zahlen an. Auch unser Micro muss bereits nach wenigen Schritten runden und geht zur Exponenten-Darstellung über. So hoch hinaus wollen wir aber gar nicht; überlegen wir uns einen Algorithmus zur Berechnung der Fakultäten von 1 bis 9. Es leuchtet ein, dass sich das erforderliche sukzessive Multiplizieren sehr schön und auch ökonomisch mit einer Programmschleife bewältigen lässt. Wir überlegen uns das an dem folgenden Struktogramm, wobei wir wieder eine abweisende Schleife konstruieren.

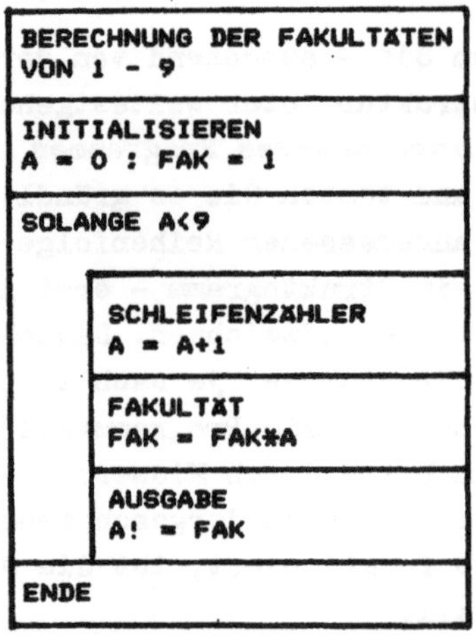

Nach der hier unverzichtbaren Initialisierung kommt der die Schleife umfassende Block, wobei - wie verabredet - der Test auf

Fortsetzung am Eingang der Schleife ausgeführt wird. Im Schleifenrumpf treten zwei Variablen auf. Mit A werden die Schleifendurchläufe gezählt, während FAK den aktuellen Wert der Fakultät von A aufnimmt und bis zum nächsten Durchlauf speichert. Alles klar? Dann fällt uns die Umsetzung des Struktogramms in ein BASIC Programm nicht mehr schwer.

```
100 REM  *** FAKULTAETEN VON 1-9 ***
101 :
110 CLS:PRINT
120 A=0:FAK=1
199 :
200 IF A>=9 GOTO 300
210 :  A=A+1
220 :  FAK=FAK*A
230 :  PRINT " ";A;"! ="FAK
240 GOTO 200
250 PRINT
299 :
300 END
```

```
RUN
....

1 ! = 1
2 ! = 2
3 ! = 6
4 ! = 24
5 ! = 120
6 ! = 720
7 ! = 5040
8 ! = 40320
9 ! = 362880

Ready
>
```

Durch den Einschub zusätzlicher, nur den Doppelpunkt enthaltender Zeilen wird die Programmstruktur im Listing hervorgehoben. Dem dient auch das Einrücken in den Zeilen 210 bis 230, die dem Schleifenrumpf entsprechen. Natürlich wird durch diese 'Verschönerungen' der Programmlauf nicht verbessert. Im Gegenteil, sie verlangsamen das Programm und verbrauchen zusätzlichen Speicherplatz. Doch das ist bei den in diesem Kapitel betrachteten kleinen Programmen nicht unser Problem. Hier kommt es auf die Erstellung leicht durchschaubarer, einfach strukturierter und schliesslich auch laufender Programme an. Diese Methode ist keineswegs altmodisch oder dem Formalisten vorbehalten. Stellen Sie sich ein, sagen wir, hundertseitiges professionelles Programm vor. Ohne besondere Vorkehrungen ist dieses höchstens noch dem Programmierer verständlich und ansonsten Verbesserungen und Erweiterungen nicht mehr zugänglich. So erscheint der erhöhte Aufwand einer sauberen Dokumentation auch ökonomisch sinnvoll, ja sogar notwendig. Die enorm gewachsenen technischen Möglichkeiten von Produktion und Einsatz immer billigerer Speicher stützen diese Forderung, so ist weltweit nicht mehr die Beschaffung von schnellen Rechnern mit grossen Speichern das Problem, sondern die ökonomisch sinnvolle Nutzung dieser Möglichkeiten, d.h. die Produktion entsprechender Programme. Dramatisierend und wohl nicht ganz uneigennützig wird diese Situation von einigen Leuten als 'Software-Krise' bezeichnet.

Doch noch mal zurück zu den Fakultäten; versuchen wir, die gestellte Aufgabe mit Verwendung einer annehmenden Schleife zu lösen. Hier das Ergebnis.

```
500 REM  *** FAKULTAETEN VON 1-12 ***
501 :
510 CLS:PRINT
520 A=0:FAK=1
599 :
600 :  A=A+1
610 :  FAK=FAK*A
620 :  PRINT " ";A;"! ="FAK
630 IF A<12 GOTO 600
640 PRINT
699 :
700 END


RUN 500
....

 1 ! = 1
 2 ! = 2
 3 ! = 6
 4 ! = 24
 5 ! = 120
 6 ! = 720
 7 ! = 5040
 8 ! = 40320
 9 ! = 362880
 10 ! = 3628800
 11 ! = 39916800
 12 ! = 479001600

Ready
>
```

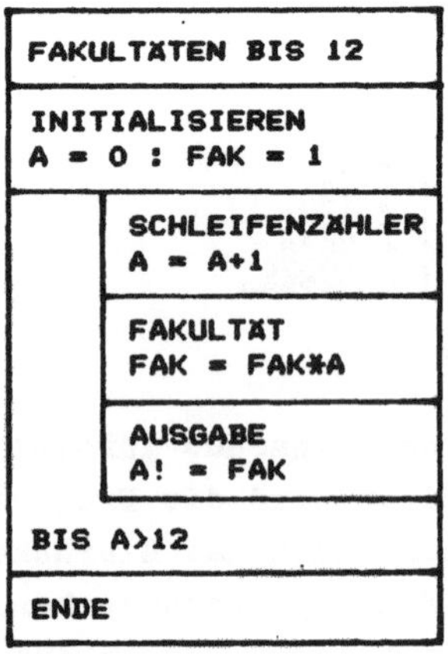

In beiden Schleifentypen wird die Schleifenabbruchbedingung in der Schleife selbst berechnet. Dies bringt grosse Vorteile, so können mit dieser Methode Programme konstruiert werden, bei denen die Anzahl der durchlaufenen Schleifen nicht von vorneherein festgelegt ist, sondern sich - zum Beispiel aufgrund eingegebener Daten - erst während des konkreten Programmlaufes ergibt.

Der Nächste, bitte

Liegt jedoch die Anzahl der Schleifendurchgänge vorher fest - man spricht dann auch von einer iterativen Schleife - so steht mit dem FOR ... NEXT Befehl hierfür eine spezielle BASIC Anweisung zur Verfügung. Machen wir uns diese leistungsfähige Anweisung wieder an einem Beispiel klar.

```
10 REM  *** SCHLEIFEN DEMO ***
11 :
12 PRINT
20 FOR N=1 TO 8
30 :  PRINT "SCHLEIFENDURCHLAUF";N
40 NEXT N
50 PRINT
60 END
```

Mit der Anweisung in Zeile 20 ist die automatische Schleife eröffnet. Dabei wird in dem hier benutzten Format die Zählvariable N auf 1 gesetzt. Anschliessend folgt das Programm den Anweisungen des Schleifenrumpfes, hier also der Zeile 30. Die NEXT Anweisung in Zeile 40 veranlasst automatisch einen Sprung zurück zur Zeile 20. Es wird die Zählvariable um 1 erhöht und anschliessend getestet, ob der Endwert, hier also 8, überschritten wurde. Ist dies der Fall, so wird die Schleife nicht mehr durchlaufen, sondern das Programm in der auf NEXT folgenden Zeile fortgesetzt, in unserem Beispiel also nach Ausgabe einer Leerzeile beendet. Ein Programmlauf demonstriert den geschilderten Ablauf. Am Ausgang der Schleife steht der Schleifenzähler auf 9. Sie können das nach dem Programmlauf durch Eingabe des Direkt-Befehls PRINT N nachprüfen.

```
RUN
SCHLEIFENDURCHLAUF 1
SCHLEIFENDURCHLAUF 2
SCHLEIFENDURCHLAUF 3
SCHLEIFENDURCHLAUF 4
SCHLEIFENDURCHLAUF 5
SCHLEIFENDURCHLAUF 6
SCHLEIFENDURCHLAUF 7
SCHLEIFENDURCHLAUF 8

Ready
>
```

Jetzt stellen wir durch einen simplen Test fest, ob der FOR ... NEXT Befehl - wie bei den meisten Micros - als annehmende oder aber als abweisende Schleife im Interpreter realisiert ist. Dazu vertauschen wir einfach in Zeile 20 die dem Schleifenanfang beziehungsweise dem Schleifenende entsprechenden Werte:

```
20 FOR N=8 TO 1
```

Führt nun der Programmlauf zu dem Ausdruck SCHLEIFENDURCHLAUF 8 , so ist die Schleife jedenfalls einmal durchlaufen worden, um danach durch den Test N > 8 beendet zu werden. Mithin handelt es sich eindeutig um eine annehmende Schleife. Nach dem Programmlauf steht der Schleifenzähler wiederum auf 9.

Es kann aber auch sein, dass auf Ihrem Micro der FOR ... NEXT Befehl als abweisende Schleife implementiert ist. In diesem Fall wird bei unserem Test nichts ausgedruckt.

Dieser kleine Unterschied muss beim Programmieren unbedingt beachtet werden. Es sei nicht verschwiegen, dass generell durch die weithin verbreiteten annehmenden Schleifenkonstruktionen dem Programmierer Fallen gestellt sind. So ist beispielsweise der Fall denkbar, dass die Anzahl der auszuführenden Schleifendurchgänge von einer vom bisherigen Programmverlauf abhängigen Variablen M festgelegt wird:

```
20 FOR N=1 TO M
```

Wird nun durch irgendeinen - oft unvorhergesehenen - Fall die Variable M vor Ausführung von Zeile 20 auf 0 gesetzt, so erfolgt bei der üblichen FOR ... NEXT Anweisung wie beschrieben ein Schleifendurchlauf, und dies kann innerhalb des Gesamtprogrammes zu etwas gänzlich Unsinnigem führen. Doch lernen wir die FOR ... NEXT Anweisung weiter im Normalbetrieb kennen.

```
10 PRINT "SUMME DER ERSTEN N NATUERLICHEN ZAHLEN"
20 INPUT "EINGABE VON N";N
30 LET S=0
40 FOR K=1 TO N
50 :  S=S+K
60 NEXT K
62 PRINT
70 PRINT "DIE SUMME IST GLEICH ";S;"."
80 END
```

```
RUN
SUMME DER ERSTEN N NATUERLICHEN ZAHLEN
EINGABE VON N? 100
DIE SUMME IST GLEICH 5050
Ready
>
```

Probieren Sie die Eingabe verschiedener Werte für N. Sie werden bemerken, dass auch der Computer Zeit zum Rechnen braucht. So lehrt uns hier die Eingabe einer sechsstelligen Zahl in puncto

Rechenzeit das Fürchten. Die Geschichte von dem kleinen Carl Friedrich Gauss kennen Sie doch? Heute würde er sich an seinen Kleincomputer setzen und den Direktbefehl

```
N=100 : PRINT N*(N+1)/2        <ENTER>
```

eintippen oder gleich N = 100000, dann hätte er sich so um die 12 Minuten Wartezeit erspart, von den Rundungsfehlern mal ganz abgesehen. Die genaue Zeit hinge natürlich von dem verfügbaren Micro ab. Wenn Sie es so sehen wollen, war das ein weiterer Beitrag zum Thema Künstliche Intelligenz (KI); der Rechner ist so schlau wie wir ihn machen.

Eine andere Frage ist die Sicherung unseres Programms gegen Fehlbedienung. So führt die Eingabe von 0 oder gar einer negativen Zahl N zu einem falschen bzw. sinnlosen Resultat. Dagegen können wir das Summationsprogramm durch Einfügen der Zeile

```
22 IF N<1 THEN PRINT ">>  WÄHLE N > 0" : GOTO 20
```

schützen. Bliebe noch die Möglichkeit der Eingabe einer nicht ganzen Zahl, aber davon später.

Sehr schön eignet sich die FOR ... NEXT Anweisung zur Tabellierung von Funktionen.

```
10 CLS:PRINT
20 PRINT " X","X^2"
30 PRINT
40 FOR X=1 TO 10
50 Y=X^2
60 PRINT  X,Y
70 NEXT X
80 END
```

```
RUN
....

X             X^2

1             1
2             4
3             9
4             16
5             25
6             36
7             49.0001
8             64
9             81.0001
10            100
Ready
>
```

Durch Abändern der Anweisung in Zeile 50 können Sie sich natürlich auch Kubikzahlen Y = X ↑ 3 oder andere Ausdrücke, zum Beispiel Y = 1/(1 + X), Y = (X - 5)*(X - 17), Y = X ↑ X tabellieren lassen; ändern Sie dann auch den Tabellenkopf entsprechend.

Etwas komplizierter erweist sich die näherungsweise Berechnung von Werten der Exponentialfunktion. In der höheren Mathematik werden die Funktionswerte exp(x) für jede reelle Zahl x als Grenzwert der konvergenten unendlichen Reihe

$$1 + \frac{x}{1!} + \frac{x^2}{2!} + \frac{x^3}{3!} + \ldots . + \frac{x^N}{N!} + \ldots$$

definiert. Für praktische Berechnungen müssen wir uns mit der Summation der ersten N-1 Glieder (N positiv, ganz) dieser Reihe begnügen. Wählen wir fürs erste N = 7 und schreiben ein Programm.

```
100 REM  *** EXPONENTIALFUNKTION ***
101 :
110 CLS:PRINT
120 PRINT " BERECHNUNG DER EXPONENTIALFUNKTION AN"
130 PRINT
140 PRINT " DER STELLE X MITTELS TAYLORFORMEL"
199 :
200 E=1:F=1
210 PRINT:PRINT
220 INPUT " EINGABE DES ARGUMENTES X: ";X
299 :
300 FOR I=1 TO 7
310 :  F=F*X/I
320 :  E=E+F
330 NEXT I
399 :
400 PRINT:PRINT
410 PRINT " X =";X,"E^X =";E
420 PRINT:PRINT
430 PRINT " VERGLEICH MIT DER FEST PROGRAMMIERTEN"
440 PRINT " FUNKTION EXP(.):"
450 PRINT
460 PRINT " EXP(X) =";EXP(X)
470 PRINT
480 END
```

```
RUN
....
 BERECHNUNG DER EXPONENTIALFUNKTION AN
 DER STELLE X MITTELS TAYLORFORMEL

 EINGABE DES ARGUMENTES X: ? 1.35

 X = 1.35    E^X = 3.85710

 VERGLEICH MIT DER FEST PROGRAMMIERTEN
 FUNKTION EXP(.):
 EXP(X) = 3.85743

Ready
>
```

Der Algorithmus zur Berechnung der Näherungswerte für die Exponentialfunktion wird in der FOR ... NEXT Schleife ab Zeile 300 realisiert. Zuerst wird in Zeile 310 der aktuelle Summand F bestimmt und anschliessend in Zeile 320 zur bereits berechneten Partialsumme E addiert. Falls Sie das nicht sofort überblicken, ist es hilfreich, die ersten Runden der Schleife per Hand mitzurechnen, beginnend mit den in Zeile 200 fixierten Startwerten für E und F.

Eine Warnung

Probieren Sie nun das Programm für verschiedene Werte von X aus. Für X = 0 muss sich natürlich der exakte Wert 1 ergeben, sonst ist irgend etwas faul an unserem Programm. Und für X = 1 sollte ein Wert in der Nähe von 2,71828... herauskommen. Zur Beurteilung der Güte unserer Näherung an anderen X-Stellen benutzen wir die fest im BASIC programmierte Funktion EXP(.), von der wir annehmen können, dass sie in etwa korrekt gerundete Funktionswerte liefert. So stellen wir fest, dass für X-Werte etwa zwischen -1.5 und 1.5 recht brauchbare Näherungen für exp(X) berechnet werden. Erhöhen wir in Zeile 300 die Zahl der Iterationsschritte von 7 auf 50, so ist die Approximation an der Stelle X = 20 akzeptabel, wohingegen bei X = -20 ein katastrophal falsches Ergebnis erzielt wird. Eine weitere Erhöhung der Zahl der Iterationen, sagen wir auf 500, verschlimmert alles nur noch. Auf manchem Micro kommt jetzt ein sogar negativer Wert heraus. Es sind also nicht nur alle Stellen vom Ergebnis, sondern sogar das Vorzeichen falsch. Woran liegt das? Wir sind hier auf ein Standard-Problem der numerischen Mathematik gestossen. Schreiben wir uns den Anfang der Exponentialreihe für X = -1 auf,

$$e^{-1} \approx 1 - \frac{1}{1!} + \frac{1}{2!} - \frac{1}{3!} + \ldots + \frac{(-1)^N}{N!} ,$$

so erkennen wir, dass dies eine Reihe mit alternierenden Vorzeichen ist. Während in der Höheren Analysis solche Reihen zu Recht beliebt sind, da sie eine recht einfache Abschätzung des Reihenrestes und damit Aussagen über Konvergenz oder Divergenz erlauben, führt eine kritiklose Anwendung rein analytischer Methoden auf unsere auf der Gleitpunktarithmetik basierenden Rechnungen wie eben demonstriert zu fatalen Fehlergebnissen. Der Grund liegt natürlich wieder bei der gefährlichen Operation der Differenzbildung, die bei einer alternierenden Reihe ja ständig auftritt.

Doch so, wie die abstrakte Analysis uns böse Fallen stellen kann, kommt sie uns - zweckentsprechend angewendet - auch zu Hilfe. Das obige Problem löst sich bei Anwendung der Formel

$$\exp(x) = 1/\exp(-x)$$

für negative Werte von x in Wohlgefallen auf. Wir berechnen zuerst - auf der stabilen 'Seite', -x ist positiv - den Wert von exp(-x) und dividieren anschliessend.

Noch eine Warnung

Da dies Thema so wichtig ist, noch ein Beispiel solcher Art. Es ist bekannt, dass die harmonische Reihe

$$1 + \frac{1}{2} + \frac{1}{3} + \frac{1}{4} + \frac{1}{5} + \ldots + \frac{1}{N} + \ldots$$

divergiert, also bei fortgesetzter Summation über jede vorgegebene Grenze wächst. Wie sieht das nun unser Micro mit seiner Gleitpunktarithmetik? Offenbar nehmen die Glieder der harmonischen Reihe monoton ab. Für jede beliebig gewählte kleine Zahl lässt sich ein solcher Wert N finden, dass 1/N kleiner als diese vorgegebene Zahl ausfällt. Das bedeutet, dass der Rechner bei fortgesetzter Addition der Reihe auf Summanden stösst, die aufgrund seiner begrenzten Genauigkeit keinen Beitrag zu der erreichten Partialsumme mehr leisten. Mithin berechnet der Computer für die harmonische Reihe einen endlichen Wert, was schlicht falsch ist. Ausführlich erklärt wird diese Problematik in Kerner, I.O. (1970).

Der Zeichensatz

Wenden wir uns nun wieder anschaulicheren Problemen zu. Wie werden eigentlich die druckbaren Zeichen vom Rechner gespeichert und verarbeitet? Jedes Zeichen besitzt entsprechend dem sogenannten ASCII Code (gesprochen Askey-Code; vgl. Anhang) eine Nummer. Im BASIC Interpreter, aber auch in dem für Bildschirm-Informationen zuständigen Graphik-Generator wird jedes druckbare Zeichen unter dieser Code-Nummer geführt. So besitzt bespielsweise das Zeichen A die ASCII Nummer 65. Mittels der im BASIC verfügbaren Funktion CHR$( ) (abkürzend für engl. character, auch CARS gesprochen), die jeder Code-Nummer das entsprechende Zeichen zuordnet, lässt sich der gesamte auf Ihrem Micro verfügbare Zeichensatz angeben.

```
10 REM *** ZEICHENSATZ ***
11 :
20 FOR N=32 TO 127
30 PRINT N,CHR$(N)
40 PRINT
50 PAUSE 3
60 NEXT N
70 END
```

Mit Hilfe dieses Programms können Sie eventuelle Abweichungen von der ASCII Norm feststellen, die insbesondere bei den Sonderzeichen mit grosser Code-Nummer auftreten. Beim KC 85/2 sind die im ASCII Code für die Kleinbuchstaben reservierten Nummern 97 bis 122 nochmals mit Grossbuchstaben belegt worden. Dann führt sowohl CHR$(65) als auch CHR$(97) zu dem Zeichen A. Auf anderen Rechnern sind unter höheren Code-Nummern weitere Zeichen verfügbar. So erreicht man beim KC 85/1 mittels des Befehls PRINT CHR$(N) (N - 160, ... ,255) die Graphikzeichen.

Matrjoschka-Püppchen

Bei Beachtung bestimmter Regeln dürfen mehrere Schleifen ineinander geschachtelt werden. Beginnen wir mit einem Beispiel, das die Wirkung des Befehls CLS nachbildet.

```
100 REM  *** CLEAR SCREEN (1) ***
101 :
103 :      : REM FALLS AUF IHREM MICRO VERFÜGBAR,
104 H=16 : REM HIER CODE FÜR STEUERZEICHEN
105 :       REM 'HOME' WÄHLEN. SONST ZEILE
107 :     : REM 160 STREICHEN
109 :
110 FOR Y=0 TO 25     : REM LAUFBEREICHE AN IHREN
120 : FOR X=0 TO 38   : REM MICRO ANPASSEN
130 :   PRINT AT (Y,X);" "
140 : NEXT X
150 NEXT Y
160 PRINT CHR$(H)
170 END
```

Wichtig ist, dass die Zählvariablen der einzelnen Schleifenebenen exakt auseinandergehalten werden. Gegebenenfalls müssen Sie die Laufanweisungen FOR ... NEXT Ihrem Bildschirmformat anpassen. Der Steuercode 16 für Cursor HOME ist auf dem KC 85/2 gültig.

Möchten Sie den Bildschirm nicht von oben nach unten, sondern sagen wir von links nach rechts löschen, so genügt es nicht, nur die Zeilen 110 und 120 miteinander zu tauschen. Es müssen auch die Schleifen-Abschlüsse NEXT Y und NEXT X in die richtige Reihenfolge gebracht werden.

Dauert Ihnen die Ausführungszeit dieser CLS Routine zu lange? Dann können Sie durch Weglassen aller überflüssigen Leerzeichen und Schnörkel im Programm sowie durch Schreiben mehrerer Anweisungen in einer Zeile die Laufzeit geringfügig senken.

```
200 FORY=0TO25:FORX=0TO38
210 PRINTAT(Y,X);">":NEXTX,Y:END
```

Eine weitere Laufzeitverkürzung brächte die Benutzung eventuell auf dem Micro vorhandener Ganzzahlvariablen für X und Y. Wirklich 'schnelle' Routinen können über einen BASIC Interpreter nicht realisiert werden. Der Interpreter muss die Anweisungen des BASIC Programmes Zeile für Zeile lesen, um sie in Maschinen-Befehle zu übersetzen. Das trifft auch auf den Schleifenrumpf zu, der bei jedem Durchlauf erneut interpretiert werden muss, und das braucht halt Zeit.

Zur Konstruktion weiterer Routinen benutzen wir wiederum den auf vielen Kleincomputern vorhandenen Befehl PRINT AT (engl. at - an), der es gestattet, ein Zeichen an eine vorgegebene Stelle X,Y des Bildschirmes zu schreiben, wobei X und Y die Koordinaten des gewünschten Ortes bezeichnen. Um die Funktion der Programme zu demonstrieren, benutzen wir anstelle des Blanks leserlichere Zeichen.

```
300 REM  *** FLIMMERN ***
301 :
310 FOR Y=0 TO 13
320 : FOR X=1 TO 38
330 :   PRINT AT(13-Y,X);">"
340 :   PRINT AT(13+Y,39-X);"<"
350 : NEXT X
360 NEXT Y
370 PAUSE 20
380 END
```

* * *

Nun wollen wir uns die Zahlenpaare eines Satzes Dominosteine mit maximal 6 Punkten ausdrucken lassen, vgl. Sinclair (1980). Die STR$ Funktionen benutzen wir, um die Ausgabe zusätzlicher Blanks bei den Variablen M und N zu unterdrücken.

```
10 REM  *** DOMINO-STEINE ***
11 :
14 PRINT
20 FOR M=0 TO 6
30 FOR N=0 TO M
40 PRINT STR$(M);":";STR$(N);"  ";
50 NEXT N
60 PRINT
70 NEXT M
80 END
```

Programmlauf

```
RUN
0:0
1:0  1:1
2:0  2:1  2:2
3:0  3:1  3:2  3:3
4:0  4:1  4:2  4:3  4:4
5:0  5:1  5:2  5:3  5:4  5:5
6:0  6:1  6:2  6:3  6:4  6:5  6:6
Ready
>█
```

Vertauschen wir in diesem Programm die Anweisungen der Zeilen 50 und 70. Dies quittiert uns der Computer nach dem Programmstart mit einem korrekten Ausdruck der ersten Zeile und danach mit der Fehlermeldung NF:

```
RUN
0:0  1:0  2:0  3:0  4:0  5:0  6:0
?NEXT WITHOUT FOR ERROR IN 70
Ready
>█
```

Was ist geschehen? Nachdem der Interpreter beide Schleifeneröffnungen abgearbeitet hat, kann er die sich überlappenden Schleifen nicht mehr unterscheiden. Solch eine Konstruktion lässt die Syntax von BASIC nicht zu. Verschiedene Schleifen müssen entweder vollständig ineinander verschachtelt oder völlig voneinander getrennt sein.

Verschachtelte Schleifen:

<u>einzeln</u> <u>Reihe</u> <u>verschachtelt</u> <u>verboten</u>

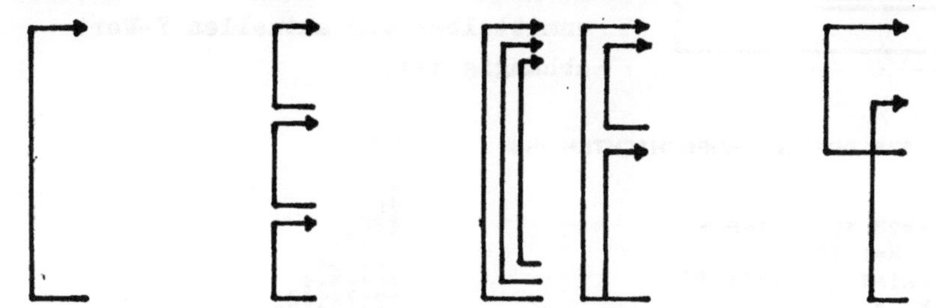

So ist es nicht zulässig, dass Anfang und Ende einer Schleife in zwei verschiedenen Schleifen liegen.

Studieren wir ein etwas komplizierteres Beispiel. Wir möchten ein rechtwinkliges, gleichschenkliges Dreieck aus Sternen auf dem Bildschirm 'aufschichten'. Der rechte Winkel möge in der unteren linken Ecke liegen. Die Aufgabe lösen wir in mehreren Schritten.

1. Position des ersten auszugebenden Sternes festlegen
2. Länge der Zeile festlegen
3. Anzahl der Zeilen festlegen
4. Stern drucken
5. Schleifenenden fixieren

Aus diesen Vorgaben schreiben wir einen Algorithmus in Form eines Struktogrammes auf. Nachdem der Initialisierungsblock klar ist, wird eine Doppelschleife, beginnend mit dem Schleifenrumpf, aufgebaut. Da die Strukturblöcke jeweils genau einen Ein- und einen Ausgang besitzen und aufgrund der Konstruktion eines Struktogrammes schon auf dem Papier in der richtigen Weise ineinandergeschachtelt sind, wird durch diese Methode die Konstruktion syntaktisch korrekter Verschachtelungen im Algorithmus erzwungen.

Die Übertragung des Struktogramms in ein syntaktisch korrektes BASIC Programm ist nun nicht mehr schwierig. Wir nutzen dabei die Möglichkeit, die Zählvariable einer Schleife von 'oben nach unten', also mit negativer Schrittweite, abzuarbeiten. Dies wird durch das Format der Anweisung in Zeile 30 realisiert. Bemerkenswert ist nur noch, dass die Laufanweisung der inneren Schleife unmittelbar vom aktuellen Y-Wert abhängig ist.

```
10 REM  *** DREIECK AUFSCHICHTEN ***
11 :
20 CLS
30 FOR Y=25 TO 1 STEP -1
40 : FOR X=1 TO Y
50 :    PRINT AT(Y,X);"*"
60 : NEXT X
70 NEXT Y
80 PAUSE 20
90 END
```

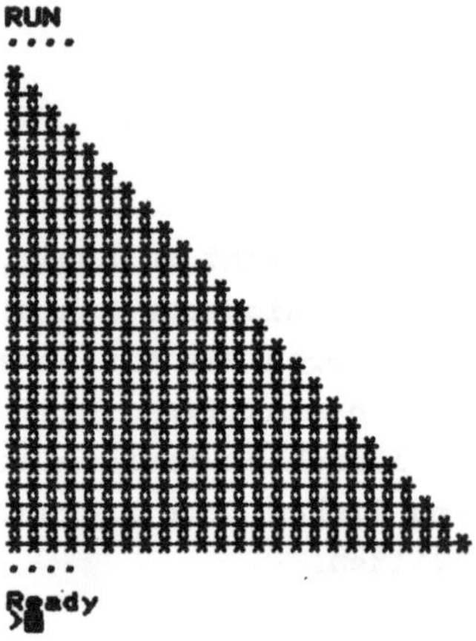

Grosse Sprünge

Während in einem Programm das Springen in eine FOR ... NEXT Schleife strikt untersagt ist, lässt die Syntax von BASIC ein vorzeitiges Verlassen der Schleife zu.

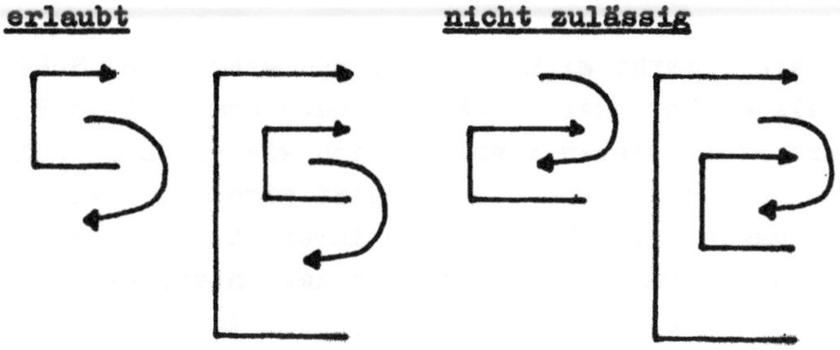

Es ist allerdings kein guter Programmierstil und führt oft zu unerwarteten Resultaten. Überlegen Sie sich hierzu die Arbeitsweise des nachstehenden Programmes, bevor Sie es laufen lassen.

```
10 FOR I=80 TO 90
20 FOR J=80 TO 100
30 PRINT J;
40 IF J=I THEN PRINT:GOTO 60
50 NEXT
60 PAUSE 10
70 NEXT
80 END
```

Nun, hatten Sie das Ergebnis erwartet? Der Grund für die 'verschlungenen' Wege des Programmlaufes liegt in dem bedingten Sprung in Zeile 40. Im Falle der Wahrheit des Ausdruckes J = I wird die innere Schleife verlassen. Eine weitere Komplikation tritt dadurch ein, dass die beiden NEXT Anweisungen nicht identifiziert sind. Stösst der Interpreter auf eine solche NEXT Anweisung, so akzeptiert er sie ungeprüft als zur gerade durchlaufenen Schleife gehörig. So führt die Änderung der Zeilen

```
50 NEXT J
70 NEXT I
```

zu dem gewünschten Programmverlauf:

```
RUN
80
80 81
80 81 82
80 81 82 83
80 81 82 83 84
80 81 82 83 84 85
80 81 82 83 84 85 86
80 81 82 83 84 85 86 87
80 81 82 83 84 85 86 87 88
80 81 82 83 84 85 86 87 88 89
80 81 82 83 84 85 86 87 88 89 90

Ready
>
```

Der Interpreter 'merkt sich' die Anfänge eröffneter Schleifen in einem Stapelspeicher oder Stack, der nach dem Last-In-First-Out Prinzip arbeitet. Diesen kann man sich wie einen Stapel Teller vorstellen, der stets von oben benutzt wird: Die Teller können nur in der umgekehrten Reihenfolge ihrer Ablage entnommen werden. Mit diesem technischen Kniff ist der Interpreter bei minimalem Speicherplatzbedarf in der Lage, sich in mehreren sukzessive eröffneten Schleifen zurechtzufinden. Bei Beendigung einer Schleife wird der entsprechende Eintrag (oberster Teller) gelöscht und so wieder Platz im Speicher geschaffen. Der Umfang des Stapelspeichers bestimmt die maximale Verschachtelungstiefe der FOR ... NEXT Schleifen; auf vielen Micros liegt sie bei 10.

Wird eine begonnene Schleife durch Herausspringen mittels einer GOTO Anweisung verlassen, so verbleibt die Anfangsadresse der Schleife im Stack. Wiederholt sich diese Prozedur mehrmals innerhalb eines Programmlaufes, so kann der Speicherplatz im Stack schnell verbraucht sein und der Interpreter bricht die Programmausführung mit der Fehlermeldung OM: OUT OF MEMORY ERROR ab. Dies ist ein Grund mehr - falls irgend möglich - Sprünge aus Schleifen zu vermeiden.

Kleine Schritte

Bei dem Programm DREIECK AUFSCHICHTEN lernten wir die FOR ... NEXT Anweisung mit negativer Schrittweite kennen. Im BASIC der meisten Kleincomputer ist diese Anweisung noch erheblich variabler, als wir sie bislang nutzten. Es ist sogar die Konstruktion von Schleifen mit beliebiger positiver oder negativer Schrittweite möglich. Wir benutzen dies, um uns eine Wertetabelle der Sinusfunktion per Bildschirm ausgeben zu lassen. Dabei verwenden wir die im Interpreter fest programmierte Standardfunktion SIN( ) sowie die ebenfalls programmierte Konstante PI = 3.14159265, eine

Rundung der transzendenten Ludolfschen Zahl π.

```
10 REM  *** SINUS ***
11 :
20 FOR X=0 TO PI/2 STEP 0.1
30 PRINT "SIN";X;"=";SIN(X)
40 NEXT X
50 END
```

Allerdings können bei Verwendung gebrochener Dezimalzahlen Rundungsfehler auftreten, wie das folgende Beispiel belegt.

```
10 FOR X=-2 TO 2 STEP .4
20 PRINT X,,SGN(X)
30 NEXT
40 END

RUN
-2                              -1
-1.6                            -1
-1.2                            -1
-.8                             -1
-.4                             -1
-2.32830644E-10                 -1
 .4                              1
 .8                              1
 1.2                             1
 1.6                             1
 2                               1

Ready
>
```

Beim sechsten Schleifendurchlauf trifft die Variable X auf einen zwar sehr kleinen, aber doch negativen Wert. Nun werden Sie meinen, dass ein Fehler der Grössenordnung 10^{-10} nicht weiter tragisch ist. Ja und nein, führt doch dieser Fehler bei Anwendung der Signumfunktion SGN( ) dann bereits auf einen absoluten Fehler 1, da diese Funktion im Nullpunkt 0, für jeden negativen Wert jedoch gleich -1 ist.

Unterprogrammtechnik

Wie wir bei der Konstruktion von Programmschleifen gelernt haben, besitzt unser Micro die hervorragende Eigenschaft, zyklische Wiederholungen von Programmabschnitten mit leistungsfähigen Anweisungen selbst zu organisieren. Was tun wir jedoch, wenn gleichartige Programmabschnitte verstreut im Programm auftreten? Es erscheint als unökonomische Speicherverschwendung, in solchen Fällen jedesmal die gleiche Anweisungssequenz ins Programm zu schreiben. Hier bietet BASIC die Technik des Unterprogrammes an. Das in Frage kommende Programmstück wird einmalig als Unterprogramm an einer geeigneten Stelle des Gesamtprogrammes plaziert und dann vom Hauptprogramm mit einer Anweisung sooft als nötig aufgerufen. Nach Abarbeitung des Unterprogrammes wendet sich der Interpreter wieder dem Hauptprogramm zu und fährt dort mit der Bearbeitung der jeweils nächsten Anweisung fort.

Aufgerufen wird ein Unterprogramm durch die Anweisung GOSUB mit nachfolgender Zeilennummer, welche die Startzeile des Unterprogrammes markiert. Der Interpreter merkt sich die Zeilennummer der GOSUB Anweisung des Hauptprogrammes. Dort setzt er das Programm mit der nächsten Anweisung fort, wenn er im Unterprogramm auf die Rückkehranweisung RETURN stösst.

In einem Programm ist die Verwendung mehrerer Unterprogramme zulässig. Geeignet organisiert, können Unterprogramme wesentlich dazu beitragen, ein Programm übersichtlich und gut strukturiert zu gestalten. Auch die - fast stets notwendige - Fehlersuche wird durch Unterprogramme erheblich vereinfacht, da die einzelnen Programmsegmente erst mal separat getestet werden können.

Bei der Programmiersprache BASIC werden in den Unterprogrammen dieselben Variablen wie im Hauptprogramm verwendet; damit ist die Übernahme gültiger Daten vom Hauptprogramm ins Unterprogramm und zurück automatisch gewährleistet.

Im folgenden Beispiel wird vom Unterprogramm eine Rundungsroutine ausgeführt, die unnötige Stellen nach dem Punkt abschneidet. Das Unterprogramm wird vom Hauptprogramm vor Ausgabe eines Ergebnisses aufgerufen. Das Runden von Nachkommastellen ist zum Beispiel vor Ausgabe von Währungsbeträgen nötig und wird allgemein dazu benutzt, um die Vortäuschung einer unrealistischen Genauigkeit nach Multiplikation bzw. Division von Dezimalzahlen zu unterdrücken.

```
100 A=17:B=4.5:C=21.5
110 R=A/B
120 GOSUB 500
130 PRINT:PRINT R,RU
140 T=R/C
150 R=T:GOSUB 500
160 PRINT:PRINT R,RU
200 END
499 :
500 REM  ** SUBROUTINE: RUNDUNG **
510 RU=INT(R*100+.5)/100
520 RETURN

RUN
3.77777778     3.78
.175710594     .18
Ready
>█
```

Die in Zeile 510 auftretende Funktion INT( ) rundet jede Zahl X auf die ganze Zahl X-1 < INT(X) ≤ X ab. Das Hauptprogramm muss in Zeile 200 mit der Anweisung END abgeschlossen werden. Anderenfalls würde nach seiner Abarbeitung unerwünschterweise das Unterprogramm anlaufen. Hierbei stiesse der Interpreter auf die Anweisung RETURN, was er mit Ausgabe der Fehlermeldung RG: RETURN WITHOUT GOSUB quittieren würde.

Hilfe, unser Micro stürzt ab!

Ist Ihnen das auch schon passiert? Sie arbeiten an einem Programm und vergessen dabei, eine geänderte Zeile abzuschliessen. Nun starten Sie das Programm mit Eingabe des Kommandos RUN. Komisch, denken Sie, es tut sich gar nichts, also gleich nochmal RUN eingeben. Und nun geschieht Seltsames. Das Programm arbeitet anfangs ganz normal, doch dann kommt es zu einer unablässigen Wiederholung eines bestimmten Programmabschnittes. Und was das Schlimmste ist, der Micro reagiert nicht mehr auf Eingaben von der Tastatur. Was ist geschehen? Nun, Sie hatten an 'geeigneter' Stelle den Direktbefehl RUN als Anweisung in die zuletzt bearbeitete Zeile eingebaut. Ist dabei eine syntaktisch korrekte Anweisung entstanden, so wird RUN beim Abarbeiten des Programms vom Interpreter akzeptiert und er startet das Programm an dieser Stelle neu; das Programm hat sich aufgehängt. Schauen wir uns ein Beispiel an, das die geschilderte Situation simuliert.

```
10 PRINT "HILFE" ;
20 PRINT;:RUN
```

Dieser Aufhänger ist ausgesprochen harmlos. Das Programm kann durch Drücken der Break-Taste BRK, auf anderen Micros durch STOP oder CTRL C abgebrochen werden. Dies trifft auch für viele mittels der GOTO Anweisung konstruierte Endlos-Schleifen zu.

In schwierigeren Fällen hilft die Betätigung der RESET Taste. Hierdurch wird das Programm des Micro bis ins Betriebssystem zurückgesetzt. Von hier aus ist durch Eingabe des entsprechenden Kommandos ein Neustart des BASIC Interpreters möglich, da dessen Programm wie auch das BASIC Anwender-Programm bei dieser Prozedur im Speicher verbleibt. Bei Micros mit 'festverdrahtetem' BASIC Interpreter erfolgt dessen Neustart gewöhnlich automatisch. Es ist klar, dass man vor erneutem Starten des BASIC Programmes das Listing gründlich studiert und nach dem den Absturz verursachenden Fehler - mitunter sind es gleich mehrere - durchflöht. Wir wollen unseren Micro ja nicht gleich wieder ins Aus schicken.

Und nun gibt es noch den ganz üblen Fall. Unser BASIC besitzt eine Schnittstelle, über die man programmgesteuert die 'Interna' des Rechners erreichen und auch beeinflussen kann. Das ist eine feine Sache, können doch damit die Raffinessen des Betriebssystemes aber auch des BASIC Interpreters (später einmal) studiert werden - es gibt in diesem Punkte also prinzipiell keine Firmengeheimnisse. Insbesondere können auf diese Weise über BASIC in den Speicher des Rechners Routinen in Maschinencode, der 'Muttersprache' des Micro, eingelesen und dann auch genutzt werden. Es leuchtet ein, dass dies einen schon tieferen Eingriff in die inneren Abläufe des Rechners darstellt - und dies kann auch mal danebengehen, d.h. den Interpreter und eventuell auch den Monitor derart vom rechten Weg abbringen, dass auch ein Versuch, über RESET alles wieder ins Lot zu bringen, versagt. Dann bleibt als tatsächlich allerletzter Ausweg der Griff zur Stromversorgung. Das kann sehr bitter sein, werden doch dabei alle flüchtigen Speicher des Micro gelöscht. Mithin muss bei neuerlicher Inbetriebnahme gegebenenfalls der Interpreter geladen werden. Doch, und das ist das eigentlich Traurige, wir haben auch unser mühsam eingegebenes Anwender-Programm verloren. Das gleiche kann natürlich auch bei einem kurzzeitigen Netzspannungsausfall passieren. So ist es eine gute Idee, längere Programmentwicklungen zwischendurch und insbesondere vor dem Start immer mal auf Kassette zu sichern.

Kommando oder Anweisung?

Dem aufmerksamen Leser wird nicht entgangen sein, dass es in unserem Text mit der Benutzung der Begriffe Kommando, Anweisung und Befehl etwas durcheinandergeht. Dies hat zuerst einen ganz simplen Grund. Die Programmiersprache BASIC wurde in der natürlichen Sprache Englisch unter Benutzung der beiden Termini Command und Statement verfasst, die jeweils verschiedene Übersetzungen gestatten. Überdies wird im Deutschen seit den Frühzeiten der modernen Rechentechnik, die in den dreissiger Jahren mit der Entwicklung der programmgesteuerten elektromechanischen Automaten Z1 und Z2 durch den Bau-Ingenieur Konrad Zuse in Berlin begann, der Begriff Befehl benutzt.

In unserem Text gilt durchgängig folgende Regel. In Programmzeilen stehende Befehle werden zumeist Anweisung, niemals aber Kommando genannt. Umgekehrt heissen im Direkt-Modus eingegebene Befehle niemals Anweisung, sondern Kommando. Die Benutzung des Wortes Befehl erfolgt offensichtlich uneingeschränkt.

Gefördert wird diese Sprachverwirrung durch die ansonsten höchst erfreuliche Tatsache, dass unser Interpreter fast alle BASIC Befehle sowohl als Kommando im Direkt-Modus wie auch als Anweisung im Programm-Modus akzeptiert. Man muss schon suchen, um 'reine' Anweisungen und Kommandos zu finden. So ist der Befehl CONT ausschliesslich einer Verwendung im Direkt-Modus vorbehalten, während INPUT nur als Anweisung benutzt werden darf.

Hier nun schliesst unsere anhand von Beispielen gegebene erste Einführung in den Umgang mit dem Kleincomputer. Wir haben ihn in einigen seiner wesentlichen Funktionen kennengelernt, finden uns auf dem Tastenfeld immer besser zurecht und sind ermutigt worden, uns an eigenen kleinen BASIC Programmen zu versuchen, möglichst entsprechend dem ganzheitlichen Schema

Problem - Algorithmus - Programm - Computer -
Programmkorrektur - Problemlösung - Interpretation

was uns eigentlich erst der stets verfügbare 'Personal'-Computer erlaubt. Doch bleibt es dabei nicht aus, dass wir auf Situationen stossen, in denen unsere Kenntnisse nicht ausreichen, um einen von uns beabsichtigten Programmverlauf per Anweisung zu erzwingen - oder auch einen unbeabsichtigten zu verstehen. Auch möchten wir natürlich die zahlreich in der Literatur vorhandenen BASIC Programme lesen können und sie auf unserem Micro umsetzen.

Aus diesen Gründen ist es unerlässlich, die Programmiersprache BASIC systematisch zu studieren, und Sie, lieber Leser sind eingeladen, im folgenden Kapitel diesen Weg zu beschreiten, falls Ihnen der Umgang mit dem Micro noch Spass macht. Da wir nun schon konkrete Vorstellungen vom Funktionieren eines Programmes haben und uns auch etwas im Jargon der Computerei auskennen, wird uns dies nicht mehr schwerfallen.

Natürlich soll das Gesagte Sie zum Weiterlesen veranlassen. Keinesfalls darf aber der Eindruck entstehen, dass die Kenntnis vieler Programmbeispiele geringzuschätzen sei, bilden diese doch den eigentlichen Erfahrungsschatz des Programmierers. Auch hier gilt der Leitspruch des Verlages 'theoria cum praxi'. Schliessen wir das Kapitel mit einem längeren Programm. Es handelt sich um eine Demonstration des klassischen Bubble-Sort Verfahrens. Mit Hilfe der RND Funktion wird eine Liste von Zahlen erzeugt, um sie danach in aufsteigender Ordnung zu sortieren. Jedes Element wird mit allen anderen verglichen und gegebenenfalls vertauscht. Die Variable TEMP dient als Zwischenspeicher. Der Name des Verfahrens leitet sich davon ab, dass die Elemente wie Bläschen - engl. bubbles - in einem Glas aufsteigen. Sonderlich schnell ist die Routine gerade nicht.

```
100 REM  *** NUMERISCHES BUBBLE SORT VERFAHREN ***
101 :
111 REM  * GENERIERUNG DES ZAHLENFELDES *
113 :
120 N=099:DIM NUM(N)
130 CLS:PRINT
140 FOR K=0 TO N
150 NUM(K)=INT(900*RND(1))+100
160 PRINT NUM(K);
170 NEXT K
195 :
197 REM  * SORTIER ROUTINE *
199 :
200 BEEP : REM Tonausgabe, auf einigen Micros PING
210 FOR I=0 TO N-1
220 FOR J=I TO N
230 IF NUM(I)<NUM(J) THEN 270
240 TEMP=NUM(I)
250 NUM(I)=NUM(J)
260 NUM(J)=TEMP
270 NEXT J
280 NEXT I
290 BEEP : REM Tonausgabe, kann auch entfallen
295 :
297 REM  * AUSGABE DER SORTIERTEN LISTE *
299 :
300 CLS:PRINT
310 FOR K=1 TO N
320 PRINT NUM(K);
330 NEXT K
340 PRINT
399 :
400 END
555 REM Maschinenabhängig ca. 2 min Laufzeit
```

Über die Programmiersprache BASIC 7

Sprache

Aus unserer bisherigen Programmierpraxis wissen wir, dass es in einer Programmiersprache wie BASIC tatsächlich auf jedes einzelne Komma ankommt. Um den korrekten Umgang mit BASIC zu erlernen, ist es notwendig, mehr von der Konstruktion dieser Sprache zu verstehen.

Wie die meisten geschriebenen Sprachen baut sie auf einem Alphabet von Zeichen auf. Aus diesen Zeichen werden Zeichenreihen oder Wörter gebildet. Durch syntaktische Vorschriften werden aus allen mit dem Alphabet bildbaren Wörtern ganz bestimmte als zulässig ausgesondert. Grob gesprochen werden dann aus diesen wiederum nach syntaktischen Regeln die Sätze der Sprache BASIC, nämlich Anweisungen und Kommandos, gebildet. Im Gegensatz zu natürlichen Sprachen ist die Anzahl der zulässigen Wörter eng begrenzt und genau festgelegt. So zeichnet sich eine derartig formalisierte Sprache einerseits durch tiefe Armut des Wortschatzes, zum anderen aber durch grössere Exaktheit und völlige Eindeutigkeit aus. Eine Programmiersprache erlaubt es, an Stelle des Operierens mit Gedanken das Operieren mit Zeichen zu setzen. Damit wird die Denkarbeit ganz erheblich erleichtert sowie ein formaler Rahmen zur präzisen Formulierung von Algorithmen gegeben, ja der Kontakt zu dem auf physikalischen Prinzipien arbeitenden Computer erst möglich.

Wie bei natürlichen Sprachen definiert die Syntax die zugelassenen sprachlichen Konstruktionen unabhängig von deren Bedeutung.

Darum kümmert man sich in der Semantik, die den Konstruktionen einen zweckentsprechenden Sinn verleiht. Schliesslich werden in der Pragmatik Aussagen über die Effektivität von Sprachelementen sowie anlagenbedingte Einschränkungen getroffen.

Es leuchtet ein, dass die Definition der Syntax einer Programmiersprache sowie auch alle semantischen oder pragmatischen Aussagen nicht in dieser Sprache selbst formuliert werden können. Dazu wird in einer Theorie der Programmiersprachen zweckmässig eine weitere formalisierte Sprache, die sogenannte Metasprache eingeführt, wobei diese - bereits in ihrem Alphabet - streng von der Programmiersprache zu unterscheiden ist.

Übrigens treten ähnliche, wenn nicht erheblich kompliziertere Probleme beim Studium einer natürlichen Sprache auf. Dies sei an den ersten Sätzen des 'Der Satz' überschriebenen Hauptabschnittes aus einer deutschen Sprachlehre belegt, vergleiche Erben, J. (1966). Dort heisst es: "Als kleinste relativ selbständige Redeeinheit erscheint der Satz. In einem abgeschlossenem Sprech- (oder Schreib-) Akt des Sprechers für einen Hörer (Leser) geprägt (Fussnote: Der sprachliche Satz ist das, was sich in dem einheitlichen Stoss des sprachlichen Hinsetzens verwirklicht.) - vermag er ein Geschehen oder Sein als tatsächlich statthabend oder stattgehabt, möglich, erwünscht, nötig oder fraglich zu bezeichnen, je nach Erfordernis der Sprech- (Schreib-) Situation, auf die er zugeschnitten ist. Daraus wird deutlich: jeder Satz hat eine besondere (situationsgebundene) Leistung zu erfüllen, und weiterhin: der besonderen Leistung entspricht als Funktionsträger eine besonders geprägte Satzform, deren Einzelbestandteile auch bei Vielgliedrigkeit der Setzung als funktionale Einheit, d.h. im gleichzeitigen Miteinander wirken."

Zeichen und Schlüsselwörter

Beginnen wir den (informellen) Aufbau der Sprache BASIC mit der Angabe eines Alphabetes, das aus den folgenden Zeichen gebildet wird:

Grossbuchstaben	A bis Z
Ziffern	0 bis 9
weitere Volltextzeichen	. + -

Sonderzeichen " ! # $ % & @ ( ) ' ␣ ^ * , / : ; < = > ? _

Bemerkungen. Der tatsächlich verfügbare Zeichenvorrat hängt von dem auf Ihrem Rechner implementierten BASIC ab; so sind oft auch Kleinbuchstaben zugelassen. Eine Sonderstellung nimmt das Zeichen " ein, es dient später zur Kenntlichmachung eines Textes, ohne selbst als Textzeichen erlaubt zu sein. Abgesehen von dem drucktechnischen Problem der Darstellung des Blanks oder Leerzeichens ausserhalb eines Kontextes ist dieses für uns ein Zeichen wie jedes andere. Wir benutzen es hier bevorzugt als Trennzeichen.

Aus den Grossbuchstaben werden folgende besonders reservierte <u>Schlüsselwörter</u> gebildet:

AND DATA DIM DEF END FN FOR GOTO IF INPUT LET
NEXT NOT ON OR PI PRINT READ REM RESTORE SPC STEP
STOP TAB THEN TO

Bemerkungen. 1. Blanks sind innerhalb von Schlüsselwörtern nicht erlaubt; die hier verwendeten Blanks dienen zur Abgrenzung. In manchen BASIC Versionen muss allerdings vor jedem Schlüsselwort ein Blank stehen sowie auch danach, falls dort nicht gerade eine logische Zeile beginnt beziehungsweise endet.
2. Die Liste der BASIC Schlüsselwörter wird später erweitert; die hier angegebenen bilden den Grundstock für ein Minimal BASIC, das von fast allen Micros verstanden wird.
3. Implementierungsabhängig gehören neben den darstellbaren Zeichen noch weitere Kontrollzeichen für technische Zwecke wie 'Wagenrücklauf' oder ENTER zum Alphabet. Die Kontrollzeichen selbst sind nicht auf dem Bildschirm ausgebbar, sie existieren im BASIC nur als Code.

Konstanten

Die <u>numerischen Konstanten</u> sind eine in ihrem Umfang implementierungsabhängige Teilmenge der reellen Zahlen. Sie werden in dezimaler Form dargestellt unter Benutzung der Ziffern und eventuell weiterer Volltextzeichen + - . sowie des Buchstabens E mit oder ohne Vorzeichen

als ganze Zahl,
als Dezimalbruch,
in der Exponentendarstellung.

Beispiele. -3141 -17
3.141 -0.0000017
3.141E-12 -3141E-8

Bemerkungen. 1. Eventuell tritt in der Exponentendarstellung der Dezimalpunkt in der Mantisse nur implizit auf, wird dann also nicht geschrieben. In diesem Sinne sind hier die ganzen Zahlen Dezimalbrüche mit implizitem Punkt.
2. Konkret wird die durch numerische Konstanten auszudrückende Teilmenge der reellen Zahlen durch die auf dem Rechner anzeigbare maximale Anzahl signifikanter Stellen sowie durch die kleinste positive darstellbare Zahl EPS (Epsilon) sowie die grösste darstellbare Zahl INF (engl. infinite - unendlich) fixiert. In BASIC sind mindestens sechs signifikante Dezimalziffern vorgesehen, und es muss gelten EPS $\leq 10^{-38}$ und INF $\geq 10^{-38}$. Auf dem Rechner selbst werden noch wesentlich mehr Zahlen als auf dem Bildschirm anzeigbar verarbeitet. Dies hängt auch mit der internen Darstellung im Dualzahlsystem zusammen.
3. Ergibt sich durch Eingabe oder Berechnung ein positiver Wert kleiner als EPS, so wird der Wert Null angenommen. Stösst der Rechner auf eine Zahl grösser als INF, so meldet er den Fehler OV: OVERFLOW ERROR.
4. Sind in BASIC verschiedene Darstellungen ein und derselben Zahl durchaus zulässig, so werden diese vom Rechner in normalisierter Form verarbeitet und ausgegeben. Sie können das durch Eingabe von

```
PRINT 123.,-123.00,0123
PRINT 3141E-8,0.0000017
```

nachprüfen. Steht lediglich eine Null vor dem Dezimalpunkt, so kann diese bei vielen Rechnern entfallen; geben Sie ein:

```
PRINT 0.17,.17
```

Obwohl aufeinanderstossende Vorzeichen in BASIC unzulässig sind, werden sie trotzdem von vielen Computern verkraftet; testen Sie das auf Ihrem Micro durch Eingabe von

```
PRINT + -1, - + - 3
```

oder ähnlichem.

Unter einem Text verstehen wir eine aus beliebigen Zeichen ausser dem Anführungszeichen " gebildete Zeichenreihe. Eine <u>Textkonstante</u> ist ein beliebiger, durch zwei Anführungszeichen eingeschlossener Text.

Beispiele. "OXO" "KC 85/2" "17E-3" "7" "---"

Bemerkungen. 1. Entsprechend dem englischen Sprachgebrauch heisst eine Textkonstante auch String.

2. Der Wert - besser Textwert - einer Textkonstanten ist der von Anführungszeichen eingeschlossene Text selbst, in den zuletzt aufgeführten Beispielen also die Zeichenreihe 17E-3 beziehungsweise die Ziffer 7, nicht etwa die dargestellten Zahlen. Die Anführungsstriche gehören nicht zum Wert des Textes und werden bei einer eventuellen Ausgabe nicht dargestellt.

3. Unter der Länge einer Textkonstanten wird die Anzahl der durch die Anführungszeichen eingeschlossenen Zeichen verstanden. Durch die kein Zeichen enthaltende Zeichenreihe wird die leere Textkonstante "" definiert, sie besitzt die Länge Null. Die maximale Länge einer Textkonstanten ist maschinenabhängig.

Variablen

Eine <u>numerische Variable</u> wird aus einem oder zwei Buchstaben oder einem Buchstaben mit einer nachgestellten Ziffer gebildet.

Beispiele. A B AC DA A1 C7

Eine <u>Textvariable</u> wird wie eine numerische Variable mit zusätzlich angehängtem Zeichen $ gebildet.

Beispiele. A$ B$ AC$ DA$ A1$ C7$

<u>Indizierte</u> numerische Variablen oder Textvariablen werden durch Nachstellen eines in Klammern geschriebenen Index gebildet. Der Index ist eine ganzzahlige nichtnegative (numerische) Konstante oder Variable. Sollen Indizes mit einem Wert grösser als Zehn benutzt werden, so bedarf dies einer besonderen Vereinbarung. Auch zweifach indizierte Variablen, bei vielen Rechnern sogar mehrfach indizierte Variablen sind zulässig.

Beispiele. A$(3) B$(I) AC(1Ø) DA(Ø) A1$(A1) C7$(5)
A(1,3) D(5,I) E$(I,J) BC(5,3,K) T$(I,J,L)

Bemerkungen. 1. Variablen sind Platzhalter für numerische Konstanten bzw. Textkonstanten, deren Werte während eines Programmlaufes festgelegt oder auch geändert werden können. Dabei kann

mit ihnen wie in der 'Buchstabenrechnung' der Mathematik operiert werden.
2. Der Typ einer Variablen ist unmittelbar an ihrer Bezeichnung ablesbar. So können beispielsweise die Variablen C und C$, bei grundsätzlich verschiedener Bedeutung, unabhängig voneinander benutzt werden.
3. Viele Rechner akzeptieren auch Variablen, die aus mehr Buchstaben und Ziffern als hier angegeben gebildet sind. So sind in den meisten Fällen Zeichenreihen wie

VARIABLE BASIC$ A1B3(I)

zulässig, werden dann aber oft nicht von den Variablen VA, BA$ beziehungsweise A1(I) unterschieden. Die Anzahl signifikanter Zeichen ist also maschinenabhängig. Die Namen für beide Typen von Variablen dürfen keine BASIC Schlüsselwörter enthalten. So sind die Zeichenreihen

KONRAD ZIFFER$ AMID$

keine Variablen und führen bei Benutzung zu der Fehlermeldung SN: SYNTAX ERROR.
4. Als ausserordentlich flexibel erweist sich die Möglichkeit, Variablen wiederum durch Variablen zu indizieren. So lässt sich zum Beispiel die indizierte Variable A(I) mit I = 1,...,5 als Platzhalter für einen fünfdimensionalen Vektor auffassen, und entsprechend dient die zweifach indizierte Variable A(I,K) mit I = 1,2,3 und K = 1,...,5 als Platzhalter für eine 3 × 5-dimensionale Matrix. Selbst die in der Mathematik oft verwendete Doppelindizierung ist möglich, viele Micros akzeptieren Variablen der Form

A(I(K)) T$(A(I,K),B(I,K))

Funktionen

Mit den Standardfunktionen stehen in BASIC Nachbildungen oft benötigter reeller Funktionen der Mathematik zur Verfügung. Hierzu gehören beispielsweise EXP( ) für die Exponentialfunktion oder SGN( ) für die Signumfunktion. Ausführlich werden diese Funktionen im neunten Kapitel behandelt.

Operatoren

Die <u>arithmetischen Operatoren</u> werden durch die Zeichen

+ - * / ^

ausgedrückt.

Bemerkung. Diese Operatoren besitzen die in der Mathematik übliche Bedeutung. Auf einigen Rechnern wird statt des Potenzzeichens ^ die Zeichenreihe ** benutzt.

Die <u>Vergleichsoperatoren</u> werden durch die Zeichen beziehungsweise Zeichenreihen

< > = <> >= <=

ausgedrückt.

Bemerkungen. 1. Die Vergleichsoperatoren besitzen in der angegebenen Reihenfolge die Bedeutung von 'kleiner als', 'grösser als', 'gleich', 'ungleich', 'grösser oder gleich' sowie 'kleiner oder gleich'.
2. Anstelle von >=, <= oder <> ist oft auch die Schreibweise =>, =< beziehungsweise >< zulässig.
3. Vergleichsoperatoren dienen dem jeweiligen Vergleich von Texten oder von Zahlen.

Die <u>logischen Operatoren</u> werden durch die Schlüsselwörter

NOT AND OR

ausgedrückt.

Bemerkungen. 1. Diese Operatoren dienen der Verarbeitung von in BASIC definierten Aussagen.
2. Die logischen Operatoren besitzen in der oben angegebenen Reihenfolge die Bedeutung von 'nicht', 'und', 'oder'.
3. Auf einigen Micros lassen sich die logischen Operatoren auch zur Verarbeitung von durch Zahlen repräsentierten Bit-Mustern verwenden.

Der <u>Konkatenations</u>- oder Textverknüpfungsoperator wird durch das Zeichen + ausgedrückt.

Bemerkungen. 1. Der Konkatenationsoperator dient zum Verketten von Texten.
2. Dies ist neben der Bedeutung als Vorzeichen oder arithmetischer Operator die dritte mögliche Interpretation des Zeichens + in der Programmiersprache BASIC. Worum es sich dabei in einem

konkreten Programm handelt, geht eindeutig aus dem Kontext hervor.

Ausdrücke

Ein <u>arithmetischer Ausdruck</u> ist eine aus numerischen Konstanten, numerischen Variablen, Standardfunktionen sowie arithmetischen Operatoren gebildete Zeichenreihe. Die Konstruktion eines arithmetischen Ausdrucks erfolgt stufenweise unter Beachtung der üblichen algebraischen Rangordnung:

^	höchste Priorität, danach
* /	gleichrangig,
+ -	gleichrangig.

Diese Priorioritäten können durch Setzen von Klammern ( ) durchbrochen werden. Bei gleichrangigen Operatoren erfolgt die Bearbeitung von links nach rechts. Bereits gebildete Ausdrücke sind geklammert ebenfalls zur Konstruktion zugelassen.

Beispiele.
```
A   1.7   B(3)   F(I)   EXP(3)   1 + C   -3.5 * 7
D + F(I)   3 * PI   A ^ 3   -7 ^ 4   (-3.3) ^ -5
C ^ -2.1   A(I,K) * B(K,L)   4 + B(3*K)   B(3,Z)
A(I+1,K+1)   4 + 3 * 2   4/ 3 + 2   (4 - 3) * 2
A / B / C   14 * 3 / 7   A ^ 3 ^ C   2 ^ (3 ^ 4)
N * (N+2)/3   7/2 * 3/5   2 - 4^3 * 2   5 ^ (2*A)
3.8 * X^3 - 2*X^2 - 17*X + 4.7   SIN(3*X - PI/3)
```

Bemerkungen. 1. Arithmetische Ausdrücke gestatten es, übliche mathematische Formeln in der Programmiersprache BASIC zu formulieren.

2. Die syntaktischen Regeln zur Konstruktion arithmetischer Ausdrücke sind mit mathematischen Regeln verträglich. So besitzt der Ausdruck A ^ B den Wert 1, falls B den Wert 0 hat. Nicht definiert, also unzulässige Ausdrücke, sind

A ^ B	falls A nicht positiv, B nicht ganz ist,
A / B	falls B den Wert 0 hat.

3. Ob die Zeichen + und - 'monadisch' als Vorzeichen oder 'diadisch' zur Verknüpfung von Operanden auftreten, wird aus dem Zusammenhang klar. Und ob beim Aufeinanderstossen solcher Zeichen geklammert werden muss, hängt vom benutzten Rechner ab. Sie kön-

nen das durch Eingabe von

```
PRINT 3 *- 4,  3 +- 4
```

testen. In niedergeschriebenem BASIC sollten der besseren Lesbarkeit halber in solchen Fällen Klammern gesetzt werden.

4. Die Auswertung eines arithmetischen Ausdrucks besteht in der Abarbeitung der Zeichen des Ausdrucks entsprechend der vorgegebenen syntaktischen Struktur. Zum Zeitpunkt der Auswertung müssen alle auftretenden Variablen definiert sein, erst danach kann in der Regel vom Wert eines Ausdrucks gesprochen oder über seine Zulässigkeit entschieden werden, etwa bei C ^ 2.1.

Ein <u>Textausdruck</u> ist eine Textkonstante, eine Textvariable allein oder wird durch Verknüpfung dieser Objekte mittels des Konkatenationsoperators + gebildet.

Beispiele.
```
"TEXT"   T1$   A$(7)   ED$(I)   "KC" + "85" + "/2"
T$ + AD$   T$ + C$(K)   "BASIC"+"-"+"INTERPRETER"
```

Ein <u>elementarer logischer Ausdruck</u> sind zwei durch einen Vergleichsoperator verknüpfte arithmetische Ausdrücke oder auch Textausdrücke.

Beispiele.
```
1 < 2   X < Ø   B > A   A^2 >= 7*B+C   X^2 + Y^2 = 1
EXP(A*PI) < 10   "MEYER" <> "MEIER"   A$ = "STADT"
T$ <> "1984"   A$ = B$   "AA" < "AB"   A$ < "Z"
C$ > "Ø"   AB$ = ABC$   "     " < "1"   ""<>" "
```

Bemerkungen. 1. Die mittels Vergleichsoperatoren gebildeten Ausdrücke sind logische Aussagen, die den Wahrheitswert 'Wahr' oder 'Falsch' besitzen. Während die Aussage 1 < 2 natürlich wahr ist, hängt der Wahrheitswert der Aussage X < Ø von der Definition der Variablen X ab.

2. Bei den Textvergleichen sind die mit dem Gleichheits- oder Ungleichheitszeichen gebildeten Ausdrücke ebenfalls sofort verständlich. Etwas sonderbar muten die durch die Ausdrücke wie A$ < "Z" oder C$ > "Ø" gebildeten Aussagen an. Wir wissen, dass jedes BASIC Zeichen eine Code-Nummer besitzt. Dadurch ist eine vollständige Ordnung des auf dem Micro verfügbaren Alphabetes gegeben. Da die Buchstaben durch den Code entsprechend dem Alphabet der Schriftsprache geordnet sind, lassen sich mit den Vergleichsoperatoren lexikographische Ordnungen von Texten feststellen oder

erzeugen. Somit erhalten Aussagen der Gestalt "AA" < "AB" einen Sinn und sind entscheidbar.

<u>Logische Ausdrücke</u> sind entweder elementare Ausdrücke oder werden aus solchen mittels Verknüpfung durch logische Operatoren gebildet. Hierbei ist das Setzen von Klammern zugelassen.

Beispiele. NOT A < B   NOT A$ = "WAHR"+"HEIT"   A < 3 OR A >= 7

A < B AND (D < A OR D >= B)   (NOT A < 1) OR A <= 3

(A < 3) = (B$ <> "7")   (B < A) = 1   X = (Y$ = "")

Bemerkungen. 1. Im Rechner wird den Wahrheitswerten Wahr oder Falsch jeweils eine Zahl, oft sind es 1 (manchmal auch -1) beziehungsweise 0, zugeordnet. In den beiden letzten Beispielen werden durch das Gleichheitszeichen Wahrheitswerte miteinander verglichen.

2. Mit dem Operator NOT wird der jeweilige Wahrheitswert des nachfolgenden Ausdrucks invertiert. Ein mittels des Operators AND gebildeter Ausdruck ist wahr, wenn beide Operanden wahr sind, sonst ist er falsch. Zwei durch OR verknüpfte Operanden ergeben einen wahren Ausdruck, falls wenigstens einer der beiden wahr ist. Anderenfalls ist der Ausdruck falsch.

Prioritäten

Alle aufgeführten Operatoren sind hierarchisch geordnet. Beginnend mit der höchsten, bestehen folgende Prioritäten:

( )	Klammerbildung
Standardfunktionen	
+ - monadisch	Vorzeichen
^	Potenzieren
* /	Multiplizieren und Dividieren
+ - diadisch	Addition und Subtraktion
alle Vergleichsoperatoren	
NOT	Negation
AND	Konjunktion
OR	Disjunktion

Operatoren in gleicher Zeile besitzen gleiche Priorität.

Bemerkungen. 1. In Klammern stehende Operationen werden zuerst ausgeführt.

2. Operationen höherer Priorität werden vor denen mit niedrigerer Priorität ausgeführt.
3. Operationen gleicher Priorität werden von links nach rechts abgearbeitet.

Format eines Befehles

Zum Zweck einer einheitlichen und präzisen Gestaltung der syntaktischen Vorschriften zur Bildung von BASIC Anweisungen und Kommandos - des sogenannten Formats - verabreden wir den folgenden Formalismus.

- In eckige Klammern geschriebene Objekte dürfen entfallen.
- Von den in geschweiften Klammern vertikal aufgezählten Möglichkeiten muss genau eine gewählt werden.
- Nicht in Klammern stehende Objekte müssen genau so wie aufgeführt geschrieben werden.
- Drei Punkte symbolisieren, dass die unmittelbar zuvorstehenden Objekte mehrmals wiederholt werden können.

Vereinbarungen

DIM

Format. DIM Feldname(arithm. Ausdruck [,arithm. Ausdruck]...)
[,Feldname(arithm. Ausdruck[,arithm.Ausdruck]...)]
...

Funktion. Die Dimensionierungsanweisung DIM dient zur vorsorglichen Vereinbarung des Umfanges des Indexbereiches indizierter Variabler oder Felder durch Festlegung der jeweiligen oberen Bereichsgrenzen. Es können sowohl Text- als auch numerische Felder vereinbart werden. Zur Dimensionierung sind nichtnegativ ganzzahlige arithmetische Ausdrücke zugelassen. Die untere Grenze des Indexbereiches ist zumeist auf Null, bei einigen Micros auch auf Eins festgelegt.

Beispiele. DIM A(15) DIM A$(4) DIM A(K-2), B$(5)
DIM C$(3,7) DIM C(3,7), D$(5,I,N-1), A(12)

Bemerkungen. 1. Mittels der DIM Anweisung wird im Arbeitsspeicher des Rechners unter dem Namen des Feldes ein entsprechender Speicherplatz reserviert. So kann zum Beispiel nach Vereinbarung von DIM A(15) durch den Nutzer stets über die Variablen A(Ø), A(1),. .., A(15) verfügt werden. Dabei darf eine mit dem Micro getroffene DIM Vereinbarung nicht gebrochen werden. So würde in dem Beispiel die Benutzung der Variablen A(16) im günstigsten Falle auf eine Fehlermeldung BS: BAD SUBSCRIPT ERROR führen. Indexüberschreitungen gehören zu den schlimmen Programmierfehlern und sind strikt zu meiden. Ersichtlich sind negative Indizes ebenfalls nicht zugelassen.

2. Werden indizierte Variablen oder Felder ohne diese Vereinbarung benutzt, so erfolgt bei ihrem ersten Auftreten automatisch eine implizite Dimensionierung des oberen Index auf 10. Wird dieser Bereich überschritten, so erfolgt wiederum die Fehlermeldung BS: BAD SUBSCRIPT ERROR.

3. Falls es eng im Speicher wird, erkenntlich an OUT OF MEMORY Meldungen, so kann durch sachgemässe Benutzung der DIM Anweisung Speicherplatz gespart werden. Ist zum Beispiel von vornherein bekannt, dass die obere Grenze des Indexbereiches einer indizierten Variablen A(I) nicht grösser als 4 ist, so wird durch die Anweisung DIM A(4) für dieses Feld nur der unbedingt nötige Speicherplatz reserviert. Ohne vorherige Dimensionierungsanweisung würde Platz für 11 Variablen verbraucht.

4. Bei der Dimensionierung mehrfach indizierter Variabler oder Felder ist sehr sorgfältig zu verfahren, da durch die dabei erfolgende Reservierung enorm viel Speicherplatz verbraucht wird. So sollte man stets überlegen, ob der durch die (eventuell implizite) Vereinbarung DIM(10,10) belegte Speicherplatz für 10*10 numerische (Gleitpunkt-) Variablen tatsächlich benötigt wird. Oft genügt bereits die Vereinbarung einiger eindimensionaler Felder. Zudem werden Programme durch Vereinbarung mehrdimensionaler Felder deutlich langsamer.

5. Die Zulassung (nichtnegativer ganzzahliger) arithmetischer Ausdrücke zur Festlegung des Indexbereiches ermöglicht eine flexible Feldvereinbarung. Damit kann die Dimensionierung 'dynamisch' aufgrund bislang berechneter oder eingegebener Werte erfolgen, was zu einer rationellen Speicherausnutzung beitragen kann. Einige Micros lassen auch nichtganzzahlige Ausdrücke zu. Die jeweiligen Werte werden dann intern auf die nächstkleinere ganze Zahl

gerundet.
6. Im Falle der Überdimensionierung eines Feldes erfolgt (erst) während des Programmlaufes die Fehlermeldung OM: OUT OF MEMORY ERROR. Wir wollten dann mehr Platz im Speicher reservieren, als dafür vorhanden ist.
7. Innerhalb eines Programmes werden die Dimensionierungsanweisungen zweckmässig an den Anfang gestellt. Während des Programmlaufes darf bei den meisten Micros eine einmal vereinbarte Dimensionierung nicht mehr geändert werden - widrigenfalls führt das zur Fehlermeldung DD: REDIM'D ARRAY ERROR. Unter Umständen hilft hier der CLEAR Befehl weiter. Allerdings werden dann alle Variablen gelöscht.

Kommentare

REM

Format. REM Text

Funktion. Die REM Anweisung dient zum Einfügen kommentierender Bemerkungen in ein BASIC Programm. Der Programmverlauf wird durch eine REM Anweisung nicht beeinflusst.

Beispiele.
```
REM * KOMMENTAR *
REMARK Kleinbuchstaben sind hier zugelassen
REMINDER "Anführungszeichen auch"
```

Bemerkungen. 1. Kommentare gehören zu einem gut dokumentierten Programm. Sie erhöhen wesentlich die Lesbarkeit und machen das Programm späteren Ergänzungen und Änderungen leichter zugänglich.
2. Die REM Anweisung einschliesslich der nachstehenden Bemerkung werden im Listing des Programmes komplett wiedergegeben. Im Programmverlauf werden vom BASIC Interpreter sämtliche dem Schlüsselwort REM folgenden Zeichen dieser Zeile ignoriert. Aus diesem Grunde sind für Kommentare tatsächlich alle verfügbaren Zeichen zugelassen.
3. Eine REM Anweisung kann eine eigene Programmzeile bilden oder an das Ende einer beliebigen anderen Programmzeile angefügt werden. Die REM Anweisung darf jedoch nicht etwa an den Anfang einer Programmzeile gesetzt werden, in der noch weitere BASIC Anweisungen folgen. In diesem Falle würden sämtliche Anweisungen dieser Zeile vom Interpreter als Kommentar betrachtet und mithin igno-

riert.
4. Auf vielen Micros lässt sich das Schlüsselwort REM durch ein Hochkomma ' oder auch durch ein Ausrufungszeichen ! abkürzen. Bei einigen dieser Rechner können Kommentare ohne Setzen des Doppelpunktes einer Befehlszeile einfach durch Schreiben des Hochkommas nachgestellt werden.
5. Es wird Sie überraschen, wie schnell man Details eines selbstgeschriebenen Programms vergisst. Daher sollte man mit Kommentaren nicht sparen, solange genügend Platz im Arbeitsspeicher ist. Man kann auch Programme in zwei Versionen schreiben, eine ausführlich dokumentiert für's Archiv, die andere - von allen überflüssigen REMs und Blanks befreit - für schnelle und Speicherplatz sparende Programme.

Programm

Ein BASIC Programm besteht aus einer Folge geordneter Programmzeilen. Jede BASIC Programmzeile beginnt mit einer Zeilennummer, gefolgt von einer Vereinbarung, einem Kommentar oder irgendeiner anderen BASIC Anweisung. Das Programm wird mit der END Anweisung abgeschlossen.

Bemerkungen. 1. Welcher Bereich für die Zeilennummern benutzt werden kann, hängt vom Rechner ab; er beginnt bei 0 oder 1 und endet bei etwa 64000. Die Zeilennummern müssen in dezimaler Form geschrieben werden.
2. Eine Programmzeile darf bis zu etwa 78 Zeichen lang sein; dies hängt von der maximalen Länge einer logischen Zeile auf dem konkreten Micro ab und hat nichts mit der Länge einer Bildschirmzeile zu tun. Sie muss mit einem Schlusszeichen, zumeist CR (Carriage Return), abgeschlossen werden. Auf dem Rechner wird dies durch Drücken der mit ENTER oder ähnlich bezeichneten Taste realisiert.
3. Durch aufsteigende Zeilennummern werden die Programmzeilen vollständig geordnet. Eine Vorschrift zur Einhaltung bestimmter Abstände zwischen aufeinanderfolgenden Zeilennummern besteht nicht. Dabei ist es sinnvoll, stets etwas Platz für eventuell später einzufügende Programmzeilen zu lassen.
4. Manche Programmierer arbeiten durchweg mit dem gleichmässigen Zeilenabstand 10; auf einigen Micros wird dies durch den AUTO

Befehl unterstützt. Ausser Schönheitsgründen besteht jedoch keine Notwendigkeit gleichmässiger Zeilenabstände. Ganz nützlich ist es, alle nicht mit einer REM Anweisung beginnenden Programmzeilen auf gerade Zeilennummern zu setzen, dagegen alle REM Anweisungen ungeradzahlig zu numerieren. Müssen bei einer Programmrevision, eventuell durch akuten Speicherplatzmangel bedingt, die REM Zeilen entfernt werden, braucht man sich dann nur auf die ungeraden Zeilennummern zu konzentrieren. Wenn wir später einmal etwas mehr über die Speicherung eines BASIC Programmes im RAM verstehen, können wir diese oft recht mühselige Aufgabe sogar dem Micro übertragen.

5. Wohl werden durch Einführung solch eben beschriebener freiwilliger Konventionen die schier unbegrenzten Möglichkeiten von BASIC formal etwas eingeschränkt, doch erhöht das die Lesbarkeit und auch Fehlersicherheit eines Programmes ganz erheblich, wenn man von Anfang an auf eine gewisse Struktur im Programm achtet. So gehört es auch zum guten Programmierstil - und ist in Hinsicht auf künftige Programmrevisionen auch sinnvoll - Programme niemals zu REM Zeilen verzweigen zu lassen, obwohl das syntaktisch zulässig ist.

6. Auch die Benutzung von Blanks dient zur Verbesserung der Lesbarkeit von Programmen, verbraucht aber ebenfalls Speicherplatz. Bei manchen BASIC Versionen muss zwischen Schlüsselwörtern und anderen Zeichen ein Blank stehen.

7. In einer Programmzeile dürfen mehrere durch Doppelpunkt getrennte Anweisungen stehen.

8. Die Abarbeitung eines Programmes beginnt stets mit der Ausführung der zur niedrigsten Zeilennummer gehörenden Programmzeile. Die nächste Anweisung wird entweder durch die nächsthöhere Zeilennummer im Listing festgelegt oder aber durch die in der aktuellen Anweisung realisierten Programmlogik entschieden.

Das BASIC Programmiersystem

In diesem Kapitel haben wir bislang BASIC als eine Programmiersprache beschrieben. Dies geschah in Form eines Kompromisses in informeller Weise. Zum einen ist unsere Fibel nicht der rechte Ort, um die Sprache BASIC zu definieren. Dieses Problem würde uns, wie eingangs dieses Kapitels angedeutet, in die Theorie formaler Sprachen und damit in die Grundlagen von Mathematik und Mathematischer Logik führen. Andererseits möchten wir möglichst viel Zusammenhänge kennenlernen und begreifen - und dies liesse sich etwa in Form reiner Kochbuchrezepte schwerlich realisieren. Nichts gegen Kochbücher, doch wie jeder gute Koch möchten wir gern ab und zu auch mal was Neues anrichten, wozu halt ein gewisser Überblick nötig ist.

Wir sind nun - zumindest theoretisch - in der Lage, bestimmte, aus konkreten Problemen abgeleitete Algorithmen in BASIC zu formulieren. Dies hat mit unserem Micro eigentlich gar nichts zu tun, alles in diesem Kapitel Erlernte können wir trocken, also nur mit Bleistift und Papier, ausüben. Dies ist ein grosser Vorteil. Einmal sind wir unabhängig von einem speziellen Rechnertyp, zum anderen erweist es sich in der Praxis als höchst nützlich, die Logik umfangreicherer Programme vor dem Eintippen gründlich zu überdenken. Durch allzu ungeduldiges Drausloshacken können nachgerade unentwirrbare Programm-Knäuel entstehen, die bereits kurz nach ihrer Erschaffung nicht mal mehr ihrem Schöpfer verständlich sind. Treten dann auch noch Fehler auf - das ist der Normalfall - oder soll ein Programm weiterentwickelt werden, so steht man vor schier unlösbaren Problemen und vertut auf jeden Fall viel, viel Zeit.

Auch soll das jetzt Gesagte denjenigen ermutigen, der bislang am Arbeitsplatz oder daheim über keinen eigenen Micro verfügt und nur zu gewissen Zeiten - vielleicht in einer Arbeitsgemeinschaft oder bei einem Kollegen oder Freund - an einen Rechner kommt. Sie können wirklich viel 'trocken' entwickeln, um dann gut vorbereitet die kostbaren Stunden am Rechner effektiv zu nutzen. Letztendlich allerdings ist ein direkter, wenn auch nur gelegentlicher Kontakt mit dem Rechner notwendig. So fällt die Entscheidung, ob denn ein geschriebenes Programm auch tatsächlich funktioniert, natürlich nur dort.

Es gibt aber noch einen Grund, der im Gegensatz zu manchen anderen Systemen den direkten Umgang mit dem Micro zwingend erforderlich macht. Denn BASIC ist in einem weiteren Sinne nicht nur eine Programmiersprache, in der numerierte Listen von Anweisungen zur späteren Ausführung durch den Computer niedergeschrieben werden, sondern ein ganzes Programmiersystem, das dem unmittelbaren Kontakt zwischen Mensch und Computer dient; wir lehnen uns hier der Darstellung von Haase, V., und Stucky, W. (1977) an.

Durch das BASIC Programmiersystem wird ein Dialog mit dem Micro über die folgenden Themen ermöglicht:

- Beginn oder Beendigung bestimmter Arbeitsvörgange im Computer, zum Beispiel die Ausführung eines Programmes betreffend.
- Bearbeitung von Texten, speziell von BASIC Programmen und deren Erstellung, Modifizierung oder Formatierung.
- Handhabung von Dateien, in denen Programme oder andere Datenbestände niedergelegt sind, insbesondere den Datenfluss von von und zu externen Speichern (Recorder, Floppy Station) betreffend.

Das Arbeiten mit dem Programmiersystem erfolgt im interaktiven Betrieb, also in der Regel über Tastatur und Bildschirm,und wird mittels der schon früher besprochenen Kommandos realisiert. Dabei genügt bereits eine kleine Anzahl von Kommandos, um den Dialog mit dem Computer zu führen. Man braucht also nicht viel mehr dazuzulernen, einer der grossen Vorteile von BASIC. Auch über die interne Steuersprache (Job Control Language) braucht der Nutzer nichts zu wissen. Allerdings sind die Kommandos nicht standardisiert und können auf jedem Micro etwas anders aussehen. Das betrifft auch die Art und Weise ihrer Eingabe - einige werden über eigens dafür vorgesehene Tasten eingegeben, andere müssen buchstabenweise eingetippt werden. Es ist nicht zweckmässig, hier auf die Details einzelner Micros einzugehen - für alle diese Fragen ist selbstverständlich das speziell zu Ihrem Rechner geschriebene Handbuch zuständig.

Die Objekte, mit denen Sie bei diesem interaktiven Teil der Programmierung zu tun haben und deren Bearbeitung das Programmiersystem erheblich erleichtert, sind natürlich Programme und Dateien. Die Programme werden zeilenweise geschrieben und direkt über das Tastenfeld des Rechners eingegeben oder - entsprechend codiert und eventuell in noch unfertiger Form - aus einem externen Speicher eingelesen. Auch Daten können in einen entsprechenden Speicherbereich auf diese Weise übertragen werden. Danach können Daten und Programme im Kommandobetrieb beliebig geändert, ergänzt oder berichtigt werden. Ein im Speicher des Rechners befindliches Programm kann jederzeit und - zum Beispiel für Testzwecke - beliebig oft gestartet sowie - eventuell auf unterschiedlichen Daten basierend - ausgeführt werden. Dabei kann es auch während der Ausführung mit Daten versorgt werden, die entweder in Form von DATA Anweisungen im Programm selbst enthalten sind oder auch zum Beispiel mittels einer INPUT Anweisung zur Eingabe über das Tastenfeld angefordert werden. Das macht eine weitere Besonderheit von BASIC aus. Nicht nur die Programmerarbeitung erfolgt im Dialog, auch der Programmlauf selbst kann interaktiv gestaltet werden. Zwischen den einzelnen Programmläufen können beliebige Änderungen an Programm und maschinell gelesenen Daten vorgenommen werden.

Kommandos

Wie schon gesagt, sind die Kommandos des BASIC Programmiersystems im Direktbetrieb des Interpreters unmittelbar auszuführende Befehle. Obwohl stark maschinenabhängig und nicht zur Programmiersprache BASIC gehörig, hat sich eine Reihe einheitlicher mnemotechnisch angepasster Kommandos in den verschiedenen BASIC Programmiersystemen eingebürgert. Dies dient dem einfacheren Übergang von einem Rechnersystem auf das andere, aber auch insbesondere der Verträglichkeit mit der bislang eingeführten Programmiersprache BASIC. So wird der Sprachvorrat des Programmiersystems um die den Kommandos entsprechenden Schlüsselwörter erweitert, und es ist sogar möglich, einen grossen Teil der implementierten Kommandos als Anweisungen in BASIC Programme zu integrieren. Damit kann man die Programmiermöglichkeiten auf dem eigenen Micro unter Umständen ganz erheblich erweitern. So werden sauber definierte Schnittstellen zwischen BASIC Programmen und Interpreter oder sogar Monitor-Routinen und Speicher möglich. Der Nachteil ist, dass solcherart 'gestylte' Programme mit Sicherheit dann nur auf einem bestimmten Rechnertyp, oft nur auf einem spezifischen Modell laufen, also nicht mehr allgemein austauschbar sind.

Wir führen nun einige weitverbreitete Kommandos nach ihren Funktionen geordnet auf. Da die meisten von ihnen tatsächlich als Anweisungen in BASIC Programmen zulässig sind, einigen wir uns wieder auf den neutralen Begriff 'Befehl'.

Steuerbefehle

RUN

Format. RUN Zeilennummer

Funktion. Der Befehl RUN startet ein im Arbeitsspeicher befindliches BASIC Programm an seiner ersten Programmzeile. Soll das Programm an einer definierten Programmzeile mit höherer Nummer starten, so wird diese im Befehl angegeben. Nach der Eingabe dieser Befehle löscht der Interpreter zunächst alle Variablen und Variablenfelder, setzt alle Zeiger im Arbeitsspeicher zurück und übergibt dann die Steuerung an das BASIC Programm.

Bemerkungen. 1. Existiert die angegebene Zeilennummer im Programm nicht, so führt das bei vielen Rechnern zu der Fehlermeldung UL: UNDEFINED STATEMENT.
2. Der Befehl RUN kann auch innerhalb eines Programmes benutzt werden. Hierdurch wird der bisherige Programmlauf wiederholt, nachdem alle Variablen gelöscht und die Zeiger zurückgesetzt wurden.

Verwandtschaften. GOTO, CONT, STOP, END

CONT

Format. CONT

Funktion. Mit diesem Kommando kann ein mit STOP oder eventuell auch CTRL C unterbrochenes Programm fortgesetzt werden.

Bemerkungen. 1. Das Paar von Befehlen STOP und CONT wird vorteilhaft zum Programmtesten und Fehlereingrenzen benutzt. Dabei können nach einem STOP die Werte gesetzter Variabler mit Hilfe des PRINT Befehls überprüft werden. Mittels Eingabe des LIST Befehles kann man sich das Programm zwischendurch auch noch mal ansehen.
2. Ändert man dagegen während einer Unterbrechung das Programm durch Löschen, Modifizieren oder Hinzufügen von Programmzeilen, so führt die Anwendung des Kommandos CONT zu der Fehlermeldung CN: CAN'T CONTINUE. Da das Programm in der ursprünglichen Form nicht mehr existiert, kann es auch nicht einfach fortgesetzt werden. Hier hilft nur ein Neustart mit RUN oder GOTO weiter.

Verwandtschaften. RUN, STOP, GOTO

BYE

Format. BYE

Funktion. Mit diesem Befehl wird das Interpreterprogramm verlassen und die alleinige Steuerung des Rechners an den Monitor übergeben.

Bemerkungen. 1. Rechner, bei denen sich nach dem Einschalten sogleich der BASIC Interpreter meldet, besitzen diesen Befehl in der Regel nicht.
2. Nach Ausführung von BYE reagiert der Micro nur noch auf Monitor-Befehle. Will man wieder mit BASIC arbeiten, so muss zuvor der Interpreter neu gestartet werden.

Bildschirmbefehle

CLS

Format. CLS

Funktion. Dieser Befehl löscht den Bildschirminhalt und gibt die aktuelle Farbe für den Hintergrund aus.

Bemerkungen. 1. CLS ist die Abkürzung von CLear Screen. Auf einigen Micros kann der Bildschirm auch mit der Tastenfolge CTRL L gelöscht werden.
2. Mit diesem Befehl wird lediglich der Inhalt des sogenannten Bildwiederholspeichers gelöscht, nicht etwa Belegungen des Arbeitsspeichers. Diese bleiben erhalten und können mit geeigneten Befehlen jederzeit wieder auf dem Bildschirm dargestellt werden.
3. In der Regel sollten alle Programme, die irgendwelche Bildschirminhalte ausgeben, zuvor den Befehl CLS ausführen.
4. Ist der aktuelle Bildschirmausgabebereich durch einen WINDOW Befehl oder anderweitig begrenzt worden, so wirkt CLS nur auf diesen Bereich.

Verwandtschaften. BORDER, WINDOW

HOME

Format. HOME

Funktion. Mit diesem Befehl wird der Cursor in die linke obere Ecke, die sogenannte Home-Position des Bildschirmes, zurückgesetzt.

Bemerkung. Die Funktion des HOME Befehles kann oft über ein maschinenabhängiges Steuerzeichen realisiert werden.

PAPER

Format. PAPER h
h Farbcode

Funktion. Mit dem PAPER Befehl wird die Hintergrundfarbe des Bildschirmes eingestellt. Der maschinenabhängige Farbcode h legt die spezielle Farbe und eventuell auch den Grauwert fest.

Bemerkungen. 1. Dieser Befehl ist natürlich nur auf farbtüchtigen Rechnern implementiert. Benutzen Sie als Ausgabeeinheit ein Schwarzweiss-Gerät, so kann mit PAPER der Grauwert des Hintergrundes eingestellt werden.
2. Der Farbcode ist auf jedem Micro etwas anders. In jedem Falle sind die Grundfarben des Bildschirmes Rot, Grün und Blau sowie einige Mischungen dieser Farben einschliesslich Schwarz und Weiss ansprechbar.
3. Auf einigen Micros wird die eingestellte Hintergrundfarbe erst bei Ausgabe eines Zeichens oder nach Eingabe von CLS wirksam, andere ändern unmittelbar nach Eingabe des PAPER Befehls die Hintergrundfarbe des Schirmes.

Verwandtschaften. INK, COLOR, CLS

INK

Format. INK v
v Farbcode

Funktion. Mit dem INK Befehl wird die Vordergrund- oder Zeichenfarbe eingestellt. Durch den maschinenabhängigen Farbcode v ist die spezielle Farbe definiert.

Bemerkungen. 1. Wie bei der Hintergrundfarbe ist der genaue Farbcode dem Handbuch zu entnehmen.
2. Viele Hersteller empfehlen Blau als Hintergrund- und Weiss als Zeichenfarbe. Viele Geräte sind nach dem Einschalten in diesem Zustand. Benutzen Sie einen Schwarzweiss-Bildschirm, so sollten Sie die Zeichenfarbe Schwarz auf weissem Hintergrund einstellen.

Verwandtschaften. PAPER, COLOR

COLOR

Format. COLOR v,h
v,h Farbcodes für Vorder- bzw. Hintergrundfarbe

Funktion. Mit diesem Befehl können Vorder- und Hintergrundfarbe aufgrund der maschinenabhängigen Farbcodes v und h simultan gesetzt werden.

Bemerkung. Alles unter PAPER und INK Gesagte gilt sinngemäss auch für den COLOR Befehl.

Verwandtschaften. INK, PAPER, CLS

WINDOW

Format. WINDOW za,ze,sa,se
za erste Zeile des Fensters, ze letzte Zeile
sa erste Spalte des Fensters, se letzte Spalte

Funktion. Mit dem WINDOW Befehl kann der aktuelle Ausgabebereich des Bildschirmes verkleinert werden. Alle angezeigten Ein- und Ausgaben erfolgen dann in dem festgelegten rechteckigen Bereich. Die Eingabe des WINDOW Befehles ohne Zahlenangaben bewirkt eine Umschaltung auf den maximalen Ausgabebereich.

Beispiel.

```
A$ - "**********"
CLS
WINDOW 10,19,15,24 : PRINT A$ + A$ + A$
...
WINDOW
```

Bemerkungen. 1. Der WINDOW Befehl ist nicht auf allen Micros implementiert. Gegebenenfalls kann er sowohl - wie in dem obigen Beispiel - im Direktbetrieb als auch innerhalb von Programmen be-

nutzt werden.
2. Die angegebenen Zeilen- und Spaltennummern unterliegen natürgemass folgenden Einschränkungen

$$0 \leq za \leq ze \leq \text{Anzahl aller Bildschirmzeilen,}$$
$$0 \leq sa \leq se \leq \text{Anzahl aller Bildschirmspalten,}$$

wobei die Zählung von Zeilen und Spalten des Bildschirms in der Regel bei Null beginnt. Andere Eingaben sind unzulässig und führen zu der Fehlermeldung SN: SYNTAX ERROR.
3. Der CLS Befehl wirkt nur auf das aktuelle Bildschirmfenster; HOME setzt den Cursor auf den Anfang des Fensters links oben.
4. Ist ein WINDOW Befehl gegeben, so bleiben die übrigen Bildschirmgebiete von allen weiteren Ein- und Ausgaben unbeeinflusst, werden also auch nicht weggerollt. Auf diese Weise lassen sich zum Beispiel Tabellenköpfe auf dem Bildschirm sichern.
5. Fehlt der WINDOW Befehl auf Ihrem Micro, so können Sie bei Kenntnis der zuständigen Systemadressen die Grösse des aktuellen Ausgabefensters eventuell durch direkten Eintrag geeigneter Werte in das RAM beeinflussen.

WIDTH

Format. WIDTH z
z Zeilenbreite

Funktion. Der Befehl WIDTH legt die Anzahl der Zeichen einer Bildschirmzeile fest.

Bemerkungen. 1. Der Parameter z bestimmt die Maximalzahl der Zeichen einer Ausgabezeile.
2. Auf einigen Micros kann mit dem WIDTH Befehl (engl. width - Weite) die Zeilenlänge bei der Ausgabe über einen Drucker festgelegt werden.

BORDER

Format. BORDER fc
fc Farbcode

Funktion. Mit diesem Befehl kann die Farbe beziehungsweise bei Schwarzweissgeräten der Grauwert des nicht zum Ausgabebereiches gehörenden Teiles des Bildschirmes beeinflusst werden.

Bemerkung. Dieser Befehl ist nicht auf allen Micros implementiert. Der Farbcode ist gegebenenfalls dem Handbuch zu entnehmen.

Editor-Befehle

Die Gruppe dieser Befehle unterstützt das Erstellen und Korrigieren von Programmen. Bereits eingegebene Programmzeilen können verändert werden, ohne sie gänzlich neu eingeben zu müssen. Die Editor-Befehle sind stark maschinenabhängig, wir beschreiben zuerst einen Befehl, der auf wohl allen Micros implementiert ist.

LIST

Format. LIST
LIST za - ze
LIST za-
LIST -ze
LIST z
za, ze, z Zeilennummern

Funktion. Mit diesem Befehl können beliebige Programmzeilen eines im Arbeitsspeicher befindlichen Programmes auf den Bildschirm ausgegeben werden. Im ersten angegebenen Format wird das gesamte Programm gelistet, im zweiten das Programm von der Zeilennummer za bis zu ze. Im dritten Format wird das Programm von der Zeilennummer za bis zum Programmende sowie analog im nächsten Format vom Programmanfang bis zur Zeilennummer ze gelistet. Im letzten Format wird nur die Programmzeile mit der angegebenen Zeilennummer z ausgegeben.

Bemerkungen. 1. Auf einigen Micros führt dieser Befehl im Format LIST z zur sukzessiven Ausgabe aller Programmzeilen, beginnend mit der Zeilennummer z, oft in Blöcken zu jeweils zehn Zeilen.
2. Die Ausgabe des Listings auf dem Bildschirm kann durch Drücken der Taste STOP (oder BREAK) oder der Tastenfolge CTRL C abgebrochen werden.

Verwandtschaften. EDIT, LLIST

EDIT

Format. EDIT z
z Zeilennummer

Funktion. Durch den EDIT Befehl wird die angegebene Programmzeile zusammen mit dem Cursor auf dem Bildschirm ausgegeben. Mittels der Cursor-Führungstasten sowie der eventuell vorhandenen INSert- und DELete-Tasten können dann Zeichen geändert, eingefügt beziehungsweise gelöscht werden. Die korrigierte Zeile wird mit ENTER abgeschlossen.

Bemerkung. Die Anwendung des Befehls EDIT differiert auf den verschiedenen Micros stark. Bei einigen Rechnern wird nach Abschluss einer korrigierten Zeile durch ENTER die Programmzeile mit der nächsthöheren Zeilennummer ausgegeben. Der Interpreter kehrt dann erst nach Bearbeitung aller vorhandenen Programmzeilen oder nach Betätigung der STOP oder BREAK Taste in den normalen Kommando-Modus zurück.

TRON

Format. TRON

Funktion. Dieser Befehl dient zur Programmverfolgung. Nach Eingabe von TRON wird bei jeder durch den Interpreter aktuell bearbeiteten Anweisung eines Programmes auf dem Bildschirm die zugehörige Zeilennummer in eckigen oder spitzen Klammern ausgegeben.

Bemerkung. Der TRON Befehl bildet eine grosse Hilfe beim Aufspüren logischer Programmfehler, auch verschlungene Programmläufe lassen sich mit seiner Hilfe entwirren. Der Name des Befehls leitet sich von TRace ON (engl. trace - Spur) ab.

TROFF

Format. TROFF

Funktion. Mit diesem Befehl wird die durch TRON eröffnete Programmverfolgung wieder ausgeschaltet.

Bemerkungen. 1. Das Paar TRON und TROFF kann auch innerhalb eines

Programmes benutzt werden, um durch Ein- und Ausschalten des Trace gezielt nur ganz bestimmte Programmabschnitte zu verfolgen.
2. Der Name TROFF ist die Abkürzung von TRace OFF.

Auf verschiedenen Kleincomputern gibt es weitere, die Programmierung unterstützende Befehle. So kann mit Hilfe des DELETE Befehls ein bestimmter Abschnitt von Programmzeilen gelöscht werden, der AUTO Befehl gestattet das automatische Numerieren von Programmzeilen,und mit RENUMBER können die Zeilennummern eines Programmes gleichabständig neu geordnet werden.

Befehle zur Speicherverwaltung

NEW

Format. NEW

Funktion. Dieser Befehl löscht das aktuelle BASIC Programm sowie eventuelle Dateien im Arbeitsspeicher. Ebenso werden alle vereinbarten Variablen und Felder gelöscht sowie alle Zeiger im Arbeitsspeicher zurückgesetzt.

Bemerkungen. 1. Vor Eingabe eines neuen BASIC Programmes ist es ratsam, den BASIC Arbeitsspeicher mit dem Kommando NEW zu löschen, damit das neue Programm nicht von 'vergessenen' Programmzeilen eines früheren Programmes überlappt wird. Auch kann es sonst bei kleineren Rechnern zu Problemen mit dem Speicherplatz kommen.
2. Bei einigen Micros mit etwas grösserem Arbeitsspeicher wird durch den Befehl NEW keineswegs das alte Programm im Speicher gelöscht, sondern lediglich ein auf den Beginn des alten BASIC Programms gesetzter Zeiger verstellt. Bei näherer Kenntnis des eigenen Rechnersystems kann man eventuell durch eine erneute Manipulation dieses Zeigers ein irrtümlich gegebenes Kommando NEW wieder zurücknehmen und ein sonst verlorenes Programm noch retten.
3. In der Regel wirkt der NEW Befehl nur auf den eventuell durch CLEAR oder HIMEM vom Anwender definierten Arbeitsspeicherbereich.
4. Der Befehl NEW ist für den Direktbetrieb gedacht. Innerhalb eines Programmes benutzt, würde NEW zur Selbstzerstörung desselben führen.

Verwandtschaften. CLEAR, HIMEM

CLEAR

Format. CLEAR
CLEAR arithm. Ausdruck [,arithm. Ausdruck]

Funktion. Mit dem Befehl CLEAR werden alle vereinbarten Variablen und Felder einschliesslich getroffener Dimensionierungsanweisungen gelöscht. Gleichzeitig wird RESTORE ausgeführt, also der DATA Zeiger auf den Anfang der Datei gesetzt.
Bei dem zweiten angegebenen, auf einigen Rechnern zulässigen Format wird zusätzlich mit dem ersten Ausdruck die Grösse des Zeichenkettenspeichers in byte und mit dem zweiten die (dezimale) Adresse der oberen Grenze (RAMTOP) des BASIC Arbeitsspeichers festgelegt.

Bemerkungen. 1. Durch CLEAR werden alle bereits vereinbarten numerischen Variablen auf Null gesetzt und den Textvariablen die leere Zeichenkette zugeordnet.
2. Ein überbelegter Zeichenkettenspeicher wird durch die Fehlermeldung OS: OUT OF STRING SPACE signalisiert. Dann kann mit dem CLEAR Befehl in dem zweiten angegebenen Format der Speicherplatz für Strings vergrössert werden. Bei vielen Micros wird dieser Speicherbereich 'dynamisch' verwaltet, dann ist dieser Befehl nicht nötig.
3. Der CLEAR Befehl darf nicht in einem mit GOSUB aufgerufenen Unterprogramm benutzt werden. Anderenfalls 'vergässe' der Interpreter die Rückkehradresse und reagierte mit der Fehlermeldung RG: RETURN WITHOUT GOSUB.
4. Beim Start eines BASIC Programmes durch RUN wird die Funktion des CLEAR Befehls automatisch realisiert. Will man dies gerade vermeiden, so starte man das Programm mit GOTO z, wobei z die Nummer der gewünschten Startzeile bezeichnet.

Verwandtschaften. NEW, RESTORE, HIMEM, RUN

FRE

Format. FRE(Ø)

Funktion. Mit diesem Befehl kann der im RAM noch verfügbare Speicherplatz ermittelt werden.

Beispiel. PRINT FRE(Ø)

Bemerkungen. 1. Sie können die durch ein Programm verursachte Speicherbelastung testen, indem Sie vor und nach Eingabe des Programms sowie nach dessen Lauf jeweils die obige Zeile eingeben.
2. Anstelle des Argumentes Null können Sie jede andere natürliche Zahl zwischen Ø und 255 benutzen. Es handelt sich hier um ein sogenanntes Dummy-Argument (engl. dummy - Strohmann, Statist), das nur aus formalen Gründen geschrieben werden muss.
3. Auf verschiedenen Micros gestattet FRE noch andere Anwendungen. So kann eventuell durch Eingabe von

PRINT FRE("")

der verfügbare Platz im Stringspeicher ermittelt werden. Bei Micros mit dynamischer Stringspeicherverwaltung kann durch obiges Kommando oder aber auch durch eine geeignet eingefügte Programmzeile der Form

500 A = FRE("")

eine Reorganisation dieses Speicherbereiches erzwungen werden. Wird bei solchen Rechnern an eine bereits vereinbarte Textvariable ein neuer Textwert übergeben, welcher kürzer ist als der zuvor gespeicherte, so verbleibt der restliche Platz im Speicher. Dann werden redundante Zeichen gespeichert und mithin Speicherplätze verschwendet. Mit obigem Befehl werden die Zeichenketten im Speicher 'zusammengeschoben'. Dieser Vorgang wird auch als 'garbage collection' (Müllräumung) bezeichnet.

Mit einer weiteren Gruppe von Befehlen, nämlich

PEEK POKE CALL USR

sind präzise Schnittstellen vom BASIC zum gesamten Speicher des Rechners und zu allen Maschinenroutinen des Betriebssystems sowie des BASIC Interpreters selbst definiert. So kann mit PEEK der aktuelle Inhalt jedes Speicherplatzes gelesen werden, POKE erlaubt sogar das Schreiben in den RAM Bereich. Mit CALL übergibt der Interpreter den Steuerfluss im Rechner an eine Maschinenroutine. Entsprechend abgeschlossen ist von einer solchen Routine die Rückkehr ins BASIC möglich. Der Befehl USR leistet das gleiche, wobei zusätzlich noch Parameter in 'beiden Richtungen' übergeben werden können. Mit diesen summarischen Bemerkungen wollen wir es bewenden lassen; ein effektiver Gebrauch der Befehle setzt mehr

Kenntnisse über die Architektur des Rechners voraus, als wir sie hier vermitteln.

Vom Umgang mit dem Micro

Wir haben es schon angedeutet, dass unsere Beziehung zum Rechner zwei Seiten - eine statische und eine dynamische - hat. Der statische Teil kann sich fern vom Rechner vollziehen und besteht in der Umsetzung des Algorithmus in ein Programm. Hierbei herrscht von vornherein Klarheit beispielsweise über die Vereinbarung von Variablen, und die logische Struktur wird, ausgehend von groben Strukturblöcken, immer weiter verfeinert. Solcherart vorbereitet, wenden Sie sich dann dem dynamischen Teil, der interaktiven Arbeit mit dem Rechner zu. Das Programm wird - erstmalig - dem Rechner eingegeben und auf seine Lauffähigkeit überprüft. Nun werden Sie es durch Laufversuche solange entwickeln, bis es Ihren Vorstellungen entspricht, also in der Lage ist, das algorithmisch aufbereitete Problem zu lösen. Sie werden das Programm mit unterschiedlichen Datensätzen testen, um es in allen gewünschten Situationen lauffähig zu gestalten. Es ist nicht ungewöhnlich, dass Ihnen bei diesem dynamischen Teil viele Verbesserungen Ihres Programmes oder sogar des zugrundeliegenden Algorithmus oder auch ganz neue interessante Probleme einfallen. Dabei sollten Sie alle Möglichkeiten nutzen, die Ihnen das BASIC Programmiersystem an Unterstützung bietet. Es ist zweckmässig, übersichtliche, kurze Programmstücke zu schreiben und zu bearbeiten. Dabei können Sie viel experimentieren: So lässt sich über zusätzlich eingebaute PRINT Anweisungen der gesamte Programmverlauf dokumentieren. Nach erfolgreicher Arbeit nehmen Sie diese Testanweisungen aus dem Programm wieder heraus.

Wo Sie in Ihrer eigenen Arbeit den Schwerpunkt setzen - im dynamischen oder im statischen Teil - das hängt von Ihren Möglichkeiten und Neigungen ab. Fühlen Sie sich durch das eben Gesagte in keiner Weise eingeengt, nichts liegt mir ferner, als bei so einer interessanten und kreativen Beschäftigung, wie sie das Entwickeln lauffähiger Programme bietet, sauertöpfisch mit didaktisch erhobenem Zeigefinger danebenzustehen. Wichtig ist nur, dass Sie über der aufregenden Arbeit am Rechner nicht versäumen, gelegentlich über die Ziele Ihres Handelns zu reflektieren. So bald Sie letzteres tun, beginnen Sie, systematisch zu arbeiten. Und dann ist die Zeit nicht mehr fern, wo Sie Ihren eigenen produktiven Programmierstil gefunden haben und schliesslich der Umgang mit Ihrem Rechner in der Balance zwischen purer Freude und zielgerichtetem Erfolgsstreben Sie mit tiefer Befriedigung erfüllen wird.

In den folgenden Kapiteln wenden wir uns einer systematischen Beschreibung der auf Micros gebräuchlichsten Anweisungen der Programmiersprache BASIC zu. Damit es beim Durcharbeiten nicht gar so langweilig zugeht, sind gelegentlich auch mal etwas umfangreichere Programme eingestreut.

BASIC Anweisungen

8

Ausgabe von Daten

PRINT

Format. PRINT [,] [{arithm. Ausdruck / Textausdruck}] [{; / ,}] {arithm. Ausdruck / Textausdruck}] ... [{; / ,}]

Funktion. Diese Anweisung gestattet die Ausgabe des Wertes eines beliebigen Ausdrucks auf dem Bildschirm, beginnend ab der aktuellen Cursorposition. Eine PRINT Anweisung allein bewirkt die Ausgabe einer Leerzeile. Mittels Setzen von Semikolon oder Komma kann die Ausgabe mehrerer PRINT Zeilen auf einer Bildschirmzeile realisiert werden; die Trennzeichen selbst werden nicht ausgegeben. Das Komma dient oft als Tabulator.
In Verbindung mit dem Schlüsselwort CHR$ ermöglicht die PRINT Anweisung die Ausgabe (nicht druckbarer) Steuerzeichen.

Beispiel.

```
100 REM  *** PRINT ***
101 :
110 A=567890
120 T$="TAB"
130 CLS:PRINT
140 PRINT " * PRINT-ANWEISUNG *"
142 PRINT
150 PRINT 123456
160 PRINT ,A
170 PRINT 1234;
180 PRINT A;
190 PRINT 1;2;3
192 PRINT:PRINT
199 :
200 FOR I=1 TO 3
210 PRINT T$;I,
220 NEXT
230 PRINT
240 PRINT
250 PRINT -1,-2,-3
260 PRINT
299 :
300 FOR Z=0 TO 7
310 FOR I=0 TO 2
320 PRINT 2^(Z+I),
330 NEXT I
```

```
340 PRINT : REM  BEI EINTEILUNG
343 :     : REM  DES SCHIRMES
345 :     : REM  IN 3 PRINT
347 :     : REM  ZONEN ZEILE
349 :     : REM  340 STREICHEN
350 NEXT Z
360 PRINT
399 :
400 END
```

```
RUN
....

 * PRINT-ANWEISUNG *
123456
          567890
1234   567890  1   2   3

TAB 1          TAB 2          TAB 3
-1             -2             -3
 1              2              4
 2              4              8
 4              8              16
 8              16             32
 16             32             64
 32             64             128
 64             128            256
 128            256            512

Ready
>
```

Bemerkungen. 1. Der PRINT Befehl kann - wie fast alle hier beschriebenen Befehle - sowohl direkt als auch im Programm-Modus benutzt werden. Im Direktbetrieb können alle druckbaren Zeichen sowie die Werte numerischer und Text-Ausdrücke ausgegeben werden. Bis auf das Anführungszeichen " gilt dasselbe für den Programm-Modus. Nach Ausführung eines PRINT Befehles springt der Cursor an den Anfang der nächsten Bildschirmzeile.

2. Innerhalb einer PRINT Anweisung sind weitere Anweisungen zur Tabulation und auch zur Farbsteuerung zugelassen.

3. Auf vielen Micros kann das Schreiben des PRINT Befehles durch ein Fragezeichen ? abgekürzt werden. Intern benutzt der Rechner für beide Schlüsselworter denselben Code. Deshalb gibt der Rechner beim Listen stets PRINT aus.

4. Wie aus der Angabe des Formates ersichtlich, ist das Schlüsselwort PRINT auch allein stehend zugelassen. Diese Anweisung bewirkt einen Zeilenvorschub.

5. Wird eine PRINT Anweisung mit Semikolon abgeschlossen, so unterdrückt dies den Zeilentransport und die Ausgabe neuer Zeichen schliesst an der Position des zuletzt ausgegebenen Zeichens an. Dabei ist zu beachten, dass numerische Konstanten mit einem abschliessenden Leerzeichen ausgegeben werden. Möchte man, zum Beispiel nach einem FOR ... NEXT Block, die Wirkung des abschliessenden Semikolons aufheben, so fügt man nach der NEXT Anweisung eine allein stehende PRINT Anweisung ins Programm ein.

6. Die Verwendung des Kommas dient der Tabulation. Eine Bildschirmzeile ist in PRINT Zonen konstanter Breite (maschinenabhängig 8 bis 14 Zeichen) eingeteilt. Das Setzen eines Kommas bewirkt, dass die Ausgabe des nächsten Zeichens zu Beginn der nächsten

PRINT Zone erfolgt. Durch Setzen mehrerer Kommata können Druckzonen übersprungen werden. Sinngemässes gilt auch für die Ausgabe über einen Drucker.

7. Übersteigt die Anzahl der auszugebenden Zeichen die Kapazität der Druckzonen, d.h. der Bildschirmzeile, so wird die Ausgabe auf der nächsten Zeile fortgesetzt. Dabei ist die Maximallänge einer durch die PRINT Anweisung auszugebenden Zeichenreihe in der Regel nur durch den für das Schreiben einer Anweisung zur Verfügung stehenden Platz sowie die Maximallänge einer Textkonstante begrenzt.

8. Die meisten Micros arbeiten im sogenannten Scroll-Modus. Nach Abschluss eines Eintrags in die unterste Bildschirmzeile rollt das Bild unter Verlust der obersten Zeile um eine Zeile nach oben. Einige Micros können nach einer Umschaltung auch im 'Page-Modus' betrieben werden; der Bildschirm wird dabei seitenweise beschrieben. Ist eine Seite voll, so springt der Cursor 'heim' in die linke obere Bildschirmecke und die nächsten auszugebenden Zeichen überschreiben das bisherige Bild.

9. Ist der Ausgabebereich des Bildschirmes durch einen WINDOW Befehl o.ä. eingeengt, so wirkt die PRINT Anweisung - an die aktuelle Cursorposition gebunden - nur innerhalb des Bildschirmfensters. Das Rollen des Bildes erfolgt dann innerhalb dieses Fensters.

Verwandtschaften. PRINT AT, PRINT USING, SPC, TAB, INK, PAPER, COLOR, CHR$, WINDOW

PRINT AT

Format. PRINT AT(x,y); $\left\{\begin{array}{l}\text{arithm. Ausdruck}\\\text{Textausdruck}\end{array}\right\}$ $\left[;\left\{\begin{array}{l}\text{ar.Ausdr.}\\\text{Textausdr.}\end{array}\right\}\right]$ ...

x Zeilenposition

y Spaltenposition

Funktion. Diese Anweisung gestattet es, unabhängig von der aktuellen Cursorposition, Ausgaben an beliebiger Stelle des Bildschirmes zu positionieren. Das Semikolon dient hier nur als Trennzeichen.

Beispiele.

```
10 REM  *** PRINT AT ***
11 :
20 R=10
30 XO=19:YO=11
40 FOR T=.001 TO 2*PI STEP PI/50
50 X=XO+R*COS(T)
60 Y=YO+R*SIN(T)
70 PRINT AT(Y,X);"O"
80 NEXT
82 PRINT
90 END
```

```
RUN

Ready
>■
```

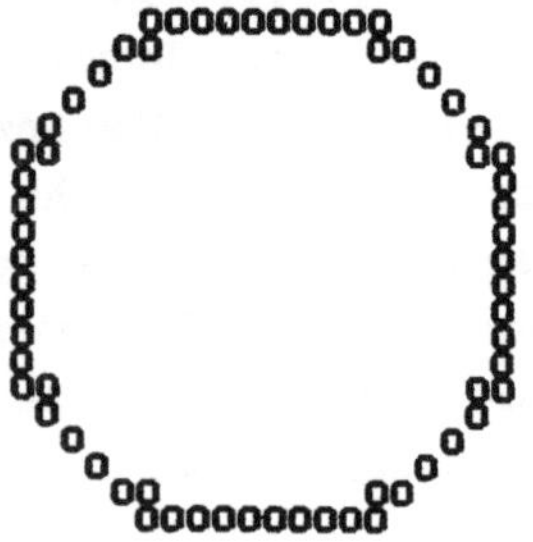

```
100 REM  *** KLEINE LAUFSCHRIFT ***
101 :
110 W=1
120 T$="KLEINE LAUFSCHRIFT
130 L=LEN(T$)
139 :
140 CLS
150 PRINT AT(12,3);"*"
160 PRINT AT(12,36);"*"
170 PRINT AT(12,5);T$
180 PAUSE W
190 A$=MID$(T$,1,1)
200 T$=MID$(T$,2,L-1)+A$
201 :
210 Y$=INKEY$
220 IF Y$="" THEN 170
221 :
230 CLS
240 END
```

```
100 REM  *** RAHMEN ZEICHNEN ***
101 :
103 REM  ZEILEN 1-24 UND SPALTEN
105 REM  1-38 DES BILDSCHIRMES
107 REM  BENUTZT
109 :
110 CLS
120 FOR R=1 TO 38
130 PRINT AT(1,R);"■"
140 PRINT AT(24,39-R);"■"
150 NEXT R
151 :
160 FOR R=1 TO 24
170 PRINT AT(R,1);"■"
180 PRINT AT(25-R,38);"■"
190 NEXT R
191 :
200 PAUSE 64
210 CLS
220 END
```

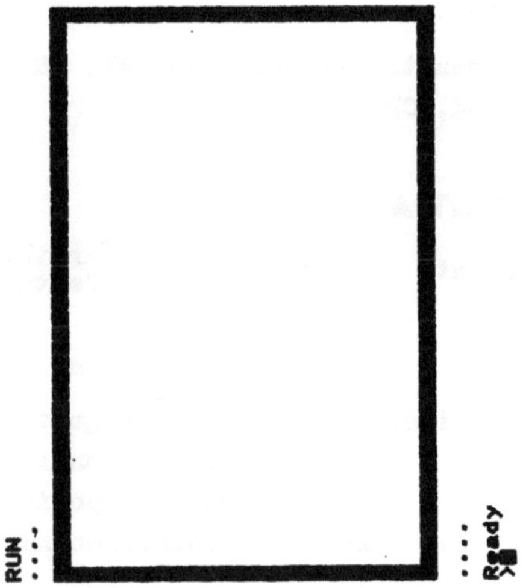

Bemerkungen. 1. Diese Anweisung ist maschinenabhängig, und auf vielen Micros gibt es sie gar nicht. Andere mögliche Formate sind:

PRINT @ y,x; Ausgabeliste
PRINT @ z; Ausgabeliste

Hierbei bedeuten x und y wieder die Bildschirmkoordinaten, gerechnet von der linken oberen Bildschirmecke. Bei anderen Rechnern sind die Bildschirmpositionen fortlaufend numeriert, darauf bezieht sich das zuletzt angegebene Format.
2. Für die benutzten Koordinaten sind auch arithmetische Ausdrükke zulässig; so dürfen sie durch einen vorangehenden Programmteil berechnet sein. Fallen dabei die Koordinatenwerte ausserhalb des Bildschirmes, so meldet der Micro einen ILLEGAL QUANTITY ERROR.
3. Der PRINT AT Befehl kann mit lokal wirkenden Farbsteueranweisungen oder eventuell auch mit Attributen kombiniert werden.
4. Die PRINT AT Anweisung gestattet das teilweise Löschen oder Überschreiben einer bereits ausgegebenen Bildschirmzeile. Zu diesem Zweck werden die betreffenden Bildschirmpositionen mit dem Blank oder mit anderen Zeichen neu belegt.
5. Die PRINT AT Anweisung ist unabhängig vom aktuellen Bildschirmfenster für alle Schirmpositionen zulässig.
6. Steht diese Anweisung auf Ihrem Micro nicht zur Verfügung, so ist es eine reizvolle und auch realistische Aufgabe, den PRINT AT Befehl mit Hilfe einer selbstgeschriebenen Maschinencode-Routine zu implementieren.

Verwandtschaften. PRINT @, PLOT, INK, PAPER, COLOR

Zuweisungen

LET

Format. LET $\left\{\begin{matrix}\text{[ind.] numer. Variable - arithm. Ausdruck} \\ \text{[ind.] Textvariable - Textausdruck}\end{matrix}\right\}$

Funktion. Die Anweisung gestattet es, Variablen einen Wert vom entsprechenden Typ zuzuweisen. Dabei sind auch indizierte Variablen, also Feldelemente, zugelassen.

Beispiele.

```
100 REM  *** ZUWEISUNGEN ***
101 :
110 LET S$="EINLESEN VON TESTGROESSEN A(I,K)"
130 LET T$=" * "
140 LET T$=T$+S$+T$
150 CLS:PRINT
160 PRINT T$
170 PRINT:PRINT
199 :
200 DIM A(18,9)
210 FOR I=1 TO 18
220 FOR K=1 TO 9
230 LET A=RND(1)
240 LET A=A*900
250 LET A=100+INT(A)
260 LET A(I,K)=A
270 PRINT A(I,K);
280 NEXT K
282 PRINT
290 NEXT I
300 END
```

```
RUN
....

 * EINLESEN VON TESTGROESSEN *

-874 -423 -824 -409 -167 -311 -526 -542 -301
[illegible]
-715 -187 -824 -381 -335 -249 -799 -406 -398
-109 -932 -840 -515 -231 -801 -674 -631 -849
-180 -768 -225 -283 -656 -992 -714 -323 -376

Ready
>
```

```
100 REM  *** PRIMZAHLEN ***
101 :
103 REM  EINE ZAHL HEISST PRIMZAHL, WENN SIE NUR UNECHTE
105 REM  TEILER HAT, ALSO NUR DURCH 1 UND SICH SELBST TEILBAR
107 REM  IST. DIE EINS RECHNET MAN NICHT ZU DEN PRIMZAHLEN.
109 REM  HAT P KEINEN TEILER D MIT 1<D<=SQR(P), SO IST P
111 REM  EINE PRIMZAHL.
119 :
120 CLS:PRINT
130 PRINT "EINGABE EINER NATUERLICHEN ZAHL N>4"
132 PRINT
134 INPUT N
140 IF N<5 OR N<>INT(N) THEN 120
150 PRINT
160 PRINT "DIE PRIMZAHLEN BIS";N;"LAUTEN:"
170 PRINT
172 PRINT 2,3,
180 LET P=5
190 LET SQ=SQR(P)
200 FOR T=3 TO SQ STEP 2
210 LET Q=P/T
220 LET I=INT(Q)
230 IF I=Q THEN T=SQ+1:NEXT T:GOTO 260
240 NEXT T
250 PRINT P,
260 LET P=P+2
270 IF P<=N THEN 190
280 PRINT:PRINT
290 END
```

```
RUN
....
EINGABE EINER NATUERLICHEN ZAHL N>4
? 380
DIE PRIMZAHLEN BIS 380 LAUTEN:
 2          3          5
 7          11         13
 17         19         23
 29         31         37
 41         43         47
 53         59         61
 67         71         73
 79         83         89
 97         101        103
 107        109        113
 127        131        137
 139        149        151
 157        163        167
 173        179        181
 191        193        197
 199        211        223
 227        229        233
 239        241        251
 257        263        269
 271        277        281
 283        293        307
 311        313        317
 331        337        347
 349        353        359
 367        373        379

Ready
>
```

Kürzlich wurde auf einem Computer die Primzahl $2^{216091} - 1$ ermittelt, eine Zahl mit 65050 Ziffern. Wollen Sie es nachprüfen?

Bemerkungen. 1. Beide Seiten der Wert-Zuweisung müssen einander im Typ entsprechen. So kann einer numerischen Variablen nur eine Zahl oder, allgemeiner, ein numerischer Ausdruck zugewiesen werden. Soll einer Textvariablen eine Ziffer zugewiesen werden, so muss diese in Anführungszeichen geschrieben werden. Zuwiderhandlungen führen auf die Fehlermeldung TM: TYPE MISMATCH ERROR.

2. Die Syntax der meisten Interpreter gestattet es, das Schlüsselwort LET entfallenzulassen.

3. Die Wert-Zuweisung wird von links nach rechts gelesen und entspricht damit nicht der symmetrischen Gleichheitsrelation der Mathematik. So ergäbe es Nonsens, die Zuweisung C = B/A etwa in die Form A * C = B auflösen zu wollen. Die Variable der linken Seite muss tatsächlich 'solo' dastehen; auch eine mittelbare Zuweisung etwa der Form EXP(X) = 10 ist unzulässig und führt zu einem SYNTAX ERROR.

4. Mehrere Wert-Zuweisungen müssen getrennt geschrieben werden. So würde etwa LET A = B = 1 in der Regel auf gänzlich unerwartete Resultate führen. In den meisten BASIC Versionen wird diese Anweisung als LET A = (B = 1) interpretiert. Hierbei erhält dann die Variable A den Wahrheitswert der logischen Aussage B = 1, der natürlich vom aktuellen Wert der Variablen B abhängt.

Dateneingabe

INPUT

Format. INPUT [Textkonstante;] {num. Variable / Textvariable} [,{num. Variable / Textvariable}] ...

Funktion. Diese Anweisung erlaubt es, während des Programmlaufes dem Rechner von der Tastatur aus Daten zu übergeben. Stösst der Interpreter auf die INPUT Anweisung, so wird das Programm angehalten und eine Eingabe entsprechend den angegebenen Variablen abgewartet. Diese werden, durch Komma getrennt, nacheinander eingegeben und auf dem Bildschirm angezeigt. Die gesamte Eingabe wird mit ENTER abgeschlossen.

Beispiele.

```
100 REM  *** EINLESEN EINER LISTE ***
101 :
110 CLS:PRINT
120 INPUT "UMFANG DER LISTE ";M
130 DIM NA$(M)
131 :
150 PRINT
160 FOR I=1 TO M
170 PRINT "NAME ";I;" ";
180 INPUT NA$(I)
190 NEXT I
194 PAUSE 20
199 :
200 CLS:PRINT
210 INPUT "AUSGABE DER LISTE GEWUENSCHT ";A$
220 IF A$<>"J" AND A$<>"JA" THEN GOTO 390
228 CLS:PRINT
230 FOR I=1 TO M
240 PRINT I,NA$(I)
250 NEXT I
260 PRINT
299 :
300 INPUT "KORREKTUR GEWUENSCHT ";A$
310 IF A$<>"J" AND A$<>"JA" THEN GOTO 400
312 PRINT
320 INPUT "WELCHE POSITION";K
330 IF K<1 OR K>M THEN 312
340 PRINT
350 PRINT "AENDERUNG VON POSITION";K;
360 INPUT NA$(K)
370 PAUSE 20
380 GOTO 200
390 PRINT
400 END
```

```
RUN
....
UMFANG DER LISTE ? 11
NAME 1  ? 8-BIT MIKROPROZESSOREN:
NAME 2  ? 8008  INTEL
NAME 3  ? U808  VEB FUNKWERK ERFURT
NAME 4  ? 8080  INTEL
NAME 5  ? 6800  MOTOROLA
NAME 6  ? Z80-CPU  ZILOG
NAME 7  ? U880  VEB FUNKWERK ERFURT
NAME 8  ? K580IK80  UDSSR
NAME 9  ? 6502  MOS TECHNOLOGY
NAME 10  ? 65C02  ROCKWELL
NAME 11  ? 6809  MOTOROLA
....
AUSGABE DER LISTE GEWUENSCHT ? NEIN

Ready
>█
```

```
100 REM  *** SICHERUNG ***
101 :
110 CLS
120 PRINT
130 PRINT "GEBEN SIE BITTE DAS KENNWORT EIN:"
140 PRINT
150 INPUT K$
160 IF K$ <> "GUELTIGES PASSWORD" THEN GOTO 120
170 CLS:PRINT:PRINT
180 PRINT "WILLKOMMEN. DAS PROGRAMM STEHT"
190 PRINT
200 PRINT "ZU IHRER VERFUEGUNG BEREIT ***"
210 PAUSE 20
220 PRINT
230 END
```

```
RUN
....
GEBEN SIE BITTE DAS KENNWORT EIN:
? GUELTIGES PASSWORD
....
WILLKOMMEN. DAS PROGRAMM STEHT
ZU IHRER VERFUEGUNG BEREIT ***
Ready
>█
```

Bemerkungen. 1. Mittels der INPUT Anweisung können auch indizierten Variablen Werte zugewiesen werden.

2. Die Eingabe muss stets dem abgefragten Variablentyp entsprechen. Handelt es sich um eine numerische Variable, so akzeptiert der Rechner nur zur Beschreibung von Zahlen benutzte Zeichen einschliesslich des Vorzeichens. Anderenfalls fordert er Sie mit der Meldung REDO FROM START zu einer erneuten, korrigierten Ein-

gabe auf.
3. Wird bei der Eingabe einer Dezimalzahl ein Komma statt des vorgeschriebenen Dezimalpunktes verwendet, so übernimmt der Rechner die Ziffern hinter dem Komma nicht und meldet EXTRA IGNORED, ohne das Programm abzubrechen. Folgt im INPUT Befehl eine weitere Variable, so wird der Wert nach dem Komma dieser zugewiesen - was zu einiger Verwirrung in Ihrem Programm führen kann.
4. Bei einer Textvariablen sind alle Textzeichen zugelassen, auf vielen Micros können die Anführungsstriche hierbei entfallen.
5. Wie im obigen Format angegeben, kann auf den meisten Micros die INPUT Anweisung mit der Ausgabe einer Bildschirminformation gekoppelt werden. Gegebenenfalls leistet eine vor die INPUT Anweisung geschriebene und mit Semikolon abgeschlossene PRINT Zeile den gleichen Dienst. In jedem Falle sollte man den Nutzer eines Programmes bei einem INPUT darauf hinweisen, welcher Variablentyp gerade gefragt ist. Als Nutzer können Sie getrost auch sich selbst betrachten, in spätestens vierzehn Tagen haben Sie die Feinheiten eines heut' geschriebenen Programms vergessen.
6. Der INPUT Befehl kann nicht als Kommando benutzt werden. Eine Eingabe im Kommando-Modus führt zu der Fehlermeldung ID: ILLEGAL DIRECT ERROR.

Verwandtschaften. INKEY$, KEY$, GET

INKEY$

Format. INKEY$

Funktion. Diese Anweisung dient dazu, dem Rechner ohne Programmunterbrechung Informationen vom Tastenfeld aus zu übergeben. Wird zum Zeitpunkt der Ausführung von INKEY$ keine Taste betätigt, so wird die leere Zeichenkette übernommen. Die von INKEY$ eingelesenen Daten erscheinen nicht auf dem Bildschirm.

Beispiele.

```
10 REM  *** FINGERUBUNG ***
11 :
20 FOR X=1 TO 100
30 PRINT INKEY$
40 NEXT X
50 END
```

```
100 REM  *** LORES SCHREIBER ***
101 :
110 CLS:PRINT
120 PRINT "MIT DIESEM PROGRAMM KOENNEN SIE GROSSE"
122 PRINT
130 PRINT "BLOCKBUCHSTABEN ODER GRAPHIKEN MIT DEM"
132 PRINT
140 PRINT "VOLLZEICHEN SCHREIBEN"
150 PRINT:PRINT
160 PAUSE 30
199 :
200 CLS:PRINT
210 PRINT "START IN DER LINKEN OBEREN"
220 PRINT "BILDSCHIRMECKE"
230 PRINT:PRINT
240 PRINT "TASTEN:  <U> - AUF"
242 PRINT
250 PRINT "         <H> - LINKS"
252 PRINT
260 PRINT "         <J> - RECHTS"
262 PRINT
270 PRINT "         <N> - AB"
272 PRINT
280 PRINT "     <SPACE> - VOLLZEICHEN ODER BLANK"
282 PRINT
290 PRINT "         <S> - PROGRAMMENDE
294 PAUSE 30
299 :
300 X=1  :REM X-KOORDINATE
310 Y=1  :REM Y-KOORDINATE
320 C=1  :REM ZEICHENSTEUERUNG
330 V=91 :REM CODE FUER VOLLZEICHEN WAEHLEN
340 CH=V
350 CLS
400 K$=INKEY$
410 IF K$="S" THEN END
420 IF K$="U" THEN IF Y>1  THEN Y=Y-1  :REM  KORDINATEN-
430 IF K$="H" THEN IF X>1  THEN X=X-1  :REM  GRENZEN AN
440 IF K$="J" THEN IF X<38 THEN X=X+1  :REM  BILDSCHIRM
450 IF K$="N" THEN IF Y<24 THEN Y=Y+1  :REM  ANPASSEN
460 IF K$=" " THEN C=1-C:CH=C*V + (1-C)*32
470 PRINT AT(Y,X); CHR$(CH)
480 PAUSE 1
490 PRINT AT(Y,X); "#"
500 PAUSE 1
510 PRINT AT(Y,X); CHR$(CH)
520 GOTO 400
530 END
```

Bemerkungen. 1. Mit dieser Anweisung kann ein beliebiges Zeichen von der Tastatur aus eingelesen werden. Dabei sind auch das durch die Space-Taste erreichbare Blank sowie die den Cursor-Führungstasten zugeordneten Steuerzeichen zugelassen. Das Programm wird dabei nicht angehalten.

2. Die Eingabe erfolgt weitgehend automatisiert, insbesodere ist ein Abschluss durch ENTER nicht erforderlich. Dies hat aber zur

Folge, dass während des Programmlaufes der rechte Zeitpunkt zur Eingabe 'erwischt' werden muss. Verpasst man diesen, so übernimmt INKEY$ den Wert der leeren Zeichenkette "". Auch besteht nach erfolgtem Tastendruck keinerlei Korrekturmöglichkeit.
3. Eine Möglichkeit zur Konstruktion einer 'Eingabe mit Warten' bietet die folgende, unter Benutzung der IF Anweisung geschriebene Programmzeile

```
100 Y$=INKEY$ : IF Y$="" GOTO 100
110 PRINT Y$
```

In Zeile 100 wird eine Schleife konstruiert, die erst verlassen werden kann, wenn die Bedingung Y$ = "" nicht erfüllt ist, also irgendein Zeichen - das Blank " " eingeschlossen - eingegeben wird.
4. Durch das beschriebene Verhalten ist die INKEY$ Anweisung hervorragend zur Steuerung dynamischer Spiele geeignet.
5. Zur Nutzung im Direkt-Modus ist die Anweisung nicht geeignet.

Verwandtschaften. KEY$, INPUT, GET

KEY$

Format. KEY$

Funktion. Diese Anweisung ist in der Wirkung mit INKEY$ identisch.

Beispiele.

```
10 REM  *** EINGABE MIT KEY$ ***
11 :
16 PRINT
20 PRINT
30 PRINT "EINGABE EINES ZEICHENS ERWARTET:"
40 Y$=KEY$:IF Y$="" GOTO 40
50 PRINT
60 PRINT "EINGABE VON ";Y$;" QUITTIERT"
70 PRINT
80 END


RUN

EINGABE EINES ZEICHENS ERWARTET:
EINGABE VON # QUITTIERT

Ready
>█
```

```
10 REM  *** PROGRAMMSTEUERUNG PER TASTATUR ***
11 :
13 REM  ABWEISUNG NICHT VEREINBARTER TASTEN
15 :
20 CLS
30 PRINT
40 PRINT "> PROGRAMMLAUF <"
50 PRINT
60 PRINT "PROGRAMMLAUF WIEDERHOLEN ?  <J/N>"
70 K$=KEY$:IF K$="J" THEN 30 ELSE IF K$<>"N" THEN 70 ELSE END

RUN
....

> PROGRAMMLAUF <
PROGRAMMLAUF WIEDERHOLEN ?  <J/N>
> PROGRAMMLAUF <
PROGRAMMLAUF WIEDERHOLEN ?  <J/N>
Ready
>█

100 REM  *** PAUSE MIT ABBRUCHMOEGLICHKEIT ***
101 :
103 REM  P DEFINIERT MAXIMALE LAENGE DER PAUSE
107 :
110 CLS:PRINT
114 PRINT
120 PRINT "PAUSE MIT ABBRUCHMOEGLICHKEIT"
130 PRINT
140 PRINT "DRUECKE <SPACE> FUER ENDE DER PAUSE"
149 :
200 P=1000:D=P
201 :
210 FOR I=1 TO P
220 A$=KEY$
230 IF A$=" " THEN D=I:I=P
240 NEXT
250 PRINT
260 PRINT "DAUER DER PAUSE:"
270 PRINT
280 PRINT D;"SCHLEIFENDURCHGAENGE"
290 END
299 :
300 REM NOCHMAL ALS EINZEILER ?
301 :
303 :REM (BELASTET EVENTUELL DEN STACK)
305 :
310 FORI=1TO9999:A$=KEY$:IFA$=""THENNEXT
320 END

RUN
....
PAUSE MIT ABBRUCHMOEGLICHKEIT
DRUECKE <SPACE> FUER ENDE DER PAUSE
DAUER DER PAUSE:
483 SCHLEIFENDURCHGAENGE

Ready
>█
```

GET

Format. GET {Textvariable / num. Variable}

Funktion. Diese Anweisung führt zu einer Unterbrechung der Programmausführung, die solange andauert, bis ein Zeichen von der Tastatur eingelesen worden ist. Der Wert des Zeichens wird der hinter dem Schlüsselwort GET formulierten Variablen zugewiesen.

Beispiele.

```
100 REM  *** GET (mit Warten) ***
101 :
110 CLS
120 PRINT:PRINT "DRUECKEN SIE EINE TASTE"
140 GET A$
150 PRINT:PRINT "SIE HABEN ";A$;" GEDRUECKT"
160 PRINT:PRINT "ASCII CODE VON ";A$;": ";ASC(A$)
180 PRINT:PRINT "NOCHMAL ?  <0,1>"
200 GET A
201 :
203 REM  EINGABE EINES NICHTNUMERISCHEN ZEICHENS
205 REM  FUEHRT ZU EINER FEHLERMELDUNG
207 :
210 IF A=1 THEN 120
220 END
```

```
RUN
....
DRUECKEN SIE EINE TASTE
SIE HABEN # GEDRUECKT
ASCII CODE VON #: 35
NOCHMAL ?  <0,1>
DRUECKEN SIE EINE TASTE
SIE HABEN   GEDRUECKT
ASCII CODE VON  : 32
NOCHMAL ?  <0,1>
Ready
>█
```

```
10 REM  *** AUFHÄNGER ***
11 :
13 REM  AUF VIELEN MICROS IST DIESES PROGRAMM
15 REM  NUR MIT RESET ZU STOPPEN
19 :
20 CLS
30 PRINT
40 PRINT "TASTE ?"
50 GET A$
60 PRINT
70 PRINT A$
80 GOTO 30
```

Bemerkungen. 1. Neben der INPUT Anweisung sowie KEY$ oder INKEY$ bietet auf manchen Kleincomputern der GET Befehl eine weitere programmgesteuerte Eingabemöglichkeit und dient wie diese der Gestaltung interaktiver Programme.
2. Im Gegensatz zur INPUT Anweisung, wo mehrstellige Zahlen oder Zeichenketten eingegeben werden können, wird bei GET nur ein Zeichen übergeben. Unmittelbar darauf wird das Programm mit der nächsten Anweisung fortgesetzt. Die Eingabe braucht also nicht mit ENTER abgeschlossen zu werden; eventuell eingegebene weitere Zeichen werden ignoriert. Eine Anzeige des eingegebenen Zeichens auf dem Bildschirm erfolgt nicht.
3. In Abhängigkeit vom Typ der hinter dem Schlüsselwort GET stehenden Variablen wird ein eingegebenes Ziffernzeichen entweder als Zahl oder als Ziffer interpretiert. Wird ein numerischer Wert erwartet, so führt jede andere Eingabe zu einem SYNTAX ERROR.
4. Etwas lax gesprochen entspricht die GET Anweisung einem KEY$ Befehl 'mit Warten'. Steht GET auf Ihrem Micro nicht zur Verfügung, so können sie den Befehl mit KEY$ oder INKEY$ wie dort beschrieben nachbilden.
5. Auf einigen Rechnern (z.B. Commodore) wird beim GET Befehl nicht auf die Eingabe gewartet. Gegebenenfalls ist hier wie bei der KEY$ Anweisung zu verfahren.

Verwandtschaften. INPUT, INKEY$, KEY$

Programmverzweigung

GOTO

Format. GOTO z

z Zeilennummer, arithmetischer Ausdruck

Funktion. Mit dieser Anweisung kann der entsprechend den aufsteigenden Zeilennummern ablaufende Programmfluss geändert werden. Das Programm unterbricht die sequentielle Abarbeitung und springt zu der angegebenen Zeilennummer.

Beispiele.

```
10 REM  *** GOTO ***
11 :
20 PRINT
30 PRINT "PROGRAMM MIT CTRL C ODER BREAK  STOPPEN"
40 GOTO 20
```

```
RUN
PROGRAMM MIT CTRL C ODER BREAK STOPPEN
PROGRAMM MIT CTRL C ODER BREAK STOPPEN
PROGRAMM MIT CTRL C ODER BREAK STOPPEN
 BREAK IN 30
Ready
>█
```

```
 10 REM    *** NUTZERFÜHRUNG ***
 11 :
 20 CLS:PRINT
 30 GOTO 60
 40 PRINT ">> POSITIVE GANZE ZAHL EINGEBEN"
 50 PRINT:PRINT:PRINT
 60 INPUT "> ANZAHL DER DATENPUNKTE ";N
 70 PRINT
 80 IF N<1 OR N<>INT(N) GOTO 40
 90 END
```

```
RUN
....
> ANZAHL DER DATENPUNKTE ? 0
>> POSITIVE GANZE ZAHL EINGEBEN

> ANZAHL DER DATENPUNKTE ? 9.7
>> POSITIVE GANZE ZAHL EINGEBEN

> ANZAHL DER DATENPUNKTE ? 17

Ready
>█
```

```
 100 REM  *** SYMBOLISCHE SPRUNGADRESSEN ***
 101 :
 103 REM  SYMBOLISCHE ADRESSEN GESTATTEN
 105 REM  FLEXIBLERES PROGRAMMIEREN
 107 REM  UND UNTERDRÜCKEN FEHLER BEI
 109 REM  ADRESSENÄNDERUNGEN
 111 :
 113 REM  SYMBOLISCHE ADRESSEN SIND NICHT
 115 REM  AUF ALLEN MICROS ZULÄSSIG
 119 :
 120 LET ADRESSE1=300
 130 LET MARKE=400
 140 LET PROGRAMM=170
 141 :
 150 PRINT
 160 GOTO ADRESSE1
 170 PRINT "PROGRAMM = 170"
 180 PRINT
 190 GOTO MARKE
 199 :
 300 PRINT "ADRESSE1 = 300"
 302 PRINT
 310 GOTO PROGRAMM
 311 :
 400 PRINT "MARKE = 400"
 410 PRINT
 500 END
```

```
RUN
ADRESSE1 = 300
PROGRAMM = 170
MARKE = 400

Ready
>█
```

```
100 REM  *** SPAGHETTI ***
101 :
108 PRINT
110 PRINT "ZEILE 110" : GOTO 180
120 PRINT "ZEILE 120" : GOTO 140
130 PRINT "ZEILE 130" : GOTO 170
140 PRINT "ZEILE 140" : GOTO 190
150 PRINT "ZEILE 150" : GOTO 120
160 PRINT "ZEILE 160" : GOTO 130
170 PRINT "ZEILE 170" : GOTO 150
180 PRINT "ZEILE 180" : GOTO 160
190 END
```

```
RUN

ZEILE 110
ZEILE 180
ZEILE 160
ZEILE 130
ZEILE 170
ZEILE 150
ZEILE 120
ZEILE 140

Ready
>
```

Bemerkungen. 1. Die angegebene oder berechnete Zeilennummer soll im Programm vorhanden sein. Anderenfalls meldet der Micro UL: UNDEF'D STATEMENT ERROR; bei einigen Rechnern wird kommentarlos das Programm mit Ausführung der nächsthöheren vorhandenen Zeile fortgesetzt.

2. Wie im Format beschrieben, gestatten einige Micros die Angabe berechneter Sprungziele in Form arithmetischer Ausdrücke.

3. Damit wird dann auch die Verwendung symbolischer Sprungadressen möglich. Die Sprungziele werden mittels numerischer Variablen festgelegt. Dabei benutzt man mnemotechnisch günstige Namen (weniger vornehm könnte man auch Eselsbrücken sagen), muss hier nur aufpassen, dass keine reservierten Schlüsselwörter enthalten sind. Zu Beginn des Programms werden dann mittels Wertzuweisung für diese Variablen alle Sprungziele vereinbart. Damit hat man die unbedingten Sprünge fest im Griff und kann insbesondere auf infolge Programmänderungen wechselnde Sprungziele (die Crux des GOTO Programmierers) flexibel und vor allem fehlerarm reagieren. Während des Programmierens kann man zu einer symbolischen Adresse verzweigen, die konkret noch gar nicht existiert.

4. Ergibt sich bei einem berechneten Sprungziel ein nicht ganzer Wert, so rundet der Rechner - wie in solchen Fällen üblich - zur nächstniedrigeren ganzen Zahl ab.

5. Es ist guter Programmierstil, keine REM Zeilen anzuspringen. Wird es im Speicher knapp, so fallen einer Säuberung zuerst die REMs zum Opfer und dann tappt die GOTO Anweisung ins Leere.

6. Nicht ohne Grund gehört es zum guten Ton, darauf hinzuweisen, dass man mit der Anwendung der GOTO Anweisung recht sparsam sein soll. Eine eingefügte GOTO Anweisung bewirkt erhebliche Änderungen der Logik des Programms. Benutzt man viele GOTOs, so kann die Logik schnell völlig unübersichtlich werden - es entstehen die gefürchteten unleserlichen Spaghetti-Programme. (Wenn man an

einer Nudel zieht, kann es überall wackeln, man weiss nur nicht, wo.)

7. Bezeichnet n die niedrigste Zeilennummer eines Programmes, so kann mit dem Direkt-Befehl GOTO n das Programm ohne Löschen der gesetzten Variablen gestartet werden - wie natürlich auch an jeder anderen Zeile des Programms.

Verwandtschaften. GOSUB, ON, RUN

ON ... GOTO

Format. ON i GOTO Zeilennummer [,Zeilennummer] ...
$0 \le i \le 255$ ganzzahlige Variable

Funktion. Diese Anweisung ermöglicht die Konstruktion einer Vielfachverzweigung oder Mehrfachauswahl in einer Programmstruktur. In dem angegebenen Format verzweigt das Programm zur i-ten angegebenen Zeilennummer. Ist i gleich Null oder grösser als die Anzahl der nach GOTO angegebenen Zeilennummern, so geht das Programm zur Ausführung der nachfolgenden Anweisung über.

Beispiel.

```
100 REM  *** MENU ***
101 :
110 CLS:PRINT
120 PRINT "* PROGRAMMSTEUERUNG *"
130 PRINT:PRINT:PRINT "BITTE GEBEN SIE EIN"
140 PRINT:PRINT "   <1> - PROGRAMM FORTSETZEN"
150 PRINT:PRINT "   <2> - LADEN NEUER DATEN"
160 PRINT:PRINT "   <3> - SICHERN AUF KASSETTE"
170 PRINT:PRINT "   <4> - PROGRAMM BEENDEN"
200 PRINT
210 PRINT "EINGABE: ";
220 INPUT N
230 PRINT
240 ON N GOTO 300,400,500,600
250 PRINT "UNGUELTIGE EINGABE"
260 GOTO 200
299 :
300 PRINT "PROGRAMMFORTSETZUNG ..."
310 GOTO 600
399 :
400 PRINT "LADEROUTINE ..."
410 REM  EVENTUELL: CLOAD "DATEN",A$400,E$4FF
420 GOTO 200
499 :
500 PRINT "SICHERN AUF KASSETTE ..."
510 REM EVENTUELL  CSAVE BENUTZEN
599 :
600 PRINT:END
```

Programmlauf.

```
RUN
....
* PROGRAMMSTEUERUNG *

BITTE GEBEN SIE EIN
   <1> - PROGRAMM FORTSETZEN
   <2> - LADEN NEUER DATEN
   <3> - SICHERN AUF KASSETTE
   <4> - PROGRAMM BEENDEN
EINGABE: ? 2
LADEROUTINE ...
EINGABE: ? 1
PROGRAMMFORTSETZUNG ...

Ready
>
```

Struktur des Menü.

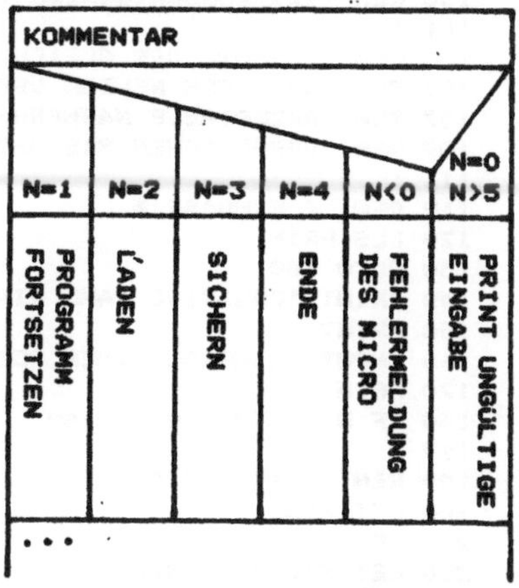

Bemerkungen. 1. Dieser Befehl gehört bereits zu einem 'gehobenen BASIC' und ist nicht auf jedem Micro implementiert. Falls nötig, können Sie ihn mit den Anweisungen GOTO und IF ... THEN nachbilden.

2. Bei der Formulierung der Anweisung sind auch arithmetische Ausdrücke zugelassen. Ergeben sich dabei nichtganze Werte, so wird zur nächstkleineren ganzen Zahl abgerundet.

3. Bei einem negativen Wert der in der obigen Formatangabe mit i bezeichneten Zählvariablen meldet der Rechner FC: ILLEGAL QUANTITY ERROR.

4. Die ON ... GOTO Anweisung wird vorteilhaft in menügesteuerten Programmen genutzt, um entsprechend einer Nutzereingabe den Programmfluss zu verzweigen.

Verwandtschaften. GOTO, IF ... THEN, ON ... GOSUB

IF ... THEN

Format. IF logischer Ausdruck THEN Anweisung

Funktion. Diese Anweisung ermöglicht die Konstruktion von Entscheidungsstrukturen innerhalb eines Programms. Erkennt der Interpreter den nach IF formulierten logischen Ausdruck als wahr, so wird unmittelbar darauf die nach THEN stehende Anweisung ausgeführt. Anderenfalls wird das Programm mit der nächsten Zeile fortgesetzt.

Beispiele.

```
100 REM  *** QUADRATWURZEL ***
101 :
103 REM  LOESUNG DER GLEICHUNG X^2 - N = 0
105 REM  NACH DEM NEWTON VERFAHREN
107 REM  AKZEPTABLE NAEHERUNGEN FUER N>1
109 REM  VERGLEICHEN SIE DAS ERGEBNIS MIT SQR(N)
111 :
119 REM  * EINGABE *
120 CLS:PRINT
130 GOTO 160
140 PRINT "POSITIVE ZAHL EINGEBEN"
150 PRINT
160 INPUT "EINGABE EINER POSITIVEN ZAHL";N
170 PRINT
180 IF N<=0 THEN GOTO 140
197 :
199 REM  * ITERATION *
200 LET X=N
210 LET X1=X
220 LET X=0.5*(X+N/X)
230 IF X1-X<0.00001 THEN GOTO 260
240 PRINT X
250 GOTO 210
260 PRINT
270 PRINT "NAEHERUNG DER QUADRATWURZEL VON";N;":"
280 PRINT:PRINT X:PRINT
297 :
299 REM  * PROGRAMMSCHLUSS *
300 PRINT "NOCHMAL   <J/N> ";
310 INPUT A$
320 IF A$="J" OR A$="JA" THEN GOTO 120
330 PRINT
340 END
```

```
RUN
....

EINGABE EINER POSITIVEN ZAHL? 7

4
2.875
2.6548913
2.64576705
2.64575131

NAEHERUNG DER QUADRATWURZEL VON 7 :

2.64575131

NOCHMAL   <J/N> ? J

....

EINGABE EINER POSITIVEN ZAHL ? 33.1

17.05
9.49567449
6.49073608
5.79515589
5.75341139
5.75325995

NAEHERUNG DER QUADRATWURZEL VON 33.1 :

5.75325995

NOCHMAL   <J/N> ? N

Ready
>█
```

```
10 REM *** TEST ***
11 :
20 CLS:PRINT
30 PRINT "GIB EINE NATUERLICHE ZAHL"
32 PRINT "ZWISCHEN 1 UND 9 EIN:"
40 Z$=INKEY$
50 IF Z$="" OR Z$<"1" OR Z$>"9" THEN GOTO 40
60 Z=VAL(Z$)
70 PRINT
80 PRINT Z$,Z
90 END
```

Bemerkungen. 1. Mit der IF ... THEN Anweisung lässt sich der Programmfluss in Abhängigkeit vom bisherigen Verlauf erheblich beeinflussen, es werden bedingte Verzweigungen möglich.
2. Ist die auf THEN folgende Anweisung ein Sprungbefehl, so kann das Schlüsselwort GOTO entfallen. Man kann dann aber auch THEN durch GOTO ersetzen.

```
10 IF A=0 THEN 30
20 PRINT 10/A
30 END
```

```
10 IF A=0 GOTO 30
20 PRINT 10/A
30 END
```

3. Nach THEN dürfen mehrere durch Doppelpunkt getrennte Anweisungen formuliert werden.

```
10 INPUT "GEBEN SIE EINE POSITIVE ZAHL EIN";N
20 IF N<=0 THEN CLS:GOTO 10
30 PRINT:PRINT N
```

4. Nach dem Schlüsselwort THEN ist jede Anweisung zugelassen, so können kompliziertere Bedingungen durch gestaffelte IF ... THEN Konstruktionen realisiert werden.

```
10 IF I=0 THEN IF K<>0 THEN PRINT K
```

5. Die in der IF ... THEN Anweisung auftretende Bedingung wird zumeist mittels Vergleichsoperatoren in Gestalt eines logischen Ausdrucks formalisiert. Je nachdem, ob die Bedingung erfüllt ist oder nicht, besitzt dieser logische Ausdruck den Wahrheitswert Wahr oder Falsch.
6. Natürlich handelt es sich hier um einen sehr verkürzten Wahrheitsbegriff. Einmal lassen sich keineswegs alle realen Bedingungen über Vergleichsoperatoren als logische Ausdrücke formulieren, und zum anderen ist die zweiwertige mathematische Logik nur einem begrenzten Teil der Realitat adäquat. Die an anderer Stelle formulierte Frage 'Was ist Wahrheit?' ist durch den Computer nicht entscheidbar.
7. Der Interpreter verarbeitet die Wahrheitswerte Falsch und

Wahr als Zahlen 0 beziehungsweise 1 (auf einigen Micros auch -1 für Wahr). Das erlaubt, die IF ... THEN Anweisung in der folgenden, auf den ersten Blick unverständlichen Form zu benutzen.

```
10 FOR X=-5 TO 5
20 PRINT X,
30 IF X THEN PRINT "UNGLEICH NULL";
40 PRINT
50 NEXT X
```

Der Wert der in Zeile 30 nach IF stehenden Variablen X wird als Wahrheitswert interpretiert, welcher beim Test nur im Falle $X = 0$ als Falsch gilt. Man sollte diesen Trick zumindest kennen, um anderer Leute Programme zu verstehen.

Verwandtschaften. GOTO, IF...THEN...ELSE, AND, OR, NOT, TRUE, FALSE

IF ... THEN ... ELSE

Format. IF logischer Ausdruck THEN {Zeilennummer | Anweisung} ELSE {Z.-Nr. | Anweis.}

Funktion. Diese Anweisung erlaubt eine sehr einfache Konstruktion von Alternativen. Ist der logische Ausdruck wahr, so wird als nächstes die unmittelbar hinter THEN stehende Anweisung ausgeführt, die auf ELSE folgende Anweisung dagegen ignoriert. Ist der logische Ausdruck falsch, so kommt die nach ELSE formulierte Anweisung zur Ausführung.

Beispiel.

```
100 REM  *** ALTERNATIVE ***
101 :
110 CLS
120 PRINT
130 PRINT "PROGRAMMSPRUNG ZU ZEILE 200 <2>"
132 PRINT
140 INPUT "ODER ZU ZEILE 300 <3> ";A
150 PRINT
160 IF A=3 THEN 300 ELSE 200
170 REM ....
180 REM ANDERES PROGRAMMSEGMENT
190 REM ....
200 PRINT "PROGRAMMZEILE 200"
210 REM ....
290 GOTO 500
300 PRINT "PROGRAMMZEILE 300"
310 REM ....
500 END
```

```
10 REM *** GERADE ODER UNGERADE? ***
11 :
20 PRINT
30 FOR I=0 TO 20
40 PRINT I,
50 K=I/2
60 IF K<>INT(K) THEN PRINT "UNGERADE" ELSE PRINT "GERADE"
70 NEXT I
80 PRINT
90 END
```

Bemerkungen. 1. Diese Anweisung stellt eine wirksame Erweiterung des IF ... THEN Befehles dar, gehört aber nicht mehr zum üblichen BASIC Sprachschatz. Sie kann stets mittels einer Kombination von IF ... THEN und GOTO Anweisungen ersetzt werden. Bei einigen Interpretern sind die nach THEN und ELSE zulässigen Anweisungen eingeschränkt.

2. Ist die auf THEN oder ELSE folgende Anweisung ein GOTO Befehl, so kann das Schlüsselwort GOTO entfallen. Auch darf dann anstelle von THEN das Schlüsselwort GOTO benutzt werden.

3. Viele Interpreter lassen auch gestaffelte IF ... THEN ... ELSE Konstruktionen zu.

```
10 PRINT "PROGRAMM":PRINT
20 PRINT "PROGRAMMWIEDERHOLUNG GEWUENSCHT? <J/N>"
30 K$=INKEY$:IF K$="J" THEN 10 ELSE IF K$<>"N" THEN 30 ELSE END
```

Verwandtschaften. IF ... THEN

Schleifensteuerung

FOR ... NEXT

Format. FOR v=a TO e [STEP s]

a,e,s arithmetische Ausdrücke

...

NEXT v

v numerische Variable

Funktion. Dieser Befehl bewirkt, dass alle zwischen FOR und NEXT stehenden Anweisungen in definierter Anzahl mehrfach - mindestens einmal - hintereinander ausgeführt werden. Durch den arithmetischen Ausdruck a vor dem Schlüsselwort TO wird der Anfangswert der mit v bezeichneten Zählvariablen festgelegt, der folgende Ausdruck e fixiert den Endwert. Mit dem arithmetischen Ausdruck s nach dem Schlüsselwort STEP wird die Schrittweite festgelegt, die auch negativ sein darf. Entfällt dieser Teil der Anweisung, so wird die Schrittweite automatisch gleich Eins gesetzt.

Beispiele.

```
100 REM  *** FOR ... NEXT ***
101 :
110 PRINT
120 FOR X=1 TO 10
130 PRINT X;
140 NEXT X
150 PRINT
160 PRINT
199 :
200 FOR C=3 TO 30 STEP 3
210 PRINT C;
220 NEXT C
230 PRINT
240 PRINT
299 :
300 FOR C=30 TO 3 STEP -3
310 PRINT C;
320 NEXT C
330 PRINT
340 PRINT
399 :
400 FOR K=10.3 TO 10.91 STEP .1
410 PRINT K;
420 NEXT K
430 PRINT
440 PRINT:PRINT
499 :
500 FOR M=1 TO 10
510 FOR X=M TO 10*M STEP M
520 PRINT X;
530 NEXT X
540 PRINT
550 NEXT M
560 PRINT
599 :
600 END
```

```
RUN
1 2 3 4 5 6 7 8 9 10
3 6 9 12 15 18 21 24 27 30
30 27 24 21 18 15 12 9 6 3
10.3 10.4 10.5 10.6 10.7 10.8 10.9

1 2 3 4 5 6 7 8 9 10
2 4 6 8 10 12 14 16 18 20
3 6 9 12 15 18 21 24 27 30
4 8 12 16 20 24 28 32 36 40
5 10 15 20 25 30 35 40 45 50
6 12 18 24 30 36 42 48 54 60
7 14 21 28 35 42 49 56 63 70
8 16 24 32 40 48 56 64 72 80
9 18 27 36 45 54 63 72 81 90
10 20 30 40 50 60 70 80 90 100

Ready
>
```

```
10 REM  *** AUS DEM GROSSEN 1x1 ***
11 :
14 PRINT
20 FOR X=12 TO 20
30 FOR Y=12 TO 20
40 PRINT X*Y;
50 NEXT Y
60 PRINT
70 PRINT
80 NEXT
90 END
```

```
RUN
144 156 168 180 192 204 216 228 240
156 169 182 195 208 221 234 247 260
168 182 196 210 224 238 252 266 280
180 195 210 225 240 255 270 285 300
192 208 224 240 256 272 288 304 320
204 221 238 255 272 289 306 323 340
216 234 252 270 288 306 324 342 360
228 247 266 285 304 323 342 361 380
240 260 280 300 320 340 360 380 400

Ready
>
```

```
100 REM  *** SCREEN FILL ***
101 :
110 FOR I=0 TO 11
120 : FOR X=1+I TO 38-I
130 :   PRINT AT(I,X);"*"
140 : NEXT X
150 : FOR Y=1+I TO 22-I
160 :   PRINT AT(Y,38-I);"*"
170 : NEXT Y
180 : FOR X=37-I TO 1+I STEP -1
190 :   PRINT AT(22-I,X);"*"
200 : NEXT X
210 : FOR Y=21-I TO 1+I STEP -1
220 :   PRINT AT(Y,1+I);"*"
230 : NEXT Y
240 NEXT I
250 PAUSE 32
260 END
```

Bemerkungen. 1. Zusammen mit FOR ... TO und NEXT bilden alle dazwischen stehenden Anweisungen einen Anweisungsblock, den man auch als einen einzigen Befehl ansehen kann.

2. In 'nichtpathologischen' Fällen kann die Anzahl der Schleifendurchläufe näherungsweise nach der Formel

$$\frac{\text{Endwert von v} - \text{Anfangswert von v}}{\text{Schrittweite}} - 1$$

berechnet werden. Die Schrittweite Null führt auf eine Endlosschleife.

3. Die Variablen in den den FOR und NEXT Anweisungen müssen jeweils übereinstimmen, doch darf die Angabe in der NEXT Anweisung entfallen. Dadurch wird der Programmlauf etwas schneller, da ein Test auf diese Variable bei jedem Schleifendurchgang entfällt. Im Interesse einer gut lesbaren, selbsterklärenden Programmdokumentation ist es jedoch schöner, die Variable aufzuschreiben.

4. Auf einigen Micros können Sie die Laufzeit von FOR ... NEXT Schleifen durch Benutzung von Ganzzahlvariablen (Integers) verkürzen.

5. Es ist nicht zulässig, in das Innere eines FOR ... NEXT Blokkes hineinzuspringen. Tut man es dennoch, so meldet sich der Micro mit NF: NEXT WITHOUT FOR ERROR.

6. Mehrfache Schleifen sind zulässig, müssen aber korrekt geschachtelt sein. Die Schleifen-Ein- und Ausgänge verschiedener Schleifen dürfen einander nicht überlappen; ein 'innerer' FOR... NEXT Block muss vollständig im 'äusseren' enthalten sein. Die maximale Verschachtelungstiefe hängt vom Interpreter ab.

7. Bei Mehrfach-Schleifen sollte man die Variablen in den NEXT Anweisungen aufführen. Stossen mehrere NEXT Anweisungen unmittelbar aufeinander, so können alle Zählvariablen unter Beachtung der korrekten Reihenfolge durch Komma getrennt in einer einzigen NEXT Anweisung zusammengefasst werden.
8. Es ist zulässig, FOR ... NEXT Schleifen durch einen Sprung zu verlassen. Dies sollte korrekt geschehen, indem der Zählvariablen ein Wert ausserhalb des definierten Bereiches zugewiesen wird. Damit wird beim Test durch NEXT der bei Eröffnung der Schleife im Stapelspeicher erfolgte Eintrag wieder gelöscht. Anderenfalls kann der begrenzte Stapel unzulässig belastet werden, was zu einem Ausstieg mit der Meldung OM: OUT OF MEMORY ERROR führt.

Verwandtschaften. REPEAT, UNTIL

Programmsegmente

GOSUB

Format. GOSUB Zeilennummer

Funktion. Diese Anweisung gestattet die Benutzung von Unterprogrammen oder Subroutinen. Der Programmfluss verzweigt zu der Programmzeile mit der angegebenen Zeilennummer. Dort wird das Programm fortgesetzt, bis es auf eine RETURN Anweisung stösst. Diese übergibt die Programmausführung an die dem GOSUB Befehl unmittelbar folgende Anweisung.

Beispiele.

```
100 REM  *** GOSUB ***
101 :
110 CLS:PRINT
130 PRINT "MEHRFACHER AUFRUF EINES UNTERPROGRAMMS"
140 PRINT
150 FOR I=1 TO 9
160 GOSUB 500
170 PRINT "(";I;")"
180 NEXT I
190 PRINT
200 END
495 :
497 :
499 REM  * SUBROUTINE *
500 PRINT "AUFRUF DER SUBROUTINE",
510 RETURN
```

```
RUN
MEHRFACHER AUFRUF EINES UNTERGRAMMS
AUFRUF DER SUBROUTINE  ( 1 )
AUFRUF DER SUBROUTINE  ( 2 )
AUFRUF DER SUBROUTINE  ( 3 )
AUFRUF DER SUBROUTINE  ( 4 )
AUFRUF DER SUBROUTINE  ( 5 )
AUFRUF DER SUBROUTINE  ( 6 )
AUFRUF DER SUBROUTINE  ( 7 )
AUFRUF DER SUBROUTINE  ( 8 )
AUFRUF DER SUBROUTINE  ( 9 )

Ready
>
```

```
100 REM  *** MULTIPLIZIEREN ***
101 :
110 CLS:PRINT
120 T=1
130 GOSUB 1000
140 A=B:T=2
160 GOSUB 1000
180 PRINT:PRINT A;"*";B;"=";A*B
190 PRINT:PRINT
200 PRINT "NOCH EINMAL ?  <J/N>"
210 Y$=INKEY$:IF Y$="" THEN 210
220 IF Y$="J" THEN 110
230 END
997 :
999 :REM  * SUBROUTINE: EINGABE *
1000 PRINT:PRINT "EINGABE VON FAKTOR";T;
1010 INPUT B
1020 RETURN
```

```
RUN
....
EINGABE VON FAKTOR 1 ? 12.7
EINGABE VON FAKTOR 2 ? 24.9
12.7 * 24.9 = 316.23

NOCH EINMAL ?  <J/N>

Ready
>
```

```
100 REM  *** RAHMEN ZEICHNEN ***
101 :
103 REM  KC 85/2 Version
105 :
110 PRINT CHR$(17)       :REM  PAGE MODE
120 WINDOW 0,31,0,39     :REM  BILDSCHIRM VOLL öFFNEN
130 PAPER 1              :REM  HINTERGRUND BLAU
140 INK 6                :REM  VORDERGRUNDFARBE GELB
150 CLS
160 CH=91                :REM  CODE FüR VOLLZEICHEN
170 GOSUB 500            :REM  RAHMEN ZEICHNEN
180 PAUSE 64
190 CH=32                :REM  ASCII CODE FüR BLANK
200 GOSUB 500            :REM  RAHMEN LöSCHEN
210 INK 7                :REM  VORDERGRUNDFARBE WEISS
220 CLS
230 WINDOW               :REM  BILDSCHIRM 'NORMALISIEREN'
240 PRINT CHR$(18)       :REM  SCROLL MODE
250 CLS
260 END
497 :
499 REM  * SUBROUTINE RAHMEN *
500 FOR R=0 TO 39
510 PRINT AT(0,R);CHR$(CH):PRINT AT(31,39-R);CHR$(CH)
520 NEXT R
530 FOR R=0 TO 31
540 PRINT AT(R,0);CHR$(CH):PRINT AT(31-R,39);CHR$(CH)
550 NEXT R
560 RETURN
```

Bemerkungen. 1. Im Gegensatz zur GOTO Anweisung wird bei GOSUB die Zeilennummer gespeichert, um nach Erreichen von RETURN den Rücksprung ins Hauptprogramm realisieren zu können.
2. Anstelle einer Zeilennummer kann in der GOSUB Anweisung mitunter ein arithmetischer Ausdruck geschrieben werden.
3. Mittels der Unterprogrammtechnik kann ein einmal geschriebener Programmteil über den Aufruf durch GOSUB beliebig oft genutzt werden. Überdies wird durch Unterprogramme die Gliederung eines komplizierten Programmes in einzelne, leichter überschaubare und zu testende Abschnitte möglich, die vom Hauptprogramm aus verwaltet werden. Auf diese Weise führt der Gebrauch von Unterprogrammen zu grösserer Klarheit von Programmen und höherer Effektivität beim Programmieren.
4. Subroutinen können weitere Subroutinen aufrufen, allerdings sinkt dadurch die Übersichtlichkeit eines Programmes. So ist es schöner, von einem Unterprogramm zuerst ins Hauptprogramm zurückzuspringen, bevor weitere Subroutinen aufgerufen werden.
5. Es ist vorteilhaft, den Beginn eines Unterprogrammes in einem BASIC Programm durch eine REM Anweisung optisch zu markieren. Auch das physische Ende eines Unterprogrammes ist mitunter schwer zu erkennen, da bei einer komplizierten Programmlogik die RETURN Anweisung möglicherweise woanders steht. Weiterhin sind in einem Unterprogramm mehrere Ausgänge mittels RETURN denkbar und erlaubt.

Verwandtschaften. RETURN, GOTO, ON ... GOSUB, POP, PULL

RETURN

Format. RETURN

Funktion. Mit dieser Anweisung wird die Ausführung eines Unterprogrammes beendet. Stösst der Interpreter auf RETURN, so setzt er die Abarbeitung des Programms mit der dem zuletzt durchlaufenen GOSUB folgenden Anweisung fort.

Beispiel.

```
100 REM  *** RETURN ***
101 :
110 PRINT
130 GOSUB 300
140 PRINT
150 GOSUB 200
180 PRINT
190 END
```

```
197 REM * SUBROUTINEN *
199 :
200 PRINT "UNTERPROGRAMM"
210 :
240 PRINT
290 :
300 PRINT "UNTERPROGRAMM-SEGMENT"
310 :
400 RETURN
```

```
RUN
UNTERPROGRAMM-SEGMENT
UNTERPROGRAMM
UNTERPROGRAMM-SEGMENT

Ready
>
```

Bemerkungen. 1. Die beiden Anweisungen GOSUB und RETURN bilden zusammen mit den logisch dazwischen stehenden Anweisungen einen Anweisungsblock, der sich als ein einziger Befehl auffassen lässt.

2. Oft sind Unterprogramme am physischen Programmende plaziert. Dann ist das Hauptprogramm durch eine END Anweisung abzuschliessen. Sonst würde nach dem Hauptprogramm das erste Unterprogramm anlaufen und mit der Fehlermeldung RG: RETURN WITHOUT GOSUB gestoppt. Kommt es indessen auf hohe Ausführungsgeschwindigkeit an, so gibt man den Unterprogrammen möglichst niedrige Zeilennummern.

3. In einem Unterprogramm sind mehrere logische Ausgange mittels RETURN möglich. Auch kann es sein, dass ein und dasselbe RETURN für den Abschluss verschiedener Unterprogramme zuständig ist.

4. Bei Ausführung der GOSUB Anweisung wird die Rückkehradresse im Stapelspeicher oder Stack des Interpreters gespeichert. Dieser darf bis zur RETURN Anweisung nicht durch unsymmetrisches 'Geben und Nehmen' durcheinandergebracht werden. Auch ist es nicht ohne weiteres möglich, von einer Sub-Subroutine direkt - also unter Umgehung der die Sub-Subroutine aufrufenden Subroutine - ins Hauptprogramm zurückzuspringen. Einige Micros gestatten Manipulationen des Stapelzeigers oder Stack-Pointers mittels der Anweisungen POP und PULL.

Verwandtschaften. GOSUB, ON ... GOSUB, POP, PULL

ON ... GOSUB

Format. ON i GOSUB Zeilennummer [,Zeilennummer] ...
i ganzzahlige nichtnegative Variable

Funktion. Die Anweisung ermöglicht eine Mehrfachverzweigung des Programmes zu verschiedenen Unterprogrammen. Durch den aktuellen Wert der mit i bezeichneten Steuervariablen wird entsprechend der Reihenfolge aller nach GOSUB aufgeführten Zeilennummern entschieden, zu welcher Programmzeile der Programmfluss nach dieser Anweisung verzweigt. Nach Abarbeitung der jeweils angesprungenen Subroutine wird zu der auf ON ... GOSUB folgenden Anweisung des Hauptprogramms zurückgekehrt.

Beispiel.

```
100 REM  *** ON ... GOSUB ***
101 :
110 CLS
120 PRINT
130 PRINT "WAHL EINES PROGRAMMZWEIGES <1> - <5>,"
140 INPUT "<99> FUER ENDE ";I
150 IF I=99 THEN 210
160 PRINT
170 IF I<1 OR I>5 THEN PRINT "BITTE KORREKTE EINGABE!":GOTO 120
180 ON I GOSUB 1000,2000,3000,4000,5000
190 PRINT
200 GOTO 120
210 PRINT
220 END
997 ::
998 :REM  * SUBROUTINEN *
999 ::
1000 PRINT "SUBROUTINE 1":RETURN
2000 PRINT "SUBROUTINE 2":RETURN
3000 PRINT "SUBROUTINE 3":RETURN
4000 PRINT "SUBROUTINE 4":RETURN
5000 PRINT "SUBROUTINE 5":RETURN
```

```
RUN
....

WAHL EINES PROGRAMMZWEIGES <1> - <5>,
<99> FUER ENDE ? 4
SUBROUTINE 4

WAHL EINES PROGRAMMZWEIGES <1> - <5>,
<99> FUER ENDE ? 9
BITTE KORREKTE EINGABE!
WAHL EINES PROGRAMMZWEIGES <1> - <5>,
<99> FUER ENDE ? 99

Ready
>
```

Bemerkungen. 1. Die Ähnlichkeit dieses Befehls zur ON ... GOTO Anweisung ist offensichtlich. Der wesentliche Unterschied besteht darin, dass der Interpreter sich die Absprungstelle merkt, um beim nächsten RETURN das Programm dort fortzusetzen.
2. Ist dieser Befehl auf Ihrem Micro nicht implementiert, so können Sie ihn eventuell mit der Entscheidung IF ... THEN und der GOSUB Anweisung nachbilden.
3. Die meisten Micros lassen für die mit i bezeichnete Steuervariable auch arithmetische Ausdrücke zu. Dabei wird im Falle ge-

brochener Werte automatisch zur nächstkleineren ganzen Zahl abgerundet.

4. Ergibt sich für i ein Wert gleich Null, so wird die GOSUB Anweisung ignoriert und das Programm mit der unmittelbar folgenden Anweisung fortgesetzt. Das gleiche trifft zu, falls der (eventuell abgerundete) Wert für die Variable i grösser als die Anzahl der nach GOSUB angegebenen Zeilennummern ausfällt.

5. Überschreitet der Wert von i einen Maximalbetrag - meist 255 - so führt das wie auch ein negatives i zu der Fehlermeldung ILLEGAL QUANTITY.

Verwandtschaften. GOSUB, RETURN, ON ... GOTO

Dateien

DATA

Format. DATA {numer. Konstante | Textkonstante} [,{numer. Konstante | Textkonstante}] ...

Funktion. Diese Anweisung gestattet innerhalb eines Programmes den Aufbau einer Datei, über die während des Programmlaufs sequentiell verfügt werden kann. In der Datei können Zahlen, Texte und auch einzelne Zeichen in beliebiger Reihenfolge durch Komma getrennt niedergelegt werden. Bei den Textkonstanten kann auf das Setzen von Anführungszeichen verzichtet werden, falls diese keine Kommata, Doppelpunkte oder führende und abschliessende Blanks enthalten.

Beispiele.

```
100 REM  *** DATA ***
101 :
110 ZEIGER=0
120 PRINT
130 ZEIGER=ZEIGER+1
140 READ A
150 IF A=999 THEN 220
160 PRINT ZEIGER,A
170 GOTO 130
180 PRINT
190 DATA 997,991,983,977,971
200 DATA 967,953,947,941,937
210 DATA 929,919,911,907,999
220 END
```

```
RUN
1             997
2             991
3             983
4             977
5             971
6             967
7             953
8             947
9             941
10            937
11            929
12            919
13            911
14            907

Ready
>
```

```
100 REM  *** EINLESEN EINER MATRIX ***
101 :
110 DIM A(7,6)
197 :
199 REM  * EINLESEN *
200 FOR I=1 TO 7
210 FOR K=1 TO 6
220 READ A(I,K)
230 NEXT K,I
297 :
299 REM  * AUSGABE *
300 PRINT
310 FOR I=1 TO 7
320 FOR K=1 TO 6
330 PRINT A(I,K);" ";
340 NEXT K
350 PRINT:PRINT
360 NEXT I
370 END
397 :
399 REM  * DATEN *
400 DATA 34.8,19.2,67.8,33.2,67.3,17.1
410 DATA 17.3,56.8,12.9,23.1,78.3,45.3
420 DATA 48.1,37.6,47.7,38.9,31.5,97.1
430 DATA 37.6,13.2,37.8,23.2,82.4,26.6
440 DATA 21.5,10.1,73.3,28.4,17.7,44.7
450 DATA 86.9,78.5,13.4,56.4,19.1,38.7
460 DATA 19.1,37.2,55.2,27.1,28.4,47.3

RUN
34.8  19.2  67.8  33.2  67.3  17.1
17.3  56.8  12.9  23.1  78.3  45.3
48.1  37.6  47.7  38.9  31.5  97.1
37.6  13.2  37.8  23.2  82.4  26.6
21.5  10.1  73.3  28.4  17.7  44.7
86.9  78.5  13.4  56.4  19.1  38.7
19.1  37.2  55.2  27.1  28.4  47.3

Ready
>
```

Bemerkungen. 1. DATA Anweisungen können an jeder beliebigen Stelle eines Programmes plaziert werden, ungeachtet an welcher Programmstelle sie mittels der READ Anweisung gelesen werden. Das liegt daran, dass die DATAs bereits unmittelbar nach Eingabe oder Einlesen des Programmes im BASIC Programm-Text zur Verfügung stehen.

2. Es ist streng darauf zu achten, dass die Daten mit dem Typ der Variablen, an die sie beim Programmlauf übergeben werden, exakt übereinstimmen.

3. Die Anzahl der in einer DATA Anweisung enthaltenen Konstanten wird lediglich durch die maschinenabhängige Maximallänge einer Programmzeile begrenzt.

4. In ein Programm können mehrere DATA Anweisungen geschrieben werden. Der Interpreter bildet aus all diesen entsprechend der Reihenfolge ihres Auftretens im BASIC Programm-Text eine Gesamtdatei.
5. Die Daten werden mittels READ Anweisungen in exakt der Reihenfolge, wie sie in der Datei niedergelegt sind, gelesen.

Verwandtschaften. READ, RESTORE

READ

Format. READ {numer. Variable | Textvariable} [,{numer. Variable | Textvariable}] ...

Funktion. Diese Anweisung veranlasst den Interpreter, die im Programm durch DATA Anweisungen abgelegten Informationen zu lesen und den nach dem Schlüsselwort READ niedergeschriebenen Variablen zuzuweisen. Dabei wird streng sequentiell - der Reihe nach - verfahren.

Beispiele.

```
100 REM  *** READ ***
101 :
110 DIM M$(12),TA(12)
119 :
199 REM * EINLESEN *
200 FOR I=1 TO 12
210 READ M$(I)
220 READ TA(I)
230 NEXT
239 :
299 REM  * DIALOG *
300 CLS:PRINT
310 PRINT "WIEVIEL TAGE HAT EIN MONAT ?"
320 PRINT
330 PRINT:INPUT "MONAT <1> - <12> ";M
332 IF M<1 OR M>12 THEN 300
350 PRINT:PRINT "DER MONAT ";M$(M);" HAT";TA(M);"TAGE"
360 PRINT:END
397 :
399 REM  * DATEN *
400 DATA JANUAR,31,FEBRUAR,28,MAERZ,31,APRIL,30
410 DATA MAI,31,JUNI,30,JULI,31,AUGUST,31
420 DATA SEPTEMBER,30,OKTOBER,31,NOVEMBER,30,DEZEMBER,31

RUN
....
WIEVIEL TAGE HAT EIN MONAT ?
MONAT <1> - <12> ? 8
DER MONAT AUGUST HAT 31 TAGE

Ready
>█
```

```
100 REM  *** RöMISCHE ZAHLEN ***
101 :
110 DIM ROM$(13),DEC(13)
111 :
199 REM  * EINLESEN DER DATEN *
200 FOR I=1 TO 13
210 READ ROM$(I),DEC(I)
220 NEXT
221 :
299 REM  * DIALOG *
300 CLS:PRINT
310 PRINT "UMWANDLUNG VON DEZIMALZAHLEN"
320 PRINT "IN ROEMISCHE ****"
330 PRINT
340 PRINT "EINGABE EINER NATUERLICHEN"
350 PRINT "ZAHL ZWISCHEN 1 UND 4999:"
360 PRINT
370 INPUT DEC
372 IF DEC>4999 OR DEC<1 OR DEC<>INT(DEC) THEN 330
380 PRINT
390 GOSUB 500
400 PRINT "DARSTELLUNG ALS ROEMISCHE ZAHL:"
410 PRINT
420 PRINT ROM$
430 PRINT:PRINT
440 PRINT "NOCH EINE ZAHL ?  <J/N>"
450 Y$=INKEY$:IF Y$="" THEN 450
460 IF Y$="J" THEN 360
470 PRINT
480 END
497 :
499 REM  * SUBROUTINE: RECHNUNG *
500 ROM$=""
510 FOR I=1 TO 13
520 IF DEC<DEC(I) THEN 560
530 ROM$=ROM$ + ROM$(I)
540 DEC=DEC-DEC(I)
550 GOTO 520
560 NEXT
570 RETURN
571 :
599 REM  * DATEN *
600 DATA M,1000,CM,900,D,500,CD,400
610 DATA C,100,XC,90,L,50,XL,40
620 DATA X,10,IX,9,V,5,IV,4,I,1
```

```
RUN
....

UMWANDLUNG VON DEZIMALZAHLEN
IN ROEMISCHE ****

EINGABE EINER NATUERLICHEN
ZAHL ZWISCHEN 1 UND 4999:

? 44
DARSTELLUNG ALS ROEMISCHE ZAHL:
XLIV

NOCH EIN ZAHL ?  <J/N>
? 1878
DARSTELLUNG ALS ROEMISCHE ZAHL:
MDCCCLXXVIII

NOCH EINE ZAHL ?  <J/N>
? 1984
DARSTELLUNG ALS ROEMISCHE ZAHL:
MCMLXXXIV

NOCH EINE ZAHL ?  <J/N>
Ready
>█
```

Bemerkungen. 1. Beim erstmaligen Auftreten einer READ Anweisung in einem Programm wird das erste Datum aus der Datei gelesen. Dies kann solange fortgesetzt werden, bis die gesamte Datei ausgelesen, also verbraucht ist. Eine weitere READ Anweisung würde dann zu der Fehlermeldung OD: OUT OF DATA führen.
2. Numerische wie auch Text-Werte können in beliebig vorgegebener Anordnung in der Datei abgelegt werden. Beim Lesen ist dabei zu beachten, dass Daten und Variablen jeweils im Typ zueinander passen müssen.
3. Grundsätzlich wird durch die Gestalt der READ Anweisung entschieden, ob ein eventuell nicht durch Anführungsstriche spezifiziertes Datum als Text- oder numerische Konstante zu gelten hat.

Verwandtschaften. DATA, RESTORE

RESTORE

Format. RESTORE

Funktion. Sollen während eines Programmlaufes die in der Datei niedergelegten Daten erneut von vorn gelesen werden, so kann man dies mit Hilfe von RESTORE realisieren. Dabei ist es gleichgültig, wieviele Daten bereits gelesen worden sind.

Beispiel.

```
100 REM *** RESTORE ***
101 :
102 PRINT
110 FOR M=10 TO 1 STEP -1
120 RESTORE
130 FOR K=1 TO M
140 READ A
150 PRINT A;" ";
160 NEXT K
170 PRINT
180 NEXT M
190 DATA 1,2,3,4,5,6,7,8,9,0
192 PRINT
200 END
```

```
RUN
 1  2  3  4  5  6  7  8  9  0
 1  2  3  4  5  6  7  8  9
 1  2  3  4  5  6  7  8
 1  2  3  4  5  6  7
 1  2  3  4  5  6
 1  2  3  4  5
 1  2  3  4
 1  2  3
 1  2
 1

Ready
>█
```

Bemerkungen. 1. Um das Gefüge von DATA, READ und RESTORE innerhalb eines Programmes zu beherrschen, ist es nützlich, die Arbeitsweise des Rechners hierbei zu verstehen. Bereits beim Einlesen des Programms - nicht erst während des Programmlaufes -

stehen die Daten einer DATA Anweisung im gespeicherten BASIC Programm-Text als Datei zur Verfügung. Durch eventuelle weitere DATA Anweisungen wird der Inhalt dieser Datei 'der Reihe nach' aufgestockt. Auf diese Weise besteht also bereits nach Eingabe des Programmes eine Gesamtdatei. Sie wird mit Hilfe zweier Zeiger - der DATA Pointer - verwaltet. Ein Zeiger weist auf die erste Programmzeile mit einer DATA Anweisung, der andere auf das erste Datum in dieser Zeile. Tritt jetzt eine READ Anweisung auf, so wird das 'gezeigerte' Datum gelesen und die Zeiger werden automatisch entsprechend weitergerückt. So steht stets das 'aktuelle' Datum zur Verfügung.
2. Nun ist auch klar, wie bei 'ausgelesener' Datei eine Fehlermeldung zustande kommt; die Zeiger finden kein Datum mehr.
3. Die Funktion der RESTORE Anweisung besteht einfach darin, die DATA Pointer wieder auf den Anfang der Datei zu setzen. Auf einigen Micros ist diese Anweisung in dem wesentlich flexibleren Format RESTORE n verfügbar. Damit lassen sich die Zeiger auf das erste Datum der mit n spezifizierten Zeilennummer zurücksetzen.

Verwandtschaften. DATA, READ

Formatierte Ausgabe

SPC

Format. PRINT [Text;] SPC(n) [;Text] [;SPC(m);Text] ...
n,m ganzzahlig, positiv

Funktion. Die Anweisung SPC(n) wird in Verbindung mit dem PRINT oder PRINT AT Befehl benutzt und dient dazu, n Blanks oder Leerzeichen auf den Bildschirm auszugeben. Dies kann am Anfang, aber auch inmitten einer Zeile geschehen.

Beispiele.

```
10 REM  *** SPC ***
11 :
20 PRINT
30 PRINT "ZEHN";SPC(10);"BLANKS"
40 PRINT:END
```

```
RUN
ZEHN          BLANKS

Ready
>█
```

```
100 REM  *** RHOMBUS ***
101 :
110 K=-5
120 CLS:PRINT
130 FOR M=6-K TO 6+K STEP SGN(K)
140 GOSUB 500
150 PRINT SPC(2*(11-M))
160 GOSUB 500
170 PRINT
180 NEXT M
190 IF K=-5 THEN K=5:GOTO 130
200 PRINT
210 END
211 :
213 :
499 REM * SUBROUTINE *
500 FOR I=1 TO M
510 PRINT "*";
520 NEXT I
530 RETURN
```

```
RUN
....
```

```
Ready
>
```

```
100 REM  *** SECHS RHOMBEN ***
101 :
110 PRINT
120 K=-2
130 Z=Z+1
140 FOR M=3-K TO 3+K STEP SGN(K)
150 FOR S=1 TO 3
160 GOSUB 400
170 NEXT S
180 PRINT
190 NEXT M
200 K=-K
210 IF Z<4 THEN 130
211 :
220 END
229 :
399 REM * SUBROUTINE I *
400 GOSUB 500
410 PRINT SPC(2*(5-M))
420 GOSUB 500
430 RETURN
439 :
499 REM  * SUBROUTINE II *
500 FOR I=1 TO M
510 PRINT "♣";
520 NEXT I
530 RETURN
```

```
RUN
```

```
Ready
>
```

Bemerkungen. 1. Recht flexibel wird die SPC Anweisung dadurch, dass auch mit variablem Argument n programmiert werden kann. Gegebenenfalls rundet der Rechner dabei auf die nächstkleinere ganze Zahl ab.

2. Es lassen sich wesentlich mehr Blanks ausgeben, als eine Bildschirmzeile fasst, oft bis zu 255. So können mit einer Anweisung mehrere Leerzeilen auf den Bildschirm ausgegeben werden. Bei grosserem Argument, wie auch für negatives n wird der Fehler FC: ILLEGAL QUANTITY gemeldet.

3. Die SPC Anweisung kann auch in Verbindung mit dem PRINT AT Befehl sowie bei der Ausgabe auf einen Drucker verwendet werden.

Verwandtschaften. PRINT, PRINT AT, TAB, LPRINT

TAB

Format. PRINT [Text;] TAB(n) [;Text] [;TAB(m);Text] ...
n,m ganzzahlig, positiv

Funktion. Die Tabulatorfunktion wird in einem PRINT Befehl verwendet, um Ausgaben beginnend an einer durch das Argument n vorgegebenen Stelle der Bildschirmzeile zu positionieren. Es dürfen mehrere TAB Anweisungen innerhalb eines PRINT Befehles benutzt werden.

Beispiel.

```
10 REM  *** TAB ***
11 :
20 CLS:PRINT
30 PRINT TAB(4);"x";TAB(12);"Arctan x"
40 FOR I=1 TO 20:PRINT CHR$(95);:NEXT
43 REM  95 - ASCII CODE FÜR UNTERSTREICHUNG
50 PRINT:PRINT
60 FOR X=1 TO 1.55 STEP .025
70 PRINT TAB(3);X;TAB(11);ATN(X)
80 NEXT X
82 PRINT
90 END
```

```
RUN
....
    x       Arctan x
 ____________________

   1        .785398
   1.025    .797743
   1.05     .809784
   1.075    .821527
   1.1      .832981
   1.125    .844154
   1.15     .855053
   1.175    .865685
   1.2      .876058
   1.225    .886179
   1.25     .896056
   1.275    .905694
   1.3      .915101
   1.325    .924283
   1.35     .933248
   1.375    .942
   1.4      .950547
   1.425    .958894
   1.45     .967047
   1.475    .975012
   1.5      .982794
   1.525    .990398
   1.55     .99783

Ready
>
```

Bemerkungen. 1. Während die SPC Anweisung die Ausgabe einer definierten Zahl von Blanks zwischen zwei Textstücken ermöglicht, rechnet die TAB Anweisung stets vom linken Bildschirmrand. Damit ist es möglich, auf den Bildschirm mehrere, jeweils linksbündig geschriebene Kolonnen auszugeben.
2. Die Tabulatorfunktion kann mit gleicher Wirkung bei der Ausgabe auf einen Drucker verwendet werden.

Verwandtschaften. PRINT, PRINT AT, Komma ',', SPC, LPRINT, POS

Programmstops

PAUSE

Format. PAUSE [n]
n nichtnegativ, ganzzahlig

Funktion. Diese Anweisung bewirkt ein Anhalten des Programmlaufes für eine durch n vorgegebene Anzahl von Zeiteinheiten, oft Zehntelsekunden.

Beispiel.

```
10 REM  *** PAUSE ***
11 :
20 FOR X=1 TO 10
30 CLS
40 PRINT:PRINT:PRINT
50 PRINT SPC(12);X;"SEC PAUSE"
60 PAUSE X*10
70 NEXT X
80 CLS
90 END
```

Bemerkungen. 1. Die Unterbrechung erfolgt programmgesteuert, währenddessen der Interpreter im Programm-Modus verbleibt.
2. Das Anhalten des Programms kann beispielsweise dazu benutzt werden, Bildschirmausgaben eine gewisse Zeit 'stehenzulassen', um sie besser lesen zu können. So kann man am Programmende ein schönes Schlussbild ausgeben und die störende Ready Meldung des Computers eine Weile verzögern.
3. Auch im Zusammenhang mit den Musik-Befehlen hat die PAUSE Anweisung Bedeutung. In Spielen oder Simulationen können Zeittakte definiert werden.
4. Die maximale Dauer einer durch den PAUSE Befehl veranlassten Unterbrechung ist maschinenabhängig. Auf einigen Micros kann die

Programmunterbrechung durch Drücken einer Taste vorzeitig beendet werden.
5. Oft können für das Argument n auch arithmetische Ausdrücke benutzt werden. Das Argument n = 0 oder auch fehlendes Argument führt wie die STOP Anweisung zu einer andauernder Unterbrechung mit Verlassen des Programm-Modus.

Verwandtschaften. STOP, MUSIC, SOUND, PLAY

WAIT

Format. WAIT n
n positiv

Funktion. Die Anweisung bewirkt ein Anhalten des Programmlaufes für eine der Zahl n proportionalen Zeitspanne.

Bemerkungen. 1. Die WAIT Anweisung ersetzt auf einigen Micros den PAUSE Befehl und ist in der Wirkung sehr ähnlich, die benutzte Zeiteinheit beträgt oft etwa 1/100 Sekunden.
2. Im Unterschied zur PAUSE sind während einer durch WAIT programmierten Unterbrechung Eingaben vom Tastenfeld wirkungslos. Insbesondere ist ein vorzeitiger Abbruch der Wartezeit nicht möglich.
3. Eine jederzeit zu unterbrechende Wartezeit kann über die Anweisungen INKEY$, KEY$ oder GET programmiert werden.
4. Bei anderen Kleincomputern wird die WAIT Anweisung zum Warten auf ein gewisses externes Ereignis benutzt.

Verwandtschaft. PAUSE

STOP

Format. STOP

Funktion. Diese Anweisung bewirkt die Unterbrechung der Ausführung eines Programmes. Der Interpreter geht vom Programm-Modus in den Kommando-Modus über. Das Programm kann durch Eingabe des Kommando CONT oder CONTINUE an der nächstfolgenden Anweisung fortgesetzt werden.

Beispiel.

```
10 REM  *** STOP ***
11 :
20 FOR X=1 TO 2
30 PRINT
40 PRINT "STOP";X
42 PRINT
50 PRINT "PROGRAMM GESTOPPT; GEBEN SIE"
60 PRINT "'CONT' FUER FORTSETZUNG EIN"
70 STOP
80 NEXT X
82 PRINT
90 END
```

```
RUN
STOP 1
PROGRAMM GESTOPPT; GEBEN SIE
'CONT' FUER FORTSETZUNG EIN
BREAK IN 70
Ready
>CONT
STOP 2
PROGRAMM GESTOPPT; GEBEN SIE
'CONT' FUER FORTSETZUNG EIN
BREAK IN 70
Ready
>CONT

Ready
>█
```

Bemerkungen. 1. Bei einigen Micros wird die Ausführung der STOP Anweisung mit der Meldung BREAK IN n, n aktuelle Zeilennummer, quittiert.

2. Die STOP Anweisung kann sehr wirkungsvoll beim Testen von Programmen sowie zur Fehlersuche eingesetzt werden. Durch Einbau zusätzlicher STOPs ins Programm kann man sich - eventuell in Verbindung mit dem Kommando GOTO Zeilennummer - vom korrekten Lauf einzelner Programmabschnitte überzeugen sowie vorhandene Fehler eingrenzen.

Verwandtschaften. PAUSE, WAIT, END

END

Format. END

Funktion. Durch diese Anweisung wird die Ausführung des Programmes beendet; der Interpreter geht in den Kommando-Modus über und meldet dies auf dem Bildschirm.

Beispiel.

```
100 REM  *** END ***
101 :
110 X=0
120 X=X+1
130 PRINT
140 PRINT "PROGRAMMENDE  <J/N> ";
150 INPUT Y$
160 IF Y$="J" THEN END
170 PRINT
180 PRINT "> PROGRAMM <"
190 IF X<4 THEN 120
200 PRINT
210 END
```

```
RUN
PROGRAMMENDE  <J/N> ? N
> PROGRAMM <
PROGRAMMENDE  <J/N> ? N
> PROGRAMM <
PROGRAMMENDE  <J/N> ? J
Ready
>█
```

Bemerkungen. 1. Steht die END Anweisung in der physisch letzten Programmzeile, darf sie im BASIC der meisten Kleincomputer entfallen. In eine klare Programmdokumentation nimmt man sie natürlich auf.

2. Entsprechend der Logik eines Programmes mit Verzweigungen kann die END Anweisung an mehreren Stellen des Programms auftreten.

3. Mit einer END Anweisung verhindert man, dass ein Programm in an das physische Programmende gestellte Unterprogramme hineinläuft.

4. Der hier beschriebene Gebrauch der END und STOP Anweisungen weicht von der 'reinen Lehre' des BASIC etwas ab. Wird ein Programm nicht - wie hier stets unterstellt - zeilenweise interpretiert, sondern als Ganzes in Maschinen-Befehle compiliert (übersetzt), so dient die END Anweisung als Mitteilung an den Compiler, die Übersetzung einzustellen. In diesem Fall muss die END Anweisung genau einmal, und zwar am physischen Ende des Quellprogramms, geschrieben stehen. Will man an anderer Stelle ein logisches Ende programmieren, benutzt man dann die STOP Anweisung.

Verwandtschaften. STOP, PAUSE, WAIT

Numerische Funktionen 9

Was ist eine Funktion?

Funktionen gehören zu den am meisten untersuchten Objekten der Mathematik. Sie besitzen mannigfaltige wissenschaftlich-technische Anwendungen, und man kann sagen, dass die Entwicklung der Mathematik der Neuzeit untrennbar mit derjenigen des Funktionsbegriffes verbunden ist. Eine Funktion kann auf einfache Weise innerhalb des Gebäudes der Mengenlehre als eine eindeutige Zuordnungsvorschrift von Elementen aus einer Menge in Elemente einer weiteren Menge definiert werden. Die Zuordnung oder Funktion wird dabei als Menge geordneter Paare aufgefasst und kann praktisch in vielfältiger Weise realisiert werden, zum Beispiel in Form einer Wertetabelle, in der alle Korrespondenzen explizit aufgeführt sind.

Wir werden es hier hauptsächlich mit Funktionen f zu tun haben, die reellen Zahlen x wiederum reelle Zahlen f(x) zuordnen. Die geforderte Eindeutigkeit bedeutet, dass den Elementen der ersten Menge - des sogenannten Definitionsbereiches - jeweils nur ein Element der zweiten Menge - des Wertebereiches - zugeordnet wird. Dass es sich hierbei jeweils um die gleiche Menge, die reellen Zahlen oder zumindest gewisse Teilmengen der reellen Zahlen,handelt, stört nicht.

Oft sind diese reellen Funktionen f durch eine Formel oder Funktionsgleichung definiert. Dabei wird den Elementen x eines vorgegebenen Definitionsbereiches mittels einer expliziten Rechenvorschrift jeweils ein Wert f(x) zugeordnet. Alle diese Werte bilden dann den Wertebereich. Man tut gut daran und es ist auch logisch zwingend, streng zwischen der Funktion f - also der Zuordnungsvorschrift - und f(x) - den Funktionswerten - zu unterscheiden. Traditionell bezeichnet man das x in dem Ausdruck f(x) als Argument.

Nicht zu komplizierte reelle Funktionen f, deren Definitionsbereich eine beschränkte Teilmenge der reellen Achse ist, lassen sich - wie von der Schule wohlbekannt - in einem Koordinatensystem graphisch darstellen. Für alle Argumente x des Definitionsbereiches werden die geordneten Paare (x,f(x)) gebildet und als Funktionskurve - auch Graph genannt - im Koordinatensystem veranschaulicht.

Bevor wir uns nun den auf unserem Micro verfügbaren Funktionen zuwenden, noch eine Bemerkung zur Darstellung mathematischer Funktionen auf digitalen Rechenautomaten allgemein. Aufgrund der stets endlichen Speicherkapazität und der daraus resultierenden begrenzten Stellenzahl für die Darstellung reeller Zahlen kann auf dem Rechner eine zwar umfangreiche und für viele praktische Belange vollkommen ausreichende, doch auf jeden Fall endliche Teilmenge der reellen Zahlen ausgedrückt werden. Dies trifft natürlich auch für die Definitions- und Wertebereiche von auf dem Rechner nachgebildeten reellen Funktionen zu, die entsprechend den technischen Gegebenheiten für die Zahlendarstellung gerastert sind. Ebenso wird aus diesen Gründen auch die Berechnungsvorschrift für Funktionswerte oft nur in einer Näherung realisierbar. Dies sollte man beim Umgang mit Funktionen auf dem Rechner stets beachten, insbesondere dann, wenn man versucht, solche Begriffe der Höheren Analysis wie Stetigkeit oder Differenzierbarkeit auf im Rechner definierte Funktionen anzuwenden.

In dem auf unserem Micro implementierten BASIC können wir über eine ganze Reihe fest programmierter Standardfunktionen verfügen. Diese sind durch einen Funktionsnamen identifiziert, wobei der BASIC Wortschatz der reservierten Schlüsselwörter um diese Namen erweitert wird. Darüber hinaus kann man entsprechend der Syntax von BASIC eigene, benutzerdefinierte Funktionen einführen, die ebenfalls einen Namen erhalten. Der Aufruf all dieser Funktionen erfolgt im BASIC Programm durch Angabe des Namens, gefolgt von dem in Klammern geschriebenen Argument. Die Funktionen sind dabei fest in die Gleitkommaarithmetik eingebunden. Dies betrifft sowohl ihre Argumente, die numerische Konstanten, aber auch - wesentlich allgemeiner - arithmetische Ausdrücke sein dürfen, als auch die den Argumenten zugeordneten Funktionswerte, die zur Bildung arithmetischer Ausdrücke zugelassen sind.

Standardfunktionen

In den meisten Versionen von BASIC wird dem Nutzer eine ganze Reihe in wissenschaftlich-technischen Problemen häufig auftretender numerischer Standardfunktionen zur Verfügung gestellt. Dies erspart dem Anwender den Entwurf oft recht komplexer Programme zur Berechnung der entsprechenden Funktionswerte. Ausserdem sind diese Routinen - so wie der gesamte Interpreter - selbst nicht in BASIC, sondern 'systemnah' in Maschinensprache geschrieben. Dabei werden die technischen Gegebenheiten des konkreten Systems voll genutzt und insbesondere extrem kurze Laufzeiten bei der Ausführung dieser Routinen möglich. Jede dieser Standardfunktionen wird durch ein dreibuchstabiges Schlüsselwort angesprochen, das von dem in Klammern geschriebenen Argument gefolgt wird. Die Schlüsselwörter entsprechen dabei weitgehend dem üblichen mathematischen Sprachgebrauch. Die Standardfunktionen können in die Bildung arithmetischer Ausdrücke und mithin auch in Zuweisungen für numerische Variablen einbezogen werden. Nachstehend geben wir die gebräuchlichsten Standardfunktionen an.

Trigonometrische Funktionen

SIN COS TAN

Format. SIN(arithmetischer Ausdruck)
COS(arithmetischer Ausdruck)
TAN(arithmetischer Ausdruck)

Funktion. Mit diesen BASIC Wörtern können an beliebiger Stelle im Programm entsprechende Funktionswerte der trigonometrischen Funktionen Sinus, Cosinus und Tangens näherungsweise aufgerufen werden. Als Argument können numerische Konstanten, aber auch allgemeiner beliebige bereits bewertete arithmetische Ausdrücke geschrieben werden. Das Argument ist im Bogenmass anzugeben.

Beispiel.

```
100 REM  *** WINKELFUNKTIONEN ***
101 :
110 CLS:PRINT
120 PRINT "  X          SIN X     COS X     TAN X"
130 PRINT " ";
140 FOR I=1 TO 35
150 PRINT CHR$(95);
160 NEXT I
170 PRINT:PRINT
180 FOR X=1 TO 1.55 STEP .025
190 PRINT " ";X;
200 F=SIN(X):GOSUB 500
210 PRINT TAB(10);F;
220 F=COS(X):GOSUB 500
230 PRINT TAB(19);F;
240 F=TAN(X):GOSUB 500
250 PRINT TAB(27);F
260 NEXT X
270 PRINT
280 END
497 :
499 REM  * SUBROUTINE KOMMASTELLEN *
500 F=INT(1E4*F+.5)/1E4
510 RETURN
```

```
RUN
....
  X          SIN X     COS X     TAN X
 ___________________________________
  1          .8415     .5403     1.5574
  1.025      .8547     .5191     1.6465
  1.05       .8674     .4976     1.7433
  1.075      .8796     .4757     1.8499
  1.1        .8912     .4536     1.9648
  1.125      .9023     .4312     2.0926
  1.15       .9128     .4085     2.2345
  1.175      .9227     .3855     2.3932
  1.2        .932      .3624     2.5722
  1.225      .9408     .3389     2.7757
  1.25       .949      .3153     3.0096
  1.275      .9566     .2915     3.2815
  1.3        .9636     .2675     3.6021
  1.325      .9699     .2433     3.9861
  1.35       .9757     .219      4.4552
  1.375      .9809     .1945     5.0419
  1.4        .9854     .17       5.7979
  1.425      .9894     .1453     6.8102
  1.45       .9927     .1205     8.2381
  1.475      .9954     .0957     10.4068
  1.5        .9975     .0707     14.1013
  1.525      .999      .0458     21.8203
  1.55       .9998     .0208     48.0775

Ready
>
```

Bemerkungen. 1. In der Mathematik ist es üblich, einen Winkel x im Bogenmass anzugeben. Stellen wir uns einen Kreis mit dem Radius r vor, dessen Mittelpunkt im Scheitel S des Winkels x liegt. Der dadurch eingeschlossene Kreisbogen besitze die Länge b. Dann ist das Bogenmass des Winkels x als das Verhältnis b/r definiert. In dieser Definition ist der Winkel dimensionslos, also eine rei-

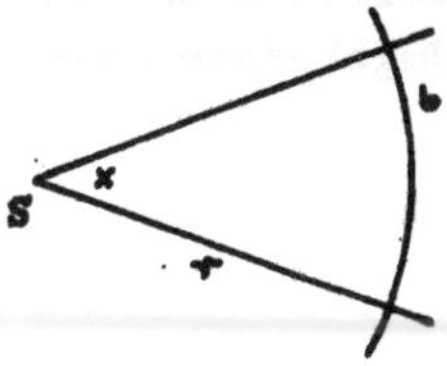

ne Zahl. Nimmt man den Radius als Längeneinheit: $r = 1$, so ist das Bogenmass des Winkels gleich der Masszahl des Bogens b. Der Vollwinkel hat das Bogenmass 2π, den Umfang des Einheitskreises, und der rechte Winkel das Bogenmass $\pi/2$. Traditionell wird als praktische Masseinheit für Winkel der 360. Teil des Vollwinkels (mit dem Bogenmass $2\pi/360$) benutzt und mit 1° (1 Grad) bezeichnet. Aufgrund der getroffenen Vereinbarungen lassen sich Bogen- und Gradmass leicht ineinander umrechnen, es gilt

$$1^\circ = \pi/180 \approx 0.017453 \quad \text{und} \quad 1 = \frac{180^\circ}{\pi} \approx 57.296^\circ \ .$$

In dieser Auffassung ist 1° lediglich eine Abkürzung für die reine Zahl $\pi/180$, und wir brauchen uns bei Umrechnungen nicht mit überflüssigen Dimensionen zu plagen.

2. In einem rechtwinkligen Dreieck ABC werden durch die trigonometrischen Funktionen die Seitenverhältnisse bestimmt. Im Beispiel bezeichnen die Strecken AB die Hypotenuse sowie BC und AC Ankathete beziehungsweise Gegenkathete bezüglich des Winkels x. Es gilt dann

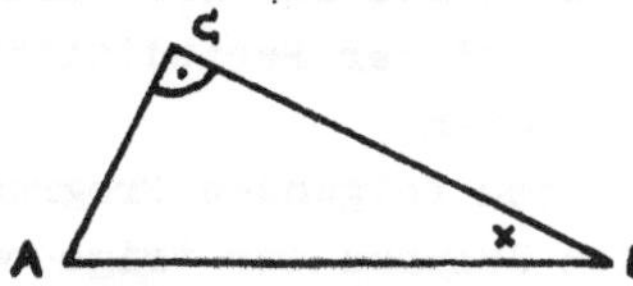

$$\frac{AC}{AB} = \sin x, \qquad \frac{BC}{AB} = \cos x, \qquad \frac{AC}{BC} = \tan x$$

3. Sowohl aus technischen, wie auch aus mathematischen Gründen können fast alle Werte der (transzendenten) trigonometrischen Funktionen mittels der BASIC Worte SIN, COS und TAN nur näherungsweise angegeben werden. Überdies ist die Tangensfunktion an den Stellen $x = \pm\pi/2, \pm 3\pi/2, \ldots$ nicht definiert. Sie besitzt dort Unendlichkeitsstellen, das heisst, bei hinreichender Annäherung des Argumentes x an diese Stellen werden die zugehörigen Funktionswerte tan x über jede vorgegebene Schranke dem Betrage nach wachsen. Auch wenn Sie mit diesem Kapitel Höherer Analysis nicht viel im Sinn haben, können Sie sich das für $x = \pi/2$ am obigen Beispiel des rechtwinkligen Dreieckes klarmachen. Falls Sie dort versuchen, x einem rechten Winkel anzunähern, so wird die Ankathete immer kleiner und das Verhältnis von Gegenkathete zu Ankathete wächst unbeschränkt.

Für unseren Micro hat dies eine wichtige Konsequenz. Da an den genannten Stellen wenn auch grosse, so doch endliche Funktionswerte berechnet werden, müssen diese notwendigerweise in allen angezeigten Dezimalen falsch sein. Das gleiche trifft auch für alle Argumente in gewissen maschinenabhängigen Umgebungen dieser kritischen Punkte zu.

```
10 REM  *** TAN-WERTE ***
11 :
20 FOR D=0 TO 360
30 X=D*PI/180
40 PRINT D,TAN(X)
50 IF D/12=INT(D/12) THEN PAUSE 10
60 NEXT D
70 END
```

Mit diesem Programm können Sie die Werte für TAN(X) auf Ihrem Micro überprüfen. In Zeile 30 erfolgt die Umrechnung ins Bogenmass. Die Anweisung in Zeile 50 sorgt für kurze Unterbrechungen bei der Ausgabe der Werte. Eventuell müssen Sie auf Ihrem Micro die Anweisung PAUSE 10 durch WAIT 100 ersetzen. Lassen Sie das Programm laufen, so erkennen Sie die kritischen Werte bei 90° und 270°. Auch die Werte für 180° und 360° sind interessant, dort müsste ja aufgrund der Periodizität der Tangensfunktion theoretisch Null herauskommen.

4. Mit dem folgenden Programm kann man sich ein ungefähres Bild von den Graphen der trigonometrischen Funktionen auf dem Intervall $[-\pi,\pi]$ machen. Dazu werden die Argumente in Zeile 190 und die Funktionswerte in Zeile 230 geeignet skaliert, um sie mittels der PRINT AT Anweisung auf den Schirm zu bringen. Die IF Anweisung in Zeile 240 dient dazu, ein Überschreiten der zulässigen Koordinatenwerte in der folgenden PRINT AT Anweisung zu unterdrücken. Falls der PRINT AT Befehl auf Ihrem Micro nicht vorhanden ist, können Sie eventuell eine PLOT Anweisung anwenden (zum Beispiel auf dem Oric). Geht auch das nicht, besteht stets die Möglichkeit, das Koordinatensystem zu drehen und Graphen von Funktionen mittels des einfachen PRINT Befehls 'von oben nach unten' auf den Schirm auszugeben, darauf kommen wir noch zu sprechen.

```
100 REM  *** GRAPH VON SIN,COS ODER TAN IM INTERVALL [-PI,PI] ***
101 :
110 CLS:PRINT
112 INPUT "SIN, COS ODER TAN <1,2,3>";A
114 CLS
120 FOR X=1 TO 37
130 PRINT AT(13,X);"-"
140 NEXT X
150 FOR Y=1 TO 23
160 PRINT AT(Y,19);"|"
```

```
170 NEXT Y
180 FOR X=-PI TO PI STEP .1
190 X1=19+5*X
200 IF A=1 THEN B=SIN(X)
210 IF A=2 THEN B=COS(X)
220 IF A=3 THEN B=TAN(X)
230 Y1=13+10*B
240 IF Y1<1 OR Y1>23 THEN 260
250 PRINT AT(Y1,X1);"*"
260 NEXT X
270 PAUSE 50
280 CLS:PRINT
290 INPUT "NOCH EIN PROGRAMMLAUF <J/N>";Y$
300 IF Y$="J" THEN 110
310 END
```

5. Die Werte für die Cotangensfunktion lassen sich entsprechend der Formel

$$\cot x = 1/\tan x, \qquad x \neq 0, \pm\pi, \pm 2\pi, \ldots$$

genähert berechnen.

6. Schauen wir uns das folgende kleine Programm an:

```
10 REM  *** IDENTITÄT ***
11 :
20 FOR X=0 TO 2*PI STEP 0.2
30 PRINT SIN(X)^2 + COS(X)^2
40 NEXT X
50 PRINT
60 END
```

Es ist nicht verwunderlich, dass der Ausdruck in Zeile 30 bis auf geringfügige Rundungsfehler stets den Wert Eins hat. Gehört doch die Gleichung

$$\sin^2 x - \cos^2 x = 1$$

neben den Additionstheoremen zu den goniometrischen Beziehungen, die wir in der Schule auswendig lernen mussten. Der Micro hat nichts weiter getan, als diese Beziehung für die in der Schleife angegebenen Argumente x verifiziert. Es erhebt sich die Frage, ob der Rechner die zitierte Identität nicht gleich hätte berücksichtigen können. Dass dies nicht funktioniert, liegt lediglich daran, dass der BASIC Interpreter hierfür nicht programmiert ist. Die Rechentechnik ist heute durchaus in der Lage, weitaus kompliziertere Formelmanipulationen unter Einbeziehung von Gleichungen der höheren Analysis auf dem Computer ausführen zu können, vergleiche hierzu Mätzel, K., und Nehrkorn, K. (1985).

Zyklometrische Funktionen

ATN

Format. ATN(arithmetischer Ausdruck)

Funktion. Dieses Schlüsselwort erlaubt den Aufruf der Arkustangensfunktion. Als Argument können numerische Konstanten oder allgemeiner beliebige arithmetische Ausdrücke geschrieben werden. Die entsprechenden Funktionswerte werden im Bogenmass ausgegeben.

Beispiel.

```
100 REM  *** ATN ***
101 :
110 CLS:PRINT
120 PRINT "  X";SPC(11);"ATN(X)";SPC(7);"ATN(-X)"
130 PRINT " "
140 FOR I=1 TO 34
150 PRINT CHR$(95);
160 NEXT I
170 PRINT:PRINT
180 FOR Y=0 TO 3
190 FOR X=2*10^Y TO 10^(Y+1) STEP 2*10^Y
200 PRINT " ";X,ATN(X),ATN(-X)
202 PRINT
210 NEXT X
220 PRINT
230 PAUSE 10
240 NEXT Y
250 END
```

```
RUN
....
  X             ATN(X)        ATN(-X)
__________________________________
  2             1.10715       -1.10715
  4             1.32582       -1.32582
  6             1.40565       -1.40565
  8             1.44644       -1.44644
  10            1.47113       -1.47113

  20            1.52084       -1.52084
  40            1.5458        -1.5458
  60            1.55413       -1.55413
  80            1.5583        -1.5583
  100           1.5608        -1.5608

  200           1.5658        -1.5658
  400           1.5683        -1.5683
  600           1.56913       -1.56913
  800           1.56955       -1.56955
  1000          1.5698        -1.5698

  2000          1.5703        -1.5703
  4000          1.57055       -1.57055
  6000          1.57063       -1.57063
  8000          1.57067       -1.57067
  10000         1.5707        -1.5707
Ready
>
```

Bemerkungen. 1. Die zyklometrischen oder Arkusfunktionen sind als Umkehrfunktionen der trigonometrischen Funktionen definiert. Da aufgrund der Periodizitäten der trigonometrischen Funktionen die zugehörigen Umkehrfunktionen unendlich vieldeutig sind, werden oft nur die sogenannten Hauptwerte betrachtet. Für den Arkustangens wird dabei der Funktionszweig mit

$$-\frac{\pi}{2} < \operatorname{Arc}\tan x < +\frac{\pi}{2}, \qquad -\infty < x < \infty$$

gewählt. In BASIC ist mit ATN(X) eine gute Näherung dieser Funktionswerte gegeben.

2. Die Funktionswerte ATN(X) werden im Bogenmass ausgegeben. Um das Ergebnis in Grad zu erhalten, muss man die Werte jeweils mit dem Faktor 180/PI multiplizieren.

3. Die Hauptwerte der übrigen zyklometrischen Funktionen lassen sich entsprechend den Beziehungen

$$\operatorname{Arc}\sin x = \operatorname{Arc}\tan \frac{x}{\sqrt{1-x^2}}, \qquad -1 < x < 1,$$

$$\operatorname{Arc}\cos x = \frac{\pi}{2} - \operatorname{Arc}\tan \frac{x}{\sqrt{1-x^2}}, \qquad -1 < x < 1,$$

$$\operatorname{Arc}\cot x = \frac{\pi}{2} - \operatorname{Arc}\tan x, \qquad -\infty < x < \infty,$$

aus den Werten ATN(X) berechnen. Diese Funktionen können in BASIC auch mittels der Anweisung DEF FN vom Nutzer definiert und dann innerhalb eines Programmes beliebig aufgerufen werden.

Quadratwurzel

SQR

Format. SQR(x)
x nichtnegativer arithmetischer Ausdruck

Funktion. Durch Aufruf dieses Ausdrucks wird die Quadratwurzel des aktuellen Wertes von x berechnet.

Beispiele.

```
10 REM  *** SQUARE ROOTS ***
11 :
20 CLS:PRINT
30 FOR N=36 TO 16 STEP -1
40 PRINT N,SQR(N)
50 NEXT N
60 END
```

```
100 REM  *** QUADRATISCHE GLEICHUNG ***
101 :
110 CLS:PRINT
120 PRINT "BERECHNUNG DER WURZELN DER GLEICHUNG"
130 PRINT
140 PRINT "X^2 + P*X + Q = 0"
150 PRINT:PRINT
160 INPUT "KOEFFIZIENT P";P
170 PRINT
180 INPUT "KOEFFIZIENT Q";Q
190 PRINT
200 D=(P/2)^2-Q
210 IF D<0 THEN PRINT "KEINE REELLE LÖSUNG":END
220 IF D<.00001 THEN PRINT "X =";-P/2,"DOPPELLÖSUNG":END
230 X1=-P/2+SQR(D)
240 X2=-P/2-SQR(D)
250 PRINT "X1 =";X1
260 PRINT "X2 =";X2
270 END
```

Bemerkungen. 1. Ist der Wert des Argumentes x in dem Ausdruck SQR(x) negativ, so führt ein Aufruf zu der Fehlermeldung FC: ILLEGAL QUANTITY.

2. Die Syntax von BASIC lässt die Verwendung mittelbarer Funktionen zur Konstruktion von Ausdrücken zu, man muss nur darauf achten, dass die auftretenden Argumente zum Definitionsbereich der Funktion gehören und zulässige Ausdrücke gebildet werden.

```
10 INPUT "A =";A : REM - NULL FUR ENDE
20 B=A*A-COS(A)
30 IF B<0 THEN PRINT "AUSDRUCK NICHT ZULAESSIG":END
40 PRINT "SQR(A*A - COS(A)) =";SQR(B)
50 RUN
```

3. Selbstverständlich kann zum Ziehen der Quadratwurzel Y aus einer positiven Zahl X auch die Potenzoperation benutzt werden:
Y = X↑(1/2)

Exponentialfunktion

EXP

Format. EXP(arithmetischer Ausdruck)

Funktion. Mit dem Aufruf von EXP(x) kann man den Wert der Exponentialfunktion für das aktuelle Argument x berechnen.

Beispiel.

```
10 REM *** WERTE DER EXPONENTIALFUNKTION ***
11 :
20 LET I=0
30 FOR X=-20 TO 87
40 LET I=I+1
50 PRINT X,EXP(X)
60 IF I=10 THEN I=0:PAUSE 10
70 NEXT X
80 END
```

Bemerkungen. 1. Lässt man dieses Demo laufen, so kann man erkennen, wie schnell die Exponentialfunktion für grösserwerdendes Argument wächst. So ist auf vielen Micros der Wert EXP(89) bereits nicht mehr darstellbar, also ein unzulässiger Ausdruck.
2. Für X = 1 erhalten wir eine Näherung der (transzendenten) Zahl e.
3. Mit Hilfe der Exponentialfunktion können weitere Funktionen nachgebildet werden, so ist zum Beispiel (EXP(X) - EXP(-X))/2 eine Darstellung für den Wert des Sinus hyperbolicus an der Stelle X.

Logarithmen

LN

Format. LN(x)

Funktion. Mit dem Ausdruck LN(x) kann der natürliche Logarithmus des Numerus x berechnet werden.

Beispiel.

```
10 REM *** UMKEHRFUNKTION DER EXPONENTIALFUNKTION ***
11 :
20 FOR X=0.1 TO 2 STEP 0.1
30 PRINT X,EXP(LN(X))
40 NEXT X
50 END
```

Bemerkungen. 1. Der natürliche Logarithmus ln b einer positiven Zahl b ist die eindeutig bestimmte Zahl x, für die $b = e^x$ gilt. Mithin ist die Logarithmusfunktion die Umkehrfunktion der Exponentialfunktion.
2. Um den Logarithmus $\log_a(x)$ zur Basis a ($a > 0$, $a \neq 1$) zu berechnen, kann man die Formel

$$\log_a(x) = \ln(x)/\ln(a), \qquad x > 0,$$

benutzen.
3. Auf einigen Micros ist auch die dekadische Logarithmusfunktion implementiert und wird dann gewöhnlich mit dem Schlüsselwort LOG angesprochen. Allerdings kann es auch vorkommen, dass dieses Schlüsselwort für den natürlichen Logarithmus reserviert ist. Im Zweifelsfall können Sie dies mit der Eingabe von

PRINT LOG(EXP(1)), LOG(10)

testen.
4. Komplizierte Potenzen werden auf dem Micro entsprechend der Formel

$$x^y = e^{y \cdot \ln x}, \quad x > 0 \quad (y \text{ nicht ganz}),$$

ausgewertet.

Betrags-, Entier- und Signumfunktion

ABS

Format. ABS(arithmetischer Ausdruck)

Funktion. Diese Standardfunktion berechnet den absoluten Betrag des aktuellen Wertes des in Klammern stehenden arithmetischen Ausdruckes.

Beispiel.

```
10 REM  *** ABS DEMO ***
11 :
20 FOR X=-10 TO 10
30 PRINT "X =";X,"ABS(X) =";ABS(X)
40 NEXT X
50 END
```

Bemerkungen. 1. Die BASIC Funktion ABS entspricht der Betragsbildung $|x|$ für reelle Zahlen x.
2. Betragsbildungen werden vorteilhaft bei der Abschätzung von Fehlern benutzt, wo es nur auf Abstände, nicht auf das Vorzeichen ankommt.
3. Mit dem nächsten Programm können wir uns ein Bild vom Graphen der Betragsfunktion machen. Dabei versuchen wir, die Ausgabe auf den Bildschirm zeilenweise von oben nach unten zu organisieren, um nur mit dem einfachen PRINT Befehl auskommen zu können. Deshalb sind die Koordinatenachsen anders als üblich gewählt. In Zeile 180 wird der Graph der Funktion ausgegeben, wobei die Funk-

tionswerte ABS(X) im Maszstab 1:1 in die SPC Funktion geschrieben werden, um den Stern an der richtigen Stelle zu plazieren.

```
100 REM  *** GRAPH DER BETRAGSFUNKTION ***
101 :
110 CLS
120 PRINT " BETRAGSFUNKTION"
130 PRINT
140 PRINT SPC(4);"0";SPC(8);"10";SPC(4)"ABS(X)"
150 FOR X=1 TO 27:PRINT "-";:NEXT
160 PRINT ">"
170 FOR Y=-10 TO 10
180 PRINT " ! ";SPC(ABS(Y));"*"
190 NEXT Y
200 PRINT "X"
210 PAUSE 50
220 END
```

```
RUN
....
 BETRAGSFUNKTION

    0        10    ABS(X)
--------------------------->
 !           *
 !          *
 !         *
 !        *
 !       *
 !      *
 !     *
 !    *
 !   *
 !  *
 ! *
 !  *
 !   *
 !    *
 !     *
 !      *
 !       *
 !        *
 !         *
 !          *
 !           *
X
Ready
>
```

Entsprechend dem Ausgabe-Schema ist der Bildschirm vorwiegend in vertikaler Richtung strukturiert. Falls Sie die fehlende Angabe des Nullpunktes der X-Achse stört, können Sie die zweite Schleife teilen und bei X = 0 eine fest programmierte Zeile ausgeben. Oder Sie benutzen innerhalb der Schleife eine IF Anweisung, um auf X = 0 zu testen und dann eine die Nullpunktangabe enthaltende Zeile auszugeben.

INT

Format. **INT(arithmetischer Ausdruck)**

Funktion. **Mit dieser Standardfunktion wird zu jedem Argument die grösste darin enthaltene ganze Zahl gebildet.**

Beispiel.

```
10 REM  *** INTEGER ***
11 :
20 FOR X=3.2 TO -3.2 STEP -.32
30 PRINT "X =";X,"INT(X) =";INT(X)
40 NEXT X
50 END
```

Bemerkungen. 1. Das BASIC Schlüsselwort INT ist von engl. integer - Ganzzahl abgeleitet. Ist X eine ganze Zahl, so gilt INT(X) = X, sonst wird durch INT stets zur nächstkleineren ganzen Zahl abgerundet; auch für negative Zahlen gilt INT(X) <= X. Es wird also der ganzzahlige Anteil (entier) gebildet.

2. Da die INTeger-Funktion alle Nachkommastellen 'abschneidet', kann man sie vorteilhaft für Rundungsroutinen nutzen. Im folgenden Beispiel wird zur Angabe von Mark-Beträgen auf zwei Nachkommastellen gerundet.

```
100 REM  *** PREIS-BILDUNG ***
101 :
110 LET A=1.13 : REM STÜCKPREIS
120 PRINT
130 INPUT "STUECKZAHL";N
140 LET S=N*A
150 GOSUB 200
160 PRINT
170 PRINT "GESAMTPREIS:";S;"M"
180 END
189 :
199 REM  * RUNDUNGSROUTINE *
200 LET S=INT(S*100 + .5)/100
210 RETURN
```

In einem realen Programm muss möglicherweise zur Angabe von Preisen sehr oft gerundet werden. Dann wird die hier etwas gekünstelt wirkende Unterprogrammtechnik sehr effektiv. Dem Unterprogramm wird mit der Variablen S jeweils ein aktueller Wert übergeben, den dieses gerundet wiederum der Variablen S zuweist. Da im Haupt- und Unterprogramm alle Variablen gleichermassen gültig sind, bringt die Rückgabe ans Hauptprogramm keine Probleme mit sich. In der Rundungsroutine selbst wird S zuerst mit 100 multipliziert, um zwei Nachkommastellen zu konservieren. Die Addition von 0.5 bewirkt, dass bei der INTeger-Bildung die ursprüngliche Zahl 'gerecht' auf- bzw. abgerundet wird. Mit der Division durch 100 wird die Zahl dann auf das gewünschte Format gebracht.

3. Die INT Funktion kann auch genutzt werden, um durch eine INPUT Anweisung abgefragte Eingaben zu testen.

```
10 REM  *** GANZZAHL-TEST ***
11 :
20 CLS
30 PRINT
40 INPUT " GEBEN SIE EINE GANZE ZAHL EIN ";N
50 IF N<>INT(N) THEN CLS:PRINT:PRINT ">INKORREKTE EINGABE,
BITTE":GOTO 30
60 END
```

SGN

Format. SGN(arithmetischer Ausdruck)

Funktion. Dies ist die Vorzeichen- oder Signum-Funktion. Ihr Wert ist +1, wenn das Argument positiv, 0, wenn das Argument Null, und -1, wenn das Argument negativ ist.

Beispiel.

```
10 REM  *** WERTE DER SGN-FUNKTION ***
11 :
20 FOR X=-5 TO 5 STEP .5
30 PRINT "X =";X,"SGN(X) =";SGN(X)
40 NEXT X
50 END
```

Bemerkungen. 1. Mit der SiGNum-Funktion kann man abfragen, ob eine Zahl negativ, Null oder positiv ist. Als 'Auskunft' erhalten wir entsprechend die Zahlen -1, 0 oder 1.
2. Das folgende Programm gibt wahlweise den Graphen der Signum- oder der Integer-Funktion auf den Bildschirm aus.

```
100 REM  *** GRAPH VON INT ODER SGN AUF [-3,3] ***
101 :
110 CLS:PRINT
120 PRINT " GRAPH DER FUNKTION"
130 PRINT
140 INPUT " <SGN> ODER <INT> ";A$
150 CLS
160 PRINT " GRAPH DER "+A$+" FUNKTION"
198 :
199 REM  * KOORDINATEN-SYSTEM ZEICHNEN *
200 FOR X=2 TO 36
210 PRINT AT(13,X);"-"
220 NEXT X
230 FOR Y=2 TO 23
240 PRINT AT(Y,19);"!"
250 NEXT Y
260 PRINT AT(3,18);"X"
270 PRINT AT(14,30);A$+"(X)"
280 IF A$="SGN" THEN C=7 ELSE C=9
290 PRINT AT(14,18);"0":PRINT AT(C,18);"1"
298 :
```

```
299 REM  * GRAPH ZEICHNEN *
300 FOR X=-14 TO 14
310 Y=SGN(X):A=6
320 IF A$="INT" THEN Y=INT(X/5):A=3
330 PRINT AT(13-A*Y,19+X);"*"
340 NEXT X
398 :
399 REM  * PROGRAMM-ENDE *
400 PAUSE 50
410 CLS:PRINT
420 PRINT " NEUER PROGRAMMLAUF ? <J/N>"
430 Y$=INKEY$:IF Y$="" THEN 430
440 IF Y$="J" OR Y$="j" THEN 110
450 END
```

Auch die grobstrukturierte Bildschirmausgabe lässt erkennen, dass die Signumfunktion im Nullpunkt beidseitig Sprünge hat, während die Integerfunktion jeweils in den ganzen Zahlen springt. Im Gegensatz zu den bislang behandelten Funktionen ist das ein qualitativ neuer Effekt - die den BASIC Wörtern SGN und INT zugrundeliegenden mathematischen Funktionen sind unstetig.

GRAPH DER SGN FUNKTION

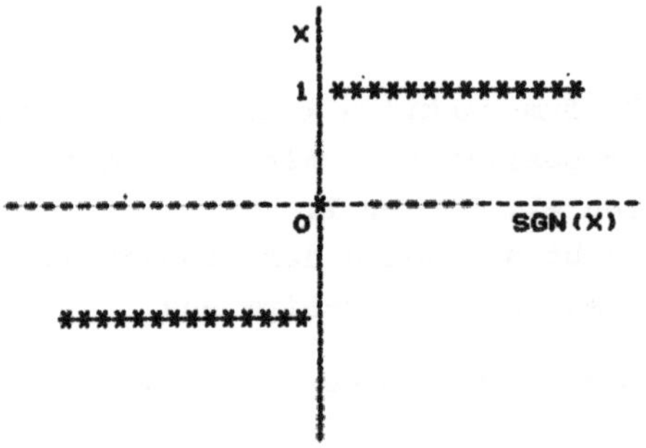

GRAPH DER INT FUNKTION

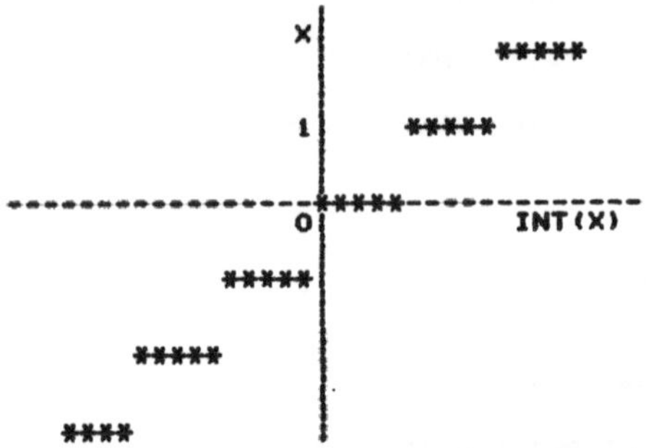

Benutzerdefinierte Funktionen

Neben dem auf dem Micro verfügbaren Satz fest programmierter Standardfunktionen besteht in BASIC die Möglichkeit, Funktionsausdrücke selbst zu erklären. Die Funktionen müssen dazu durch eine einzeilige Formel ausdrückbar sein. Wie die Standardfunktionen werden sie durch drei Buchstaben bezeichnet, wobei die ersten zwei mit FN fest vorgegeben sind. Einmal definiert, können diese Funktionen in einem Programm beliebig oft aufgerufen werden und auch zur Bildung arithmetischer Ausdrücke und sogar weiterer Funktionen herangezogen werden.

DEF FN

Format. DEF FNb(numerische Variable) - arithm. Ausdruck
b (Gross-)Buchstabe

Funktion. Mit dieser Anweisung können innerhalb eines BASIC Programmes numerische Funktionen vereinbart werden. Der Name der Funktion wird dabei durch die drei Buchstaben FNb festgelegt. Die darauf folgende, in Klammern geschriebene Variable dient als Argument und wird auch in dem rechts vom Gleichheitszeichen stehenden arithmetischen Ausdruck benutzt. Dieser wird entsprechend den syntaktischen Regeln von BASIC gebildet und darf weitere Variablen als Parameter enthalten.

Beispiel.

```
100 DEF FNF(X) = (1 - X^2)/(1 + X^2)
110 DEF FNG(Y) = A*Y^2 + B*Y^2 + C
```

Bemerkungen. 1. Die Vereinbarung von Funktionen eröffnet eine Möglichkeit, innerhalb eines Programms viel Schreibarbeit zu sparen. Häufig benutzte aufwendige arithmetische Ausdrücke werden als Funktionen am Programmbeginn vereinbart und dann an den Stellen, wo sie im Programm benötigt werden, jeweils aufgerufen. Dabei muss die Formelfunktion in einer Anweisung ausgedrückt werden können. Für kompliziertere Konstruktionen benutzt man die Unterprogrammtechnik.
2. Mit der Festlegung des Funktionsnamen durch den Buchstaben b ergibt sich die Möglichkeit, bis zu 26 verschiedene Funktionen zu vereinbaren. Einige BASIC Interpreter lassen für b die Benut-

zung allgemeinerer mehrstelliger Variablennamen zu.
3. Die als Argument dienende Variable in der DEF Anweisung ist frei wählbar. Sie dient lediglich als Platzhalter und hat nur lokale Bedeutung. Zu irgendeiner anderen Variablen ausserhalb der DEF Anweisung, die eventuell den gleichen Namen trägt, besteht kein Zusammenhang. Auch beim späteren Aufruf der Funktion wird kein Bezug auf diesen Namen genommen, es kann dann jeder zulässige Variablenname benutzt werden. Aus diesen Gründen spricht man von einer Scheinvariablen oder einem formalen Parameter, im Gegensatz zur aktuellen Variablen, die beim Funktionsaufruf als Grundlage der Berechnung des Funktionswertes dient.
4. Zweckmässigerweise werden alle Funktionsvereinbarungen zu Beginn eines Programms in einem Block von Anweisungen zusammengefasst. Spätestens jedoch vor dem ersten Aufruf einer Funktion muss ihre Vereinbarung erfolgt sein. Es gibt allerdings BASIC Interpreter, bei denen die Vereinbarung von Funktionen an jeder beliebigen Stelle, so auch am Programmende, erfolgen kann. Das ist nur insofern von Belang, als in der Literatur derartig konzipierte Programme auftreten und diese in der Originalfassung auf unserem Micro eventuell nicht laufen.
5. Bei der Vereinbarung von Funktionen dürfen wie in jedem arithmetischen Ausdruck Standardfunktionen und andere, bereits im Programm vereinbarte Funktionen benutzt werden.

```
150 DEF FNY(X) = 1.7*SIN(X) - 3.5*X + SQR(ABS(X) + 1) + FNF(X)
```

Auch logische Ausdrücke können sehr effektiv zur Definition komplizierterer, stückweise konstruierter Funktionen eingesetzt werden, wie das folgende Beispiel zeigt.

```
160 DEF FNW(X) = (X < 0)*X + (X >= 0)*X^2
```

Es sei hierbei der Wert von X negativ. Dann ist der logische Ausdruck (X >= 0) falsch und besitzt den Zahlenwert 0. Der Wert von (X < 0) ist 1 (oder maschinenabhängig auch -1), mithin ist die vereinbarte Funktion FNW links vom Nullpunkt linear und analog rechts davon quadratisch.
6. Rekursive Vereinbarungen sind sowohl direkt als auch indirekt nicht zugelassen. Das bedeutet, dass zur Vereinbarung einer Funktion diese selbst weder direkt noch über eine Reihe anderer dazwischen liegender Funktionsaufrufe und Operationen benutzt werden darf. Funktionen dürfen sich nicht selbst aufrufen.

7. Wir haben hier die Vereinbarung von Funktionen mit einer Variablen besprochen. Auf einigen Micros, so dem Spectrum, lassen sich in analoger Weise auch Funktionen mehrerer Variablen definieren.
8. In einigen BASIC Versionen ist es nicht zulässig, einmal getroffene Vereinbarungen von Funktionen innerhalb eines Programms zu ändern.
9. Es ist nicht möglich, eine Funktion im Direkt-Modus zu vereinbaren. Gegebenenfalls führt dies zu der Fehlermeldung ID: ILLEGAL DIRECT ERROR.

FN

Format. FNb(arithmetischer Ausdruck)
b Buchstabe

Funktion. Nach erfolgter Vereinbarung kann eine Funktion unter ihrem Namen beliebig oft im Programm aufgerufen werden. Anstelle des formalen Platzhalters wird dabei als Argument ein arithmetischer Ausdruck zur Übergabe des aktuellen Wertes eingesetzt.

Beispiel.

```
10 REM  *** FORMEL-FUNKTION ***
11 :
20 DEF FNY(X) = X^2 - 87.85*X - 13.43
30 FOR A=10 TO 100 STEP 5
40 PRINT FNY(A)
50 NEXT A
60 END
```

Bemerkungen. 1. Die Auswertung des Argumentes, das ein beliebiger zulässiger arithmetischer Ausdruck sein darf, erfolgt erst beim jeweiligen Aufruf der Funktion. Der berechnete Wert wird dann als Parameter an die entsprechende Vereinbarungsanweisung übergeben, wo die Berechnung des Funktionswertes erfolgt. Anschliessend wird das Programm nach dem Funktionsaufruf fortgesetzt.
2. Demnach ist durch Vereinbarung die Konstruktion mittelbarer Funktionen zulässig. Die maximale Verschachtelungstiefe hängt vom Interpreter ab.

```
10 REM  *** MITTELBARE FUNKTION ***
11 :
20 DEF FNF(X)=(1-X^2)/(1+X^2)
30 DEF FNG(X)=(X+SIN(X))/SQR(1+X^2)
40 DEF FNH(X)=FNF(FNG(X))
50 FOR Z=0 TO 2 STEP .1
60 PRINT FNH(Z),FNH(Z+.05)
70 NEXT Z
80 END
```

3. Nicht erlaubt dagegen ist die rekursive Vereinbarung einer Funktion. So führen folgende Programmzeilen

```
10 DEF FNA(X) = FNB(Y)
20 DEF FNB(Y) = FNA(X)
```

entweder zu einer Endlos-Schleife oder spätestens beim Aufruf einer dieser Funktionen zu einer Fehlermeldung.
4. Oft gebraucht wird die Rundungsroutine

```
10 DEF FNR(X) = INT(X + .5)
```

Während die INTeger-Funktion stets zur nächsten ganzen Zahl abrundet, wird durch die Funktion FNR zur jeweils nächstgelegenen Zahl gerundet.

```
20 FOR X=1 TO -1 STEP -.1
30 PRINT X, INT(X), FNR(X)
40 NEXT X
50 END
```

Sie können sich das am Graphen dieser Funktion klarmachen; modifizieren Sie dazu das entsprechende Programm für die SGN und INT Funktion.
5. Auf den meisten Micros ist die Definition von Funktionen nur einer Variablen möglich. Will man trotzdem mit Funktionen mehrerer Variablen arbeiten, so bleibt als ein möglicher Kompromiss die Benutzung verschiedener Parameter bei der Funktionsdefinition. Die Parameter besitzen dann allerdings nicht die vorteilhafte Lokalität des formalen Argumentes einer Funktion. Wir können uns dies am folgenden Programmbeispiel klarmachen, wobei mittels der PRINT AT Anweisung recht komplizierte Muster auf dem Bildschirm erzeugt werden. In Abhängigkeit von den Koordinaten X,Y einer Bildschirm-Position wird über eine der in den Zeilen 130 - 150 definierten Funktionen festgelegt, ob dort jeweils ein Leer- oder Vollzeichen auszugeben ist. Dazu wird in Zeile 200 festgestellt, ob der betreffende Funktionswert ungerade beziehungsweise gerade ist.

```
100 REM  *** TEPPICH-MUSTER ***
101 :
110 CLS
120 FOR Z=1 TO 3
130 IF Z=1 THEN DEF FNF(Z)=INT(ABS(SIN(X/2)+COS(Y))*5.3)
140 IF Z=2 THEN DEF FNF(Z)=INT(ABS(EXP(X/6)+SIN(Y/2))*6.2)
150 IF Z=3 THEN DEF FNF(Z)=INT(ABS(SIN(X/4)+SIN(Y/5))*6.5)
160 FOR X=0 TO 18
170 FOR Y=0 TO 13
180 C$=" "
190 I=FNF(Z)/2
200 IF I=INT(I) THEN C$="█"
210 A=20+X
220 B=13+Y
230 C=20-X
240 D=13-Y
250 PRINT AT (B,A); C$
260 PRINT AT (D,C); C$
270 PRINT AT (D,A); C$
280 PRINT AT (B,C); C$
290 NEXT Y
300 NEXT X
310 PAUSE 50
320 NEXT Z
330 END
```

Wohl in jedem Falle werden Sie dieses Programm den Verhältnissen auf Ihrem Bildschirm durch eine geeignete Wahl der Koordinaten des Bildmittelpunktes in den Zeilen 210 - 240 sowie an die maximal verfügbare Zeilen- und Spaltenzahl in den Laufanweisungen der Zeilen 160,170 anpassen müssen. Auch ist die Anweisung zur Ausgabe eines Vollzeichens auf jedem Micro etwas anders. Im Beispiel wurde dies durch Inversion des Blanks erreicht, auf dem Z 9001 können Sie das Vollzeichen durch die Zuweisung C$ = = CHR$(127) in der Programmzeile 200 realisieren. Falls Sie noch Schwierigkeiten mit der Ausgabe des Vollzeichen haben, so benutzen Sie einfach irgendein anderes leichter erreichbares Zeichen, vielleicht ein "O" oder den beliebten Stern.

Die erzeugten Muster werden durch die Periodizitäten der zur Definition der Funktion FNF benutzten Standardfunktionen bestimmt. Hier können Sie viel experimentieren, so zum Beispiel bei der Wahl des Verhältnisses der Argumente der Standardfunktionen SIN, COS, EXP. Aber auch gegenüber Änderungen des gemeinsamen Faktors ist die Struktur des Musters sehr empfindlich.

Die nachstehenden Bildschirmausdrucke entsprechen den Schleifendurchgängen für Z = 1,2,3. Zur Auflockerung wurden verschieden Graphikzeichen beim Ausdruck benutzt.

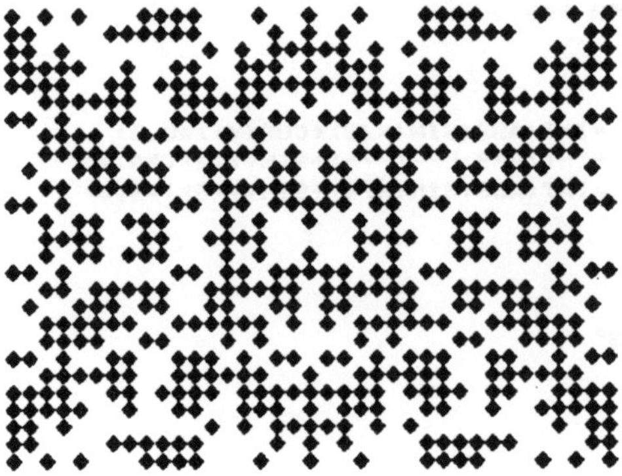

Aufgrund des grösseren Formates erscheinen die Muster auf dem Bildschirm eindrucksvoller.

Klar zur Landung

Nun zitieren wir noch ein etwas längeres Programm, in dem viele der bisher beschriebenen Anweisungen benutzt werden. Es handelt sich um eine Version der wohl in keiner Programmsammlung fehlenden Simulation des Anfluges einer Mondfähre auf die Oberfläche des Trabanten unter Handsteuerungsregime. Das Programm wurde in schwach modifizierter Form von Menzel, K. (1984) übernommen.

Als Ausgangswerte für den Anflug werden vorausgesetzt: Entfernung A = 192 km, Geschwindigkeit V = 1600 m/sec, Gesamtmasse M = 33 t, davon 17.5 t Treibstoff. Die Mondanziehung wird mit G = 1.6 m/sec^2 als konstant angenommen. Die Austrittsgeschwindigkeit des Treibstoffes relativ zur Fähre beträgt Z = 2880 m/sec. Die Steuerung der Fähre erfolgt durch intervallweises Zünden des Raketenmotors zur Verminderung der Geschwindigkeit. Dabei können der eingesetzte Treibstoff als Bremsschub K (in l/sec) sowie die jeweilige Brenndauer T (in sec) eingestellt werden. Der Maximalschub sollte nicht grösser als K = 300 l/sec gewählt werden. Entsprechend dem verbrauchten Treibstoff verringert sich die Gesamtmasse der Fähre. Aus den vorgegebenen Daten wird die Position der Mondfähre aus den Bewegungsgleichungen unter Benutzung des Impulssatzes bestimmt. Dabei ist es aufgrund des begrenzten Treibstoffvorrates sinnvoll, in gewissen Zeitintervallen die Fähre durch Vorgabe von K = 0 dem freien Fall zu überlassen. Nach erfolgter Landung wird die erreichte Qualität entsprechend der Aufprallgeschwindigkeit der Fähre kommentiert. Und nun viel Spass beim Abstieg.

```
100 REM  *** MONDLANDUNG ***
101 :
102 REM  (C) Klaus Menzel (1984)
103 :
109 REM  * LISTE DER VARIABLEN *
110 REM  A: HÖHE (alt) ÜBER MONDOBERFLÄCHE
120 REM  I: HÖHE (neu) ÜBER MONDOBERFLÄCHE
130 REM  J: GESCHWINDIGKEIT (neu)
140 REM  L: ZEIT (in sec) NACH BEGINN
150 REM  M: GESAMTMASSE LANDEKAPSEL
160 REM  N: MASSE KAPSEL OHNE BRENNSTOFF
170 REM  S: ZEITINTERVALL (sec)
180 REM  V: GESCHWINDIGKEIT (alt)
198 :
199 REM  * DATEN *
200 CLS:PRINT
210 READ A,V,M,N,G,Z,L
```

```
220 PRINT "ZEIT" TAB(7) "HOEHE" TAB(15) "V";
230 PRINT TAB(18) "BRENNSTOFF" TAB(27) "SCHUB?" TAB(34) "T?"
240 PRINT "SEC" TAB(7) "METER" TAB(13) "KM/H";
250 PRINT TAB(20) "LITER" TAB(27) "L/SEC" TAB(34) "SEC"
260 PRINT INT(L+.5) TAB(6) INT(A) TAB(14) INT(3.6*V);
270 PRINT TAB(20) INT(M-N) TAB(27);
280 INPUT K,T:REM SCHUB,BRENNZEIT
290 IF M-N>0.001 THEN 520
298 :
299 REM  * LANDUNG *
300 PRINT "BRENNSTOFF ZU ENDE NACH";INT(L+.5);"SEC"
310 S=(-V+SQR(V*V+2*A*G))/G
320 V=V+G*S
330 L=L+S
340 W=3.6*V
350 PRINT
360 PRINT "LANDUNG NACH";INT(L+.5);"SEC MIT";INT(W+.5);"KM/H"
370 IF W>3.5 THEN 390
380 PRINT "BRAVO, WIE EIN SCHMETTERLING!"
390 IF W>8 THEN 420
400 PRINT "WEICHE LANDUNG, PILOT PIRX GRATULIERT!"
410 GOTO 510
420 IF W>16 THEN 450
430 PRINT "LANDUNG HART, ABER AKZEPTABEL."
440 GOTO 510
450 IF W>60 THEN 480
460 PRINT "HARTE LANDUNG, AUF RETTUNG WARTEN."
470 GOTO 510
480 PRINT "KNALLHARTE LANDUNG OHNE UEBERLEBENDE."
490 PRINT "DER NEUE MONDKRATER IST";
500 PRINT INT(SQR(W*(N+M)/M))"METER TIEF!!"
510 PRINT
512 PRINT "NOCH EIN LANDUNGSVERSUCH <J/N> ?"
514 Y$=INKEY$:IF Y$="" THEN 514
516 IF Y$="N" OR Y$="n" THEN 990
518 RESTORE:GOTO 200
519 :
520 IF T<0.001 THEN 260 :REM ZEITENDE
530 S=T
540 IF M>=N+S*K THEN 560
550 S=(M-N)/K
560 GOSUB 800 :REM BEWEGUNGS-GL.
570 IF I<=0 THEN 620 :REM NEUE HÖHE
580 IF V<=0 THEN 600: REM ALTE GESCHW.
590 IF J<0 THEN 680 :REM NEUE GESCHW.
600 GOSUB 900 :REM DATEN ÄNDERN
610 GOTO 290
620 IF S<0.005 THEN 340
630 D=V+SQR(V*V+2*A*(G-Z*K/M))
640 S=2*A/D
650 GOSUB 800
660 GOSUB 900
670 GOTO 620
680 W=(1-M*G/(Z*K))/2
690 S=M*V/(Z*K*(W+SQR(W*W+V/Z))) + 0.005
700 GOSUB 900
710 S=T
720 IF I<=0 THEN 620
730 GOSUB 900
740 IF J>0 OR V<=0 THEN 290
```

```
750 IF V>0 THEN 680
760 Q=S*K/M
770 J=V+G*S+Z*LN(1-Q)
798 :
799 REM  * SUBROUTINE *
800 Q=S*K/M
810 J=V+G*S+Z*LN(1-Q)
820 B=A
830 IF Q<0.0001 THEN 850
840 B=A+S*Z/Q*((1-Q)*LN(1-Q)+Q)
850 I=B-V*S-G*S*S/2
860 RETURN
898 :
899 REM  * SUBROUTINE *
900 L=L+S
910 T=T-S
920 M=M-S*K
930 A=I
940 V=J
950 RETURN
960 :
970 DATA 192000,1600,33000,15500
980 DATA 1.6,2880,0
990 END
```

```
ZEIT  HOEHE    V   BRENNSTOFF SCHUB? T?
SEC   METER  KM/H    LITER    L/SEC  SEC

0     192000  5759  17500     ? 0,150

LANDUNG NACH 114 SEC MIT 6414 KM/H
KNALLHARTE LANDUNG OHNE UEBERLEBENDE.
DER NEUE MONDKRATER IST 97 METER TIEF!

NOCH EIN LANDUNGSVERSUCH <J/N> ?
```

```
ZEIT  HOEHE    V   BRENNSTOFF SCHUB? T?
SEC   METER  KM/H    LITER    L/SEC  SEC

0     192000  5759  17500     ? 0,80
80    58880   6220  17500     ? 300,40
120   12559   1765  5500      ? 200,5
125   10436   1287  4500      ? 0,17
142   4123    1385  4500      ? 200,10
152   1684    351   2500      ? 0,10
162   629     408   2500      ? 100,8
170   189     -17   1700      ? 0,8
178   175     29    1700      ? 20,5
183   156     -3    1600      ? 0,10
193   82      55    1600      ? 20,5
198   27      23    1500      ? 0,5

LANDUNG NACH 201 SEC MIT 40 KM/H
HARTE LANDUNG, AUF RETTUNG WARTEN.

NOCH EIN LANDUNGSVERSUCH <J/N> ?
```

```
ZEIT  HOEHE    V   BRENNSTOFF  SCHUB? T?
SEC   METER  KM/H    LITER      L/SEC , SEC

0     192000  5759  17500      ? 0,85.3
85    49699   6251  17500      ? 300,51
136   87      86    2200       ? 40,2.5
139   42      42    2100       ? 20,5
144   5       11    2000       ? 15,2
146   0       5     1970       ? 15,1

LANDUNG NACH 146 SEC MIT 4 KM/H.
WEICHE LANDUNG, PILOT PIRX GRATULIERT!

NOCH EIN LANDUNGSVERSUCH <J/N> ?
```

Die folgende Lösung wird vom Bordcomputer empfohlen. Eine solche knallharte Umschaltung vom freien Fall auf vollen Bremsschub ist typisch für die optimale Lösung derartiger Steuerprobleme, nimmt aber wenig Rücksicht auf das in der Fähre befindliche Personal.

```
ZEIT  HOEHE    V   BRENNSTOFF  SCHUB? T?
SEC   METER  KM/H    LITER      L/SEC  SEC

0     192000  5759  17500      ? 0,85.3447
85    49621   6251  17500      ? 300,51.515

LANDUNG NACH 137 SEC MIT 2 KM/H.
BRAVO, WIE EIN SCHMETTERLING!
WEICHE LANDUNG, PILOT PIRX GRATULIERT!

NOCH EIN LANDUNGSVERSUCH <J/N> ?
```

Zufallszahlen

RND

Format. RND(i)

i ganzzahliger arithmetischer Ausdruck

Funktion. Diese Anweisung erzeugt eine Pseudozufallszahl zwischen Null und Eins. Für positives Argument kann durch sukzessives Aufrufen der Funktion RND eine Folge solcher Zahlen generiert werden. Der Aufruf von RND(Ø) reproduziert die zuletzt ausgegebene Zahl. Bei negativem Argument wird der Generator zurückgesetzt und eine neue Folge begonnen. Unterschiedliche negative Argumente führen zu verschiedenen Folgen.

Beispiel.

```
10 REM  *** ZUFALLSZAHLEN ***
11 :
20 PRINT:PRINT "SERIE VON 10 ZUFALLSZAHLEN:":PRINT
30 FOR X=1 TO 10
40 PRINT "ZIEHUNG";X;"-",RND(1)
50 PRINT
60 NEXT X
70 END
```

10 Textfunktionen

Nochmals zum Funktionsbegriff

Bei den im vorigen Kapitel behandelten numerischen Funktionen werden entsprechend einer genau definierten Vorschrift gewissen reellen Zahlen wieder reelle Zahlen zugeordnet. Der mengentheoretisch begründete Funktionsbegriff ist aber viel allgemeiner und erlaubt die Zuordnung ganz unterschiedlicher Objekte. Welche Objekte sind auf unserem Micro verfügbar? Nun, ganz elementar sind das die durch Ziffern repräsentierten Zahlen sowie alle durch Zeichen darstellbaren Texte. Dementsprechend gibt es in der Programmiersprache BASIC Funktionen, mit denen Texte umgeformt werden können, aber auch die Transformation von Textkonstanten in gewisse Zahlen und umgekehrt ist möglich. Dies geschieht - wie bei den numerischen Funktionen - entsprechend bestimmten, in eindeutiger Weise festgelegten Zuordnungsvorschriften. Damit werden in BASIC die durch den alphanumerischen Zeichenvorrat gegebenen Möglichkeiten - also die simultane Verfügbarkeit von Ziffern, Buchstaben und Sonderzeichen - auf dem Micro voll erschlossen. Dies betrifft unter anderem sowohl die Verarbeitung von Texten, die Verwaltung von Datenbeständen als auch erweiterte Dialogmöglichkeiten bei komplizierteren Anwenderprogrammen.

Im folgenden wird eine Reihe von Text- oder Stringfunktionen vorgestellt, wie sie im BASIC vieler Kleincomputer zumindest teilweise vorhanden sind. Zuerst wenden wir uns einer Gruppe von Funktionen zu, die einer unmittelbaren Manipulation von Texten dienen.

Stringslice Funktionen

LEFT$

Format. LEFT$(Textausdruck,i)
i ganzzahlig, nichtnegativ

Funktion. Diese Anweisung ermöglicht das Abtrennen von i Zeichen aus einem vorgegebenen Text, der auch als Wert eines Textausdruckes vorgegeben sein darf. Der neue Text wird dabei der Reihe nach aus den ersten i Zeichen des angegebenen Textes gebildet. Für i ist auch ein geeigneter arithmetischer Ausdruck zugelassen.

Beispiel.

```
10 REM *** FUNKTION LEFT$ ***
11 :
20 LET A$ = "MICROCOMPUTER"
30 LET B$ = LEFT$(A$,5)
40 PRINT
50 PRINT B$
60 END

RUN

MICRO

Ready
>■
```

Bemerkungen. 1. Wir erinnern uns daran, dass Textausdrücke aus Textkonstanten und Textvariablen sowie aus Verknüpfungen derselben durch den Konkatenationsoperator + gebildet werden. Die zur Darstellung von Textkonstanten benutzten Anführungsstriche gehören nicht zum Textwert und werden folglich bei der Auswahl der ersten i Zeichen nicht mitgezählt. Die Werte der Funktion LEFT$ gehören ebenfalls zu den Textausdrücken und können zur Konstruktion weiterer Ausdrücke benutzt werden. Darauf wird auch durch die äussere Form des Schlüsselwortes LEFT$ mit dem abschliessenden Dollarzeichen hingewiesen.
2. Als Argument der LEFT$ Funktion tritt das geordnete Paar (Textausdruck,i) auf, man kann sie also als Funktion zweier Variablen verschiedenen Typs auffassen.
3. Die leere Zeichenkette "" ist als Textargument zugelassen und tritt dann als Wert der LEFT$ Funktion auf; dies auch dann, wenn der Wert von i gleich Null ist. Die Maximallänge eines zu verarbeitenden Textes ist maschinenabhängig und entspricht der maxi-

malen Zeichenzahl einer Textvariablen, oft 255. Auftretende Blanks werden wie alle anderen Zeichen behandelt und entsprechend mitgezählt.

4. Ist der Wert von i grösser als die Anzahl der Zeichen des vorgegebenen Textausdrucks, so ergibt sich als Funktionswert von LEFT$ der Textwert des Ausdruckes selbst.

5. Die Syntax von BASIC lässt zu, dass für das Argument i eine numerische Variable geschrieben wird. Für einen nicht ganzen Wert wird dann auf die nächstkleinere ganze Zahl abgerundet. Sie können das durch Direkteingabe von

```
\PRINT LEFT$("PI" - "PI",PI)
```

nachprüfen. Einen negativen Wert i quittiert der Micro mit der Fehlermeldung FC: ILLEGAL QUANTITY ERROR.

6. Die Anweisung LEFT$ erwartet im Argument die Datentypen Text und Zahl in dieser Reihenfolge. Abweichungen hiervon, zum Beispiel verursacht durch vergessene Anführungsstriche bei einer Textkonstanten oder auch durch Vertauschungen, führen zu der Fehlermeldung TM: TYPE MISMATCH ERROR.

7. Ein fehlendes Argument führt zur Meldung SN: SYNTAX ERROR. Bei vergessenem $ Zeichen interpretiert der Rechner das Wort LEFT als Name einer numerischen Variable.

RIGHT$

Format. RIGHT$(Textausdruck,i)
i ganzzahlig, nichtnegativ

Funktion. Die Anweisung gestattet das Abtrennen des rechten Endes eines vorgegebenen Textes. Dieser kann als Textkonstante oder Textvariable gegeben sein, und für i ist eine nichtnegative numerische Konstante oder Variable zugelassen. Als Funktionswert von RIGHT$ ergibt sich der aus den letzten i Zeichen des vorgegebenen Textes gebildete Teiltext. Übertrifft der Wert von i die Anzahl der Zeichen des vorgegebenen Textes, so ergibt sich als Funktionswert der Gesamttext.

Beispiel.

```
10 REM  *** FUNKTION RIGHT$ ***
11 :
20 A$="A*************E"
30 PRINT
```

```
40 FOR I=1 TO 15
50 PRINT SPC(15-I);RIGHT$(A$,I)
60 NEXT I
70 END

RUN
              E
             *E
            **E
           ***E
          ****E
         *****E
        ******E
       *******E
      ********E
     *********E
    **********E
   ***********E
  ************E
 *************E
A*************E

Ready
>■
```

Bemerkungen. 1. Es besteht eine weitgehende Analogie zur LEFT$ Funktion, alle dort formulierten Bemerkungen bleiben sinngemäss gültig.

2. Mit Hilfe von RIGHT$ und LEFT$ Funktion sowie des Konkatenationsoperators + können Texte gemischt werden, wie das folgende einfache Beispiel zeigt.

```
10 REM  *** TEXTMISCHER ***
11 :
20 A$=">>>>>>>>>>"
30 B$="<<<<<<<<<<"
40 FOR I=0 TO 10
50 PRINT LEFT$(A$,10-I) + RIGHT$(B$,I)
60 NEXT I
70 END
```

```
RUN

>>>>>>>>>>
>>>>>>>>><
>>>>>>>><<
>>>>>>><<<
>>>>>><<<<
>>>>><<<<<
>>>><<<<<<
>>><<<<<<<
>><<<<<<<<
><<<<<<<<<
<<<<<<<<<<

Ready
>■
```

MID$

Format. MID$(Textausdruck,i [,j])
$i \geq 1$, $j \geq 0$ ganzzahlig

Funktion. Diese Anweisung erlaubt das Auskoppeln einer beliebigen zusammenhängenden Teilkette von Zeichen aus einem als Textkonstante oder -variable vorgegebenen Text. Die ausgewählte Teilzeichenkette beginnt ab Position i des vorgegebenen Textes und ist j Zeichen lang. Wird die

Angabe des Wertes von j unterlassen, so ergibt sich als Funktionswert von MID$ die gesamte Zeichenkette ab der i-ten Position. Für i und j sind auch geeignete arithmetische Ausdrücke zugelassen.

Beispiel.

```
10 REM  *** MID$ FUNKTION ***
11 :
20 PRINT
30 A$="MICROCOMPUTER"
40 FOR K=-6 TO 6
50 I=ABS(K)+1
60 PRINT SPC(I);MID$(A$,I,15-2*I)
70 NEXT K
80 END
```

```
RUN

       O
      COM
     OCOMP
    ROCOMPU
   CROCOMPUT
  ICROCOMPUTE
 MICROCOMPUTER
  ICROCOMPUTE
   CROCOMPUT
    ROCOMPU
     OCOMP
      COM
       O

Ready
>■
```

Bemerkungen. 1. Übersteigt der Wert von i die Anzahl der Zeichen des Textes, so ergibt sich als Funktionswert von MID$ die leere Zeichenkette. Ist die geforderte Zeichenanzahl j grösser als die Anzahl der Zeichen des vorgegebenen Textes ab Position i, so wird dem Funktionswert von MID$ der gesamte restliche Text zugewiesen.

2. Für i und j sind arithmetische Ausdrücke zugelassen, falls für deren Werte die Beziehungen i ≥ 1 und j ≥ 0 gelten, andere Werte führen zu der Fehlermeldung FC: ILLEGAL QUANTITY ERROR.

3. Für N ≥ 1 gibt der Funktionswert MID$(A$,1,N) das N-te Zeichen des Textwertes von A$ an, und der Ausdruck MID$(A$,1,N) besitzt denselben Textwert wie LEFT$(A$,N).

Vervielfältigung

STRING$

Format. STRING$(i,Textausdruck)
i ≥ 1, ganzzahlig

Funktion. Diese Anweisung gestattet das Vervielfachen eines vorgegebenen Textes. Der Funktionswert von STRING$ ist ein neuer Text, der durch i-malige Aneinanderreihung des Textargumentes entsteht.

Beispiel.

```
10 REM  *** STRING$ FUNKTION ***
11 :
20 LET A$ = "**"
30 LET B$ = "*#"
```

```
40 FOR K=1 TO 4
50 PRINT STRING$(4,A$)
60 PRINT STRING$(4,B$)
70 NEXT K
80 END
```

```
RUN
#*#*#*#*
*#*#*#*#
#*#*#*#*
*#*#*#*#
#*#*#*#*
*#*#*#*#
#*#*#*#*
*#*#*#*#
Ready
>
```

Bemerkungen. 1. Die Anzahl der Zeichen eines durch die STRING$ Funktion erzeugten Textes darf die maximale Länge einer Textvariablen nicht überschreiten.
2. Auf einigen Micros darf anstelle des Textargumentes auch die ASCII Nummer eines Zeichens geschrieben stehen. Dann wird durch die STRING$ Funktion das entsprechende Text- oder Graphikzeichen vervielfältigt. Auf diese Weise werden auch über die Tastatur nicht zugängliche Zeichen einzeln für die STRING$ Operation verfügbar.

Länge eines Textes

Wenn wir in den eben beschriebenen Funktionen Textausdrücke als Argument benutzen, so kann es wünschenswert sein, die zahlenwertigen Argumente i,j von der tatsächlichen Länge des vereinbarten Textwertes abhängen zu lassen, die zu Beginn eines Programms eventuell noch gar nicht festgelegt ist. Dieses Problem führt uns zur Besprechung der folgenden, auf fast allen Micros vorhandenen Funktion, welche Texten die entsprechenden Zahlen zuordnet.

LEN

Format. LEN(Textausdruck)

Funktion. Diese Anweisung ermittelt die Anzahl der Zeichen eines vorgegebenen Textes.

Beispiel.

```
10 REM  *** LEN FUNKTION ***
11 :
20 PRINT
30 PRINT " GEBEN SIE BITTE IHREN NAMEN EIN"
40 PRINT
50 INPUT N$
60 LET L = LEN(N$)
70 PRINT
80 PRINT " ";N$;", IHR MAME IST";L;"- BUCHSTABIG"
90 END
```

```
RUN
 GEBEN SIE BITTE IHREN NAMEN EIN
? HENRIETTE
 HENRIETTE, IHR MAME IST 9 - BUCHSTABIG
Ready
>█
```

Bemerkungen. 1. Die Funktionswerte von LEN sind Zahlen und können als arithmetische Ausdrücke behandelt werden. Die Werte sind nichtnegativ, ganzzahlig und durch die Maximallänge der auf dem Micro verfügbaren Textvariablen, in der Regel 255, beschränkt.
2. Der leeren Zeichenreihe wird durch LEN die Länge Null zugeordnet. Kommen im Textargument Blanks oder auch (durch ASCII Nummern repräsentierte) Steuerzeichen vor, so zählen diese bei der Bewertung der Länge des Textes mit.
3. Die LEN Funktion gestattet einen flexiblen Umgang mit den bislang besprochenen Textfunktionen. So ist sie recht nützlich beim Formatieren von Bildschirmausgaben, wenn durch den Nutzer Texte eingelesen werden, deren Länge nicht vorhersagbar ist. Ebenso zweckmässig kann diese Anweisung in FOR ... NEXT Schleifen eingesetzt werden, wenn eine Blockanweisung soviele Durchgänge besitzt, wie ein Text Zeichen hat.

```
10 REM  *** RUCKWÄRTS LESEN ***
11 :
14 PRINT
20 INPUT "EINGABE EINES WORTES: ";W$
30 PRINT
40 PRINT "RUECKWAERTS GESCHRIEBENES WORT:"
50 PRINT
60 FOR P=LEN(W$) TO 1 STEP -1
70 PRINT MID$(W$,P,1);
80 NEXT P
82 PRINT
90 END
```

```
RUN
EINGABE EINES WORTES: ? BASICODE
RUECKWAERTS GESCHRIEBENES WORT:
EDOCISAB
Ready
>█
```

```
100 REM  *** ROTATION ***
101 :
111 REM  * EINGABE *
120 CLS:PRINT
130 PRINT "GEBEN SIE EIN WORT MIT MINDESTENS 3
140 PRINT "UND HOECHSTENS 20 BUCHSTABEN EIN"
150 PRINT:INPUT W$:L=LEN(W$)
170 IF L<3 OR L>20 THEN 120
190 W1$=W$
```

```
210 PRINT
220 INPUT "ROTATION LINKS <1> ODER RECHTS <2> ?";R
298 :
299 REM  * BILDSCHIRM-AUSGABE *
300 CLS
310 PRINT AT(23,7); "DRUECKE <SPACE> FUER ENDE"
320 PRINT:PRINT
322 H=INT(L/2)
330 FOR K=-H TO H
340 I=ABS(K)+1
350 PRINT SPC(17-H+I);MID$(W$,I,L+2-2*I)
360 NEXT K
370 ON R GOSUB 500,600
380 PAUSE 1
390 PRINT AT(2+H,19-H);W$
400 IF INKEY$="" GOTO 370
410 PRINT AT(2+H,19-H);W1$
420 END
498 :
499 REM  * SUBROUTINE: ROTIERE LINKS *
500 W$=RIGHT$(W$,L-1)+LEFT$(W$,1)
510 RETURN
598 :
599 REM  * SUBROUTINE: ROTIERE RECHTS *
600 W$=RIGHT$(W$,1)+LEFT$(W$,L-1)
610 RETURN
```

4. Wir beschliessen die Besprechung der Funktion LEN mit einem Programm, das einen in DATA Zeilen abgelegten Text zum Mitlesen auf den Bildschirm ausgibt. Der Text wird durch die READ Anweisung zeilenweise gelesen und in Zeile 170 in einzelne Zeichen zergliedert ausgegeben. Die PRINT Anweisung in Zeile 200 hebt die Wirkung des verbindenden Semikolon am Schluss der vorhergehenden Zeile auf, die folgende PRINT Anweisung sorgt für den Zeilenabstand.

```
100 REM  *** TEXT LESEN ***
101 :
110 CLS
120 PRINT:PRINT:PRINT
130 FOR Z=1 TO 9: REM  ZEILE
140 READ Z$
150 L=LEN(Z$)
160 FOR P=1 TO L: REM  POSITION
170 PRINT MID$(Z$,P,1);
180 PAUSE 1
190 NEXT P
200 PRINT
210 PRINT
220 NEXT Z
230 END
239 :
240 DATA " SEID GEGRÜSST! LASST EUCH EMPFANGEN"
250 DATA " VON DES FRIEDENS MELODIE!"
260 DATA " UNSER HERZ IST NOCH VOLL BANGEN,"
270 DATA " WOLKEN DICHT AM HIMMEL ZIEHN."
280 DATA " ABER NEUE LIEDER TÖNEN,"
290 DATA " UND DER JUGEND TANZ UND SPIEL"
300 DATA " ZEUGT VOM WAHREN UND VOM SCHÖNEN,"
310 DATA " ORDNET SICH ZU HOHEM ZIEL."
320 DATA "                  JOHANNES R. BECHER"
```

Der ASCII Code

Man darf nicht denken, dass unser Micro intern etwa mit Ziffern und Buchstaben operieren würde. Wie sollte er auch, funktioniert sein Innenleben doch im Zusammenspiel einer Reihe wohl aufeinander abgestimmter elektronischer Schaltkreise, deren kleinste Zellen jeweils einen von zwei Zuständen annehmen können je nachdem, ob sie innerhalb der Gesamtschaltung Spannung führen oder nicht. Die Arbeit des Computers besteht nun in einer weitgehend von ihm selbst organisierten zeitlichen Abfolge derartiger Zustände, wobei in den heute vorherrschenden Kleincomputern jeweils acht Zustände parallel, das heisst also gleichzeitig verarbeitet werden. Bislang hat das mit Rechnen und dem Verarbeiten alphanumerischer Daten überhaupt nichts zu tun. Man kann aber dem jeweiligen physikalischen Zustand einer Zelle im Rechner ein abstraktes Binärzeichen eindeutig zuordnen. Ein solches Binärzeichen wird Bit genannt. Eine geordnete Zusammenfassung von acht solcher Binärziffern wird mit dem Kunstwort Byte bezeichnet. Daneben kennzeichnet man mit dem (kleingeschriebenen) Wort bit die kleinste Einheit von Information, nämlich eine solche, die - auf irgendeine Weise - durch eine Ja/Nein-Entscheidung ausgedrückt werden kann. So enthält also ein Byte die Information von acht bit, letzteres bezeichnet man auch als byte (kleingeschrieben). Alles ein bisschen verwirrend für den Anfang? Stimmt, und es sei auch nicht verschwiegen, dass es im deutschen Sprachgebrauch mit diesen Bezeichnungen recht durcheinander geht.

Im Moment wichtig für uns ist das Folgende. Die im Computer elektronisch realisierten und verarbeiteten 'Bitmuster' bedürfen der Interpretation, um sie in einer für den Nutzer sinnvollen Weise zu verwerten. Dazu sind einem gewissen Satz solcher (physikalischer) Bitmuster die durch Aneinanderreihung der entsprechenden Bits entstehenden (abstrakten) Binärzahlen zugeordnet. Diese Zahlen werden benutzt, um den gesamten auf dem Micro verfügbaren Zeichensatz, also alle Ziffern, Buchstaben und Sonderzeichen zu codieren. Auf diese Weise sind die 'Aussenseite' des Rechners, also alle dem Nutzer über die Tastatur zugänglichen Zeichen, und das eigentliche Geschehen in seinen Schaltkreisen miteinander verknüpft. Glücklicherweise lassen sich die Code-Nummern auch in dem uns gewohnten Dezimalsystem ausdrücken, so dass uns vorläufig das Operieren mit Binärzahlen erspart bleibt.

Zur Codierung selbst sind verschiedene Systeme üblich. Für Kleincomputer hat sich der international anerkannte ASCII Code weitgehend durchgesetzt. Zu seiner Darstellung werden zunächst sieben Bits benutzt, was Code-Nummern zwischen 0 und 127 erlaubt. Damit können alle Ziffern, Gross- und Kleinbuchstaben sowie alle Sonderzeichen codiert werden, und es bleibt sogar noch Raum für die Codierung der Steuerzeichen. Der vollständige ASCII Code wird im Anhang angegeben. Man erkennt dort, dass den Code-Nummern 32 bis 126 alle darstellbaren Zeichen zugeordnet sind sowie den Nummern 0 bis 31 und 127 die Steuerzeichen. Insbesondere für letztere gibt es bei verschiedenen Micros mehr oder weniger grosse Abweichungen von der ASCII Norm.

Da unser Micro mit einer Datenbreite von acht bit arbeitet, bleibt noch ein Bit übrig. Wird dieses bei kommerziell orientierten Geräten oft für Prüfzwecke genutzt, so dient es bei Kleincomputern meist zur Erweiterung des Zeichenvorrates um eine Reihe von Graphikzeichen. In diesem Falle stehen zusätzliche Code-Nummern von 128 bis 255 zur Verfügung, deren Verwendung allerdings nicht standardisiert und praktisch auf jedem Micro anders ist.

Es sei noch bemerkt, dass sich das eben Besprochene nur auf die Übertragung von Informationen von der Tastatur zum Rechner bezieht sowie auf die Verarbeitung und Speicherung von Texten. Eine Zeichenkette wird also im Rechner als eine Folge der den einzelnen Zeichen entsprechenden Code-Nummern beziehungsweise Bitmustern verarbeitet. Eine Zahl hingegen wird ganz anders behandelt und den Erfordernissen der Gleitpunktarithmetik entsprechend umgeformt und gespeichert. Wir müssen also zwischen einer Ziffer, ihrer ASCII Nummer sowie einer eventuellen Darstellung als Gleitpunktzahl unterscheiden.

Selbstverständlich werden alle diese Dinge vom Rechner selbst organisiert, und der Anwender braucht sich in der Regel nicht darum zu kümmern. Warum haben wir dann mit diesen technischen Details die Beschreibung der Sprache BASIC unterbrochen? Der Grund ist, dass die auf den meisten Micros implementierten BASIC Versionen einen Zugriff auf die durch Codenummern repräsentierten Bitmuster unterstützen. So ist es möglich, durch Aufruf einer Funktion und einer ASCII Nummer das entsprechende Zeichen oder auch zu einem Zeichen die entsprechende Code-Nummer zu ermitteln. Des weiteren besteht die Möglichkeit, eine als Text gespeicherte Folge von Ziffern in eine Zahl im Gleitpunktformat überzuführen und umgekehrt. All diese Funktionen können mit der folgenden Gruppe von BASIC Anweisungen realisiert werden.

ASC

Format. ASC(Textausdruck)

Funktion. Diese Anweisung ordnet dem ersten Zeichen des Textwertes des Argumentes die entsprechende ASCII Nummer zu.

Beispiel.

```
10 REM  *** ASC FUNKTION ***
11 :
20 PRINT
30 READ T$
40 IF ASC(T$)=42 THEN END
50 PRINT "TEXTZEICHEN: ";T$;
60 PRINT "   ASCII NUMMER: ";ASC(T$)
70 GOTO 30
80 DATA A,B,C,D,E,F,*
90 END

RUN
TEXTZEICHEN: A   ASCII NUMMER: 65
TEXTZEICHEN: B   ASCII NUMMER: 66
TEXTZEICHEN: C   ASCII NUMMER: 67
TEXTZEICHEN: D   ASCII NUMMER: 68
TEXTZEICHEN: E   ASCII NUMMER: 69
TEXTZEICHEN: F   ASCII NUMMER: 70
Ready
>
```

Bemerkungen. 1. In diesem Programm werden zu den in der DATA Zeile 70 abgelegten Zeichen die entsprechenden ASCII Nummern ermittelt. Dabei dient der Stern zur Abbruchsteuerung; dazu wird in Zeile 30 auf seine Code-Nummer 42 getestet. Natürlich können Sie durch Änderungen der DATA Anweisung den Code anderer Zeichen ausgeben lassen.

2. Wie jedes andere Zeichen besitzt auch das Blank eine Code-Nummer, nämlich 32. Die leere Zeichenreihe hingegen trägt keine Information und besitzt auch keine Code-Nummer. Die Anweisung ASC("") ist unzulässig und führt zu der Fehlermeldung FC: ILLEGAL QUANTITY ERROR.

3. Im folgenden Programm wird das zur aktuell gedrückten Taste gehörige Zeichen mittels der INKEY$ (oder KEY$) Anweisung ausgewertet und die entsprechende ASCII Nummer mitgeteilt.

```
100 REM  *** ASCII CODE ***
101 :
110 A$=INKEY$
120 IF A$="" THEN 110
130 A=ASC(A$)
140 B$=A$
150 IF A<32 OR A=127 THEN B$="NICHT DARSTELLBAR"
160 PRINT
170 PRINT "ZEICHEN:      ";B$
180 PRINT "ASCII CODE:   ";A
190 GOTO 110

RUN

ZEICHEN:     2
ASCII CODE:  50

ZEICHEN:     @
ASCII CODE:  64

ZEICHEN:     NICHT DARSTELLBAR
ASCII CODE:  13

ZEICHEN:     NICHT DARSTELLBAR
ASCII CODE:  127

 BREAK IN 120
Ready
>█
```

Um den Code möglichst vieler Zeichen ermitteln zu können, ist dieses Programm - nicht ganz stilecht - nur durch die STOP (BRK) Taste oder CTRL C zu beenden. Dagegen ist es sehr schön geeignet, die Code-Nummern der über die Tastatur ansprechbaren Steuerzeichen festzustellen. So ist beispielsweise der ENTER (oder RETURN) Taste stets die ASCII Nummer 13 sowie der ESCape Taste die Nummer 27 zugeordnet, während DELete die höchste ASCII Code-Nummer 127 besitzt. Hier können Sie viel experimentieren, um die Codierung Ihrer Tastatur kennenzulernen. Dabei ist zu beachten, dass die meisten Steuerzeichen keine eigenen Tasten besitzen, sondern mittels der Control-Taste CTRL und einer gleichzeitig zu drückenden weiteren Taste, eventuell sogar verbunden mit SHIFT, erreichbar sind. Haben Sie keine Scheu, alles auszuprobieren; durch Drücken von Tasten ist der Micro nicht zu zerstören. Schlimmstenfalls bleibt er 'hängen', was über ein RESET zum Warmstart zu kompensieren ist. Nur die Code-Nummer des über CTRL C erreichbaren Steuerzeichens ist mit diesem Programm nicht zu ermitteln, da die dadurch ausgelöste Programmunterbrechung eine sehr hohe Priorität besitzt und ausgeführt wird; dieses Steuerzeichen besitzt die Code-Nummer 3.

In der Tabelle zum ASCII Code ist zusätzlich eine der üblichen Control-Codes für Steuerzeichen angegeben. Die funktionelle Bedeutung der Steuerzeichen auf Ihrem Micro können Sie dem Handbuch entnehmen; sie differieren stark.

Um mit dem Programm die Code-Nummern eventuell vorhandener Graphikzeichen zu knacken, kann es eventuell erforderlich sein, vor dem Programmstart durch RUN den Rechner in den Graphik-Modus zu bringen, dies kann eventuell auch durch eine zusätzliche (maschinenabhängige) Anweisung programmgesteuert erfolgen.

4. Im folgenden Programm wird ein über INPUT eingegebener Text analysiert und in eine Folge entsprechender ASCII Code-Nummern zerlegt. Man erkennt deutlich das Zusammenspiel der ASC Anweisung mit anderen Textfunktionen.

```
10 REM  *** TEXT CODIERUNG ***
11 :
20 CLS:PRINT
30 PRINT "EINGABE EINES TEXTES:"
32 PRINT
40 INPUT T$
42 PRINT:PRINT
50 FOR I=1 TO LEN(T$)
60 C=ASC(MID$(T$,I,1))
70 PRINT C;" ";
80 NEXT I
82 PRINT
90 END
```

```
RUN
....

EINGABE EINES TEXTES:
? KLEINCOMPUTER  robotron KC 85/1

75  76  69  73  78  67  79  77  80  85
84  69  82  32  32  114  111  98  111  1
16  114  111  110  32  75  67  32  56  5
3  47  49

Ready
>
```

Nach der Eingabe des zu analysierenden Textes beginnt in Zeile 50 eine Schleife, deren Zählvariable I die Werte von 1 bis zur Anzahl der Zeichen des Textes T$ durchläuft. In Zeile 60 wird mit der Textfunktion MID$ jeweils ein Zeichen ausgefiltert, welches dann durch die ASC Funktion in die der ASCII Norm entsprechende Code-Nummer abgebildet und anschliessend in Zeile 70 ausgegeben wird. Deutlich erkennt man die den Blanks entsprechende Code-Nummer 32 sowie die zu den Kleinbuchstaben gehörigen 'grossen' Code-Nummern.

Lassen Sie das Programm noch einmal laufen und geben Sie die Textkonstante "A" ein. An der Ausgabe der einzigen Code-Nummer 65 erkennen Sie deutlich, dass die das Zeichen A einschliessenden Anführungszeichen " " nicht zum Textwert gehören und also auch nicht entschlüsselt werden.

CHR$

Format. CHR$(arithmetischer Ausdruck)

Funktion. Diese Anweisung erzeugt dasjenige Zeichen, das den aktuellen Wert des arithmetischen Ausdrucks als ASCII Code-Nummer besitzt. Für das Argument sind ganzzahlige Werte zwischen 0 und 255 zugelassen.

Beispiel.

```
10 REM  *** CHR$ FUNKTION ***
11 :
20 CLS
22 PRINT:PRINT
30 PRINT "GEBEN SIE ZAHLEN ZWISCHEN 0 UND"
32 PRINT "255 EIN - 999 FUER PROGRAMMENDE"
34 PRINT
40 INPUT "CODENUMMER";A
50 IF A=999 THEN END
60 IF A<0 OR A>255 THEN 20
70 C$=CHR$(A)
80 PRINT "ZUGEHOERIGES ASCII ZEICHEN: ";C$
90 GOTO 34
```

Bemerkungen. 1. Mit diesem Programm erreichen Sie unter den Code-Nummern 0 bis 127 alle darstellbaren Zeichen und die Steuerzeichen, wobei mehr oder weniger grosse Abweichungen vom ASCII Code nicht unüblich sind. Ist die Ausgabe eines darstellbaren Zeichens durch dieses Programm völlig unproblematisch, so kann der Aufruf eines Steuerzeichens den Bildschirm erheblich verändern; so führt beispielsweise die Eingabe der Code-Nummer 12 zum Löschen des Bildschirmes. Vergleichen Sie dies mit der im Anhang angegebenen ASCII Norm sowie mit den Angaben Ihres Handbuches. Letzteres gibt Ihnen auch Auskunft über die Bedeutung der Code-Nummern über 127 auf Ihrem Micro, hierfür gibt es keinen Standard.

2. Das obige Programm lehrt, wie man das auf vielen Micros 'schwierige' Anführungszeichen " mittels seiner ASCII Code-Nummer 34 über die Anweisung PRINT CHR$(34) auf den Bildschirm bekommt.

3. Die Zeichenfolge des BASIC Schlüsselwortes CHR$ ist von dem englischen Wort character abgeleitet, mit dem die Buchstaben eines Alphabetes bezeichnet werden.

4. Als Funktion ordnet die CHR$ Anweisung Zahlen zwischen 0 und

255 die entsprechenden Text- und Steuerzeichen zu, somit zählt sie zu den Textfunktionen. In der Wirkung ist CHR$ die Umkehrfunktion zu ASC, so ergibt

PRINT ASC(CHR$(I))

den aktuellen Wert von I, und

PRINT CHR$(ASC(A$))

führt zur Ausgabe des ersten Zeichens des Wertes von A$ entsprechend dem ASCII Code.

4. Falls Ihr Micro über eine ESCape Umschaltung zum Setzen von Attributen verfügt, so können Sie mit Hilfe der CHR$ Funktion eine programmgesteuerte Ausgabe sogenannter Attribute realisieren. Das ist möglich, weil mit CHR$(27) die Wirkung der Steuertaste ESC angesprochen wird. Dies bedeutet, dass das nächstfolgende Zeichen nicht dargestellt wird, sondern die Bedeutung eines Attributes hat, das zum Beispiel die Vordergrundfarbe aller auf derselben Bildschirmzeile folgenden darstellbaren Zeichen steuert. Auch zur Ausgabe von Steueranweisungen an einen angeschlossenen Drucker kann CHR$(27) benutzt werden. Da die Codierung eventueller Attribute überall anders ist, begnügen wir uns hier mit einem Demonstrationsbeispiel, das in dieser Version nur auf einem ganz bestimmten Rechnertyp läuft.

```
10 REM  *** GRAPHIKZEICHEN AUF DEM Oric ***
11 :
20 FOR N=32 TO 128
30 PRINT N,CHR$(27);"I";CHR$(N)
40 PRINT
50 WAIT 100
60 NEXT N
70 END
```

Schauen wir uns die PRINT Anweisung in Zeile 30 an. Zuerst wird der aktuelle Wert der Zählvariablen N ausgegeben. Anschliessend bewirkt CHR$(27) eine ESCape Umschaltung. Die folgende Textkonstante "I", und nur diese, wird deshalb als Attribut interpretiert, dessen Wirkung hier darin besteht, dass der Rechner in den Graphik-Modus übergeht. Demzufolge wird mit Hilfe der CHR$ Funktion als nächstes Zeichen das unter dem Wert von N codierte Graphikzeichen ausgegeben. Bei diesem Rechnertyp sind die Graphikzeichen also nicht über die 'grossen' Code-Nummern über 127 erreichbar; diese sind hier anderen Zwecken vorbehalten.

Transformation des Datentyps

VAL

Format. VAL(Textausdruck)

Funktion. Diese Anweisung realisiert eine Textfunktion, welche als Textausdrücke formulierte Zahlen in das für arithmetische Operationen zugängliche Gleitpunktformat umwandelt. Ist das erste Zeichen des Textwertes des Argumentes eine Ziffer, ein Vorzeichen oder ein Dezimalpunkt, so wird die Zeichenkette sukzessive in eine Gleitpunktzahl umgewandelt so lange, bis das erste nichtnumerische Zeichen auftritt oder alles transformiert ist. Ist bereits das erste Zeichen der Zeichenkette nichtnumerisch oder ist die Zeichenkette leer, so ergibt sich der Funktionswert Null.

Beispiel.

```
10 REM  *** VAL DEMO ***
11 :
20 A$="128"
30 A=VAL(A$)
32 PRINT
40 PRINT "A$ = ";A$,
50 PRINT "A$+A$ = ";A$+A$
60 PRINT
70 PRINT "A =";A,
80 PRINT "A+A =";A+A
82 PRINT
90 END

RUN
A$ = 128          A$+A$ = 128128
A = 128           A+A = 256
Ready
>
```

Bemerkungen. 1. Im Programmlauf dieses Beispiels wird für beide Variablen A$ und A der Wert 128 ausgegeben. Wo ist also der Unterschied? Diesen erkennen Sie bei der Ausgabe der Werte der Ausdrücke A$+A$ sowie A+A. Während die erste Operation zu einer Aneinanderreihung - Konkatenation - der Zeichenreihen führt, beinhaltet der zweite Ausdruck eine wesentlich abstraktere arithmetische Operation. Das Schlüsselwort VAL ist vom englischen Wort value - Zahlenwert abgeleitet.

2. Es erhebt sich die Frage, warum Zahlen überhaupt in Form von

Textvariablen gespeichert werden sollen. Dies hat zum einen den Grund, dass man für eine flexible Textverarbeitung tatsächlich den gesamten alphanumerischen Zeichenvorrat ausschöpfen möchte. So können in einer Textvariablen gleichberechtigt alle ASCII Zeichen stehen: Ziffern, Buchstaben, Sonderzeichen und sogar die nicht darstellbaren Steuerzeichen. Jedes Zeichen wird entsprechend dem ASCII Code in einem Byte gespeichert. Dies gilt auch für Ziffern, mit denen man natürlich nicht rechnen kann. Eine Gleitpunktzahl hingegen wird maschinenabhängig je nach der Anzahl signifikanter Stellen meist in vier oder fünf Bytes gespeichert, auch wenn es sich um eine nur einstellige Zahl handelt.

3. Im folgenden Programm wird die Funktion VAL auf recht unterschiedliche Argumente angewandt, Sie können das Programm durch weitere DATAs ergänzen.

```
100 REM  *** VAL FUNKTION ***
101 :
110 CLS:PRINT
120 C$=CHR$(34)
130 READ T$
140 A=VAL(T$)
150 IF A=0 THEN END
160 PRINT "T$ = ";C$+T$+C$,
170 PRINT "VAL(T$) =";A
180 GOTO 130
190 DATA 1985,-13,3.14159," 1"
200 DATA 132,1.23E5,+17.23,1009Z
210 DATA 5+14-6*3,PI
RUN
....

T$ = "1985"               VAL(T$) = 1985
T$ = "-13"                VAL(T$) = -13
T$ = "3.14159"            VAL(T$) = 3.14159
T$ = " 1"                 VAL(T$) = 1
T$ = "132"                VAL(T$) = 132
T$ = "1.23E5"             VAL(T$) = 123000
T$ = "+17.23"             VAL(T$) = 17.23
T$ = "1009Z"              VAL(T$) = 1009
T$ = "5+14-6*3"           VAL(T$) = 5
Ready
>
```

4. Abschliessend benutzen wir die VAL Funktion, um die Quersumme einer positiven ganzen Zahl zu berechnen. Die eingegebene Zahl wird intern als Textausdruck gespeichert und ist daher nicht an die auf dem jeweiligen Micro verfügbare Anzahl signifikanter Stellen des Gleitpunktformats gebunden, sondern nur an die Maximallänge einer Eingabezeile. Die Berechnung der Quersumme erfolgt in dem FOR ... NEXT Block durch fortgesetzte Addition der mittels VAL gewandelten und durch MID$ ausgefilterten Ziffern der vorge-

gebenen Zahl. Die Eingabe nicht ganzer Zahlen wird in Zeile 150 abgewiesen, negative Zahlen werden stillschweigend akzeptiert, wobei dem Minuszeichen entsprechend der Definition von VAL eine Null zugeordnet wird. Letzteres gilt auch für alle anderen nichtnumerischen Eingaben.

```
100 REM  *** QUERSUMME BILDEN ***
101 :
110 S=0
120 PRINT
130 PRINT "EINGABE EINER POSITIVEN GANZEN ZAHL:"
132 PRINT
140 INPUT A$
150 IF VAL(A$)<>INT(VAL(A$)) THEN CLS:GOTO 120
160 L=LEN(A$)
170 FOR I=1 TO L
180 S=S+VAL(MID$(A$,I,1))
190 NEXT I
200 PRINT
210 PRINT "DIE QUERSUMME VON ";A$;" BETRAEGT:"
220 PRINT
230 PRINT S
240 END
```

STR$

Format. STR$(arithmetischer Ausdruck)

Funktion. Diese Anweisung bewirkt, dass der aktuelle Wert des im Argument stehenden arithmetischen Ausdrucks in eine Zeichenreihe umgewandelt wird.

Beispiel.

```
10 REM  *** QUADRIEREN ***
11 :
20 T$="DAS QUADRAT DIESER ZAHL IST GLEICH "
30 PRINT
40 INPUT "EINGABE EINER ZAHL ";Z
50 Z=Z^2
60 Z$=STR$(Z)
70 T$=T$+Z$
72 PRINT
80 PRINT T$
90 END
```

Bemerkungen. 1. Der Name der STR$ Funktion leitet sich von dem englischen Wort string - Zeichenkette ab. Es werden also Zahlen in einen entsprechenden Text transformiert. Damit sind die Funktionen STR$ und VAL in der Wirkung einander entgegengesetzt.
2. Wie in dem obigen einfachen Beispiel kann die STR$ Funktion

benutzt werden, um die Ausgabe von Informationen auf den Bildschirm einheitlich in Form von Texten zu gestalten. Die STR$ Funktion lässt sich aber auch zur Analyse vorgegebener arithmetischer Ausdrücke verwenden, zum Beispiel bei der Zerlegung einer Zahl in einzelne Ziffern.

```
10 REM  *** ZERLEGUNG EINER ZAHL ***
11 :
20 PRINT
30 PRINT "EINGABE EINER GANZEN ZAHL KLEINER ALS"
38 INPUT "1E+09 ";A
40 A=ABS(A)
42 IF A<>INT(A) OR A>=1E+09 THEN CLS:GOTO 20
50 A$=STR$(A)
60 FOR I=1 TO LEN(A$)
70 PRINT MID$(A$,I,1)
80 NEXT I
90 END

RUN
EINGABE EINER GANZEN ZAHL KLEINER ALS
1E+09 ? 536870912

5
3
6
8
7
0
9
1
2

Ready
>
```

In Zeile 40 dieses Programms wird ein eventuell auftretendes negatives Vorzeichen durch Bildung des absoluten Betrages eliminiert und in Zeile 42 eine nicht ganze oder zu grosse Zahl abgewiesen. In Zeile 50 erfolgt ein Übergang von der numerischen Variablen A zur Textvariablen A$ = STR$(A). Der Textwert von A$ wird dann mittels der Textfunktion MID$ ausgewertet.

3. Die STR$ Funktion kann auch zur Formatierung der Ausgabe von Zahlen dienen, etwa um Geldbeträge mit zwei Nachkommastellen auszugeben.

```
10 REM  *** ZAHLEN FORMATIEREN ***
11 :
20 PRINT
30 INPUT "EINGABE EINER DEZIMALZAHL ";X
40 GOSUB 1000
50 GOSUB 2000
60 PRINT
70 PRINT X$
80 END
999 :REM  * SUBROUTINE: RUNDEN *
1000 X=INT(100*X+.5)/100
1010 RETURN
```

```
1999 REM  * SUBROUTINE: FORMATIEREN *
2000 K=0
2010 X$=STR$(X)
2020 L=LEN(X$)
2030 FOR J=1 TO L
2040 IF MID$(X$,J,1)="." THEN K=J
2050 NEXT J
2060 IF K=0 THEN X$=X$+".00":GOTO 2080
2070 IF MID$(X$,K+2,1)="" THEN X$=X$+"0"
2080 RETURN

RUN
EINGABE EINER DEZIMALZAHL ? 12.453
12.45
Ready
RUN
EINGABE EINER DEZIMALZAHL ? 101
101.00
Ready
>
```

Eine eingegebene Dezimalzahl wird durch die erste Subroutine mit der INT Funktion auf zwei Nachpunktstellen gerundet. Anschliessend werden der eventuell fehlende Dezimalpunkt sowie ein oder zwei Nullen ergänzt, so dass als Ergebnis in jedem Falle eine Dezimalzahl mit zwei Nachpunktstellen ausgegeben wird. Die Stellenzahl der eingegebenen Zahl sollte die auf dem Micro verfügbare Zahl signifikanter Stellen nicht überschreiten.

4. Mit dieser Technik ist es auch möglich, bei einer Ausgabe von Mark-Beträgen (auch auf einen Drucker) den Dezimalpunkt gegen das übliche Komma zu tauschen. Hierfür ergänzen wir obiges Programm um eine weitere Subroutine.

```
52 GOSUB 3000
2999 REM  * SUBROUTINE: KOMMA SETZEN *
3000 Y$=X$
3010 X$=""
3020 L=LEN(Y$)
3030 FOR J=1 TO L
3040 M$=MID$(Y$,J,1)
3050 IF ASC(M$)=46 THEN M$=CHR$(44)
3060 X$=X$+M$
3070 NEXT J
3080 RETURN

RUN
EINGABE EINER DEZIMALZAHL ? 23.7
23,70
Ready
>
```

In Zeile 3040 wird die Zeichenkette zerlegt, und der eigentliche Tauschvorgang erfolgt in der Anweisung von Zeile 3050. Hierbei wird benutzt, dass der Punkt die ASCII Code-Nummer 46, das Komma hingegen 44 besitzt.

5. Bei der Transformation einer Zahl in eine Zeichenkette wird ein negatives Vorzeichen in den Textausdruck übernommen, ein positives Vorzeichen hingegen auf vielen Micros unterdrückt. Auch die Übernahme des führenden Blanks einer Zahl ohne explizit angegebenes Vorzeichen in die Zeichenkette wird auf einzelnen Rechnertypen unterschiedlich gehandhabt. Sie können das auf Ihrem Micro durch Direkt-Eingabe folgender Befehle testen:

```
PRINT LEN(STR$(17.4))
PRINT LEN(STR$(+17.4))
PRINT LEN(STR$(-17.4))
```

6. Auf einigen Micros lassen sich durch die STR$ Funktion auszugebende Zahlen von den zuweilen lästigen führenden und nachfolgenden Blanks befreien. Dies ist zum Beispiel bei der Ausgabe von Funktionswerten oder indizierten Variablen ganz nützlich, allerdings funktioniert dieser Trick nicht auf jedem Computer.

```
10 REM  *** AUSGABE VON FUNKTIONSWERTEN ***
11 :
20 DEF FNF(X) = SIN(X^2)
30 PRINT
40 FOR X=1.1 TO 1.71 STEP 0.1
50 PRINT "F("+STR$(X)+") =";FNF(X)
60 NEXT X
70 PRINT
80 END

RUN

F(1.1) = .935616992
F(1.2) = .991458348
F(1.3) = .992903651
F(1.4) = .92521152
F(1.5) = .778073195
F(1.6) = .549355433
F(1.7) = .248946782

Ready
>
```

Text-Suche

Wir beschliessen die Besprechung der Textfunktionen mit einer auf verschiedenen Micros verfügbaren Anweisung, die das Suchen eines "Stichwortes" in einem vorgegebenen Text gestattet.

INSTR

Format. INSTR(a$,b$)

a$,b$ Textausdrücke

Funktion. Mit dieser Anweisung wird festgestellt, ob der aktuelle Wert des Textausdruckes a$ vollständig in demjenigen von b$ enthalten ist. In diesem Falle wird der Funktionswert von INSTR gleich der Startposition der Teilkette innerhalb des Textwertes von b$ gesetzt. Wird der Teiltext nicht gefunden, so ergibt sich Null als Funktionswert.

Beispiel.

```
10 REM  *** TEILTEXT SUCHEN ***
11 :
20 B$ = "BLUMENTOPFERDE"
30 A$ = "PFERD"
40 PRINT
50 PRINT "STARTPOSITION DES TEILTEXTES:";
60 PRINT INSTR(A$,B$)
70 END

RUN
STARTPOSITION DES TEILTEXTES: 9
Ready
>█
```

Bemerkung. Falls die Textfunktion INSTR auf Ihrem Micro nicht vorhanden ist, können Sie diese Anweisung durch folgendes Programm nachbilden.

```
100 REM  *** NACHBILDUNG DER INSTR FUNKTION ***
101 :
110 CLS:PRINT
120 PRINT "EINGABE DES (LANGEN) TEXTES B$:"
130 INPUT B$
140 PRINT
150 PRINT "EINGABE DES GESUCHTEN TEILTEXTES A$:"
160 INPUT A$
170 PRINT
180 IF LEN(A$)>LEN(B$) THEN PRINT "TEILTEXT ZU LANG":GOTO 140
190 GOSUB 300
200 IF P=0 THEN PRINT "DER TEXT A$ IST IN B$ NICHT ENTHALTEN":END
210 PRINT"DER TEILTEXT A$ BEGINNT AUF POSITION"
220 PRINT P;"DES TEXTES B$."
230 END
297 :
```

```
299 REM * SUBROUTINE: TEILTEXT SUCHEN *
300 P=0
310 FOR I=1 TO LEN(B$)-LEN(A$)+1
320 IF A$=MID$(B$,I,LEN(A$)) THEN P=I
330 NEXT I
340 RETURN

RUN
....

EINGABE DES (LANGEN) TEXTES B$:
? DER BAUINGENIEUR KONRAD ZUSE STELLTE
AM 12.MAI 1941 DAS GERAET ZUSE Z3 VOR

EINGABE DES GESUCHTEN TEILTEXTES A$:
? KONRAD ZUSE

DER TEILTEXT A$ BEGINNT AUF POSITION
18 DES TEXTES B$.

Ready
RUN

....

EINGABE DES (LANGEN) TEXTES B$:
? COMPUTERTOMOGRAPHIE

EINGABE DES GESUCHTEN TEILTEXTES A$:
? TOMOGRAMM

DER TEXT A$ IST IN B$ NICHT ENTHALTEN
Ready
>
```

Das Verständnis dieses Programms macht Ihnen nun keine Schwierigkeiten mehr. Der eigentliche Suchvorgang erfolgt in dem FOR ... NEXT Anweisungsblock der Subroutine. Die Eingabe leerer Zeichenketten "" für A$ oder B$ ist in diesem Programm möglich, führt aber zu fehlerhaften Interpretationen. Falls Sie das stört, können Sie die Eingaben von "" durch das Programm ausschliessen oder mit einer Fehlermeldung quittieren lassen.

Grosse Zahlen

Wir schliessen mit zwei recht nützlichen Programmen, die der exakten Multiplikation sehr grosser Zahlen dienen, mit denen die Gleitpunktarithmetik unseres Micro aufgrund der begrenzten Zahl signifikanter Stellen überfordert wäre; beide wurden mit freundlicher Genehmigung des Autors aus dem Band Mittelbach, H. (1984) übernommen.

Das erste Programm simuliert das übliche schriftliche Multiplikationsverfahren auf dem Rechner. Maximal zwanzigstellige Faktoren werden nach der Eingabe als Textwerte gespeichert und mittels der MID$ Funktion in einzelne Ziffern zerlegt. Diese werden durch Anwendung der VAL Funktion in einstellige Zahlen gewandelt und in den Feldern A( ) beziehungsweise B( ) abgelegt. Anschliessend wird das Rechenschema mit elemetaren Multiplikationen, Beachtung des Zehnerübertrags sowie Addition der Zwischensummen abgearbeitet und das Ergebnis in dem Feld C( ) gespeichert. Von dort wird es dann unter Abtrennung führender Nullen ausgegeben. Die STR$ Funktion dient dazu, störende Blanks zu unterdrücken. Wird das Programm mehrfach durchlaufen, so ist es notwendig, zu Beginn alle drei Felder zu löschen.

Die maximale Stellenzahl 20 für die Faktoren wurde nur deswegen gewählt, um das Ergebnis gerade noch in einer Bildschirmzeile von 40 Zeichen unterbringen zu können. Nach Änderung des Initialisierungsteiles können Sie mit diesem Programm auch weitaus grössere Zahlen exakt multiplizieren, lediglich begrenzt durch die Maximallänge einer Eingabezeile. Allerdings fallen dann bereits die Laufzeiten des BASIC Interpreters ins Gewicht. Die Eingabe nichtnumerischer Daten verträgt das Programm in der angegebenen Form übrigens nicht. Wenn Sie mögen, können Sie es vor derartigen Fehleingaben durch weitere Tests schützen.

```
100 REM  *** GROSS-MULTI ***
101 :
102 REM  (C) Henning Mittelbach (1984)
103 :
109 REM  * INITIALISIERUNG *
110 N=20
120 DIM A(20),B(20),C(40)
130 CLS
140 FOR I=1 TO 20
150 A(I)=0:B(I)=0
160 NEXT I
170 FOR I=1 TO 40
180 C(I)=0
190 NEXT I
197 :
199 REM  * EINGABE *
200 PRINT
210 INPUT "ERSTER FAKTOR: ";A$
220 IF A$="0" THEN END
230 IF LEN(A$)>20 THEN PRINT:PRINT "FAKTOR ZU GROSS":GOTO 200
240 PRINT
250 INPUT "ZWEITER FAKTOR:";B$
260 IF LEN(B$)>20 THEN PRINT:PRINT "FAKTOR ZU GROSS":GOTO 240
270 PRINT
297 :
299 REM * RECHNUNG *
300 PRINT:PRINT A$:PRINT
310 PRINT "MAL":
320 PRINT:PRINT B$:PRINT
330 PRINT "IST GLEICH"
340 FOR I=N-LEN(A$)+1 TO N
350 A(I)=VAL(MID$(A$,I+LEN(A$)-N,1))
```

```
360 NEXT I
370 FOR I=N-LEN(B$)+1 TO N
380 B(I)=VAL(MID$(B$,I+LEN(B$)-N,1))
390 NEXT I
400 FOR I=N-LEN(B$)+1 TO N
410 FOR K=N TO N-LEN(A$)+1 STEP -1
420 C(I+K)=C(I+K) + A(K) * B(I)
430 NEXT K,I
440 FOR I=2*N TO 1 STEP -1
450 C(I-1) = C(I-1) + INT(C(I)/10)
460 C(I) = C(I) - 10 * INT(C(I)/10)
470 NEXT I
480 FOR I=1 TO 2*N
490 IF C(I)=0 THEN S=I
500 IF C(I)<>0 THEN I=2*N
510 NEXT I
597 :
599 REM  * AUSGABE *
600 PRINT
610 FOR I=S+1 TO 2*N
620 PRINT STR$(C(I));
630 NEXT I
640 PRINT
697 :
699 REM  * ENDE *
700 PRINT:PRINT
710 INPUT "WIEDERHOLUNG <J/N> ";J$
720 IF J$="J" THEN 130
730 END

RUN
....

ERSTER FAKTOR: ? 57290278521754829347
ZWEITER FAKTOR:? 62836358490827369386

57290278521754829347
MAL
62836358490827369386
IST GLEICH
3599912479232333943301177886829362170942

WIEDERHOLUNG <J/N> ? N
Ready
>■
```

Das zweite Programm berechnet die Fakultäten $N! = 1\cdot2\cdot3\cdot\ldots\cdot N$ für positive ganze Zahlen bis etwa 50. Aufgrund des einfacheren Algorithmus kommt man hier mit einem Feld P( ) aus. Für grössere Zahlen N ist zu beachten, dass die auftretenden Faktoren schnell anwachsen und die Dimension des Feldes der tatsächlichen Stellenzahl angepasst werden muss. So ist zur Berechnung von 100! ein Feld P( ) der Dimension 200 nötig. Auch wird die Programmausführungszeit dann recht lang, und es können Probleme mit dem verfügbaren Speicherplatz auftreten. Im Beispiel wurde N = 30 gewählt.

```
100 REM  *** GROSSE FAKULTAETEN ***
101 :
102 REM  (C) Henning Mittelbach (1984)
103 :
110 M=60
120 DIM P(M)
130 P(M)=1
140 CLS:PRINT:PRINT
150 PRINT "FAKULTAETEN BIS ";M/2
160 PRINT "------------------":PRINT
170 FOR I=1 TO M/2
180 PRINT STR$(I);"!";TAB(4);" =";
190 FOR K=M TO 1 STEP -1
200 P(K) = P(K) * I
210 NEXT K
220 FOR K=M TO 1 STEP -1
230 P(K-1) = P(K-1) + INT(P(K)/10)
240 P(K) = P(K) - 10 * INT(P(K)/10)
250 NEXT K
260 FOR K=1 TO M
270 IF P(K)=0 THEN S=K
280 IF P(K)>0 THEN K=M
290 NEXT K
300 PRINT TAB(7);
310 FOR K=S+1 TO M
320 PRINT STR$(P(K));
330 NEXT K
340 PRINT
350 NEXT I
360 END
```

```
FAKULTAETEN BIS 30
------------------

1!  = 1
2!  = 2
3!  = 6
4!  = 24
5!  = 120
6!  = 720
7!  = 5040
8!  = 40320
9!  = 362880
10! = 3628800
11! = 39916800
12! = 479001600
13! = 6227020800
14! = 87178291200
15! = 1307674368000
16! = 20922789888000
17! = 355687428096000
18! = 6402373705728000
19! = 121645100408832000
20! = 2432902008176640000
21! = 51090942171709440000
22! = 1124000727777607680000
23! = 25852016738884976640000
24! = 620448401733239439360000
25! = 15511210043330985984000000
26! = 403291461126605635584000000
27! = 10888869450418352160768000000
28! = 304888344611713860501504000000
29! = 8841761993739701954543616000000
30! = 265252859812191058636308480000000
```

Anhang

Vereinbarung weiterer Standardfunktionen x → F(x)

Cotangens

cot x	DEF FNF(X) = 1/TAN(X)

Arkusfunktionen

Arc sin x	DEF FNF(X) = ATN(X/SQR(1 - X*X))
Arc cos x	DEF FNF(X) = PI/2 - ATN(X/SQR(1 - X*X))
Arc cot x	DEF FNF(X) = PI/2 - ATN(X)

Hyperbelfunktionen

sinh x	DEF FNF(X) = (EXP(X) - EXP(-X))/2
cosh x	DEF FNF(X) = (EXP(X) + EXP(-X))/2
tanh x	DEF FNF(X) = 1 - EXP(-X)/(EXP(X) + EXP(-X))*2
coth x	DEF FNF(X) = 1 + EXP(-X)/(EXP(X) - EXP(-X))*2

Areafunktionen

ar sinh x	DEF FNF(X) = LN(X + SQR(X*X + 1))
ar cosh x	DEF FNF(X) = LN(X + SQR(X*X - 1))
ar tanh x	DEF FNF(X) = LN((1 + X)/(1 - X))/2
ar coth x	DEF FNF(X) = LN((X + 1)/(X - 1))/2

Modulofunktion

a mod b	DEF FNF(A) = INT((A/B-INT(A/B))*B+Ø.ØØ5)*SGN(A/B)

Der ASCII Code

Code	Zei	CTRL	Bedeutung	Code	Zei	Code	Zei	Code	Zei
0	NUL	@	Null	32	blank	64	@	96	`
1	SOH	A	Start of Heading	33	.	65	A	97	a
2	STX	B	Start of Text	34	"	66	B	98	b
3	ETX	C	End of Text	35	#	67	C	99	c
4	EOT	D	End of Transmission	36	$	68	D	100	d
5	ENQ	E	Enquiry	37	%	69	E	101	e
6	ACK	F	Acknowledge	38	&	70	F	102	f
7	BEL	G	Bell	39	'	71	G	103	g
8	BS	H	Backspace	40	(	72	H	104	h
9	HT	I	Horizontal Tabulation	41	)	73	I	105	i
10	LF	J	Line Feed	42	*	74	J	106	j
11	VT	K	Vertical Tabulation	43	-	75	K	107	k
12	FF	L	Form Feed	44	,	76	L	108	l
13	CR	M	Carriage Return	45	-	77	M	109	m
14	SO	N	Shift Out	46	.	78	N	110	n
15	SI	O	Shift In	47	/	79	O	111	o
16	DLE	P	Data Link Escape	48	0	80	P	112	p
17	DC1	Q	Device Control 1	49		81	Q	113	q
18	DC2	R	Device Control 2	50	2	82	R	114	r
19	DC3	S	Device Control 3	51	3	83	S	115	s
20	DC4	T	Device Control 4	52	4	84	T	116	t
21	NAK	U	Negative Acknowledge	53	5	85	U	117	u
22	SYN	V	Synchronous Idle	54	6	86	V	118	v
23	ETB	W	End of Transmiss. Block	55	7	87	W	119	w
24	CAN	X	Cancel	56	8	88	X	120	x
25	EM	Y	End of Medium	57	9	89	Y	121	y
26	SUB	Z	Substitute	58	:	90	Z	122	z
27	ESC	[	Escape	59	;	91	[	123	{
28	FS	\	File Separator	60	<	92	\	124		
29	GS	]	Group Separator	61	=	93	]	125	}
30	RS	^	Record Separator	62	>	94	^	126	~
31	US	_	Unit Separator	63	?	95	_	127	DEL

Code: ASCII Nummer, Zei: zugehöriges Zeichen, davon unter den Nummern 32 - 126 alle darstellbaren Zeichen. Die Nummern 0 - 31 entsprechen den Steuerzeichen und sind über die CTRL Taste erreichbar. DEL besitzt eine eigene Taste.

Daten einiger Kleincomputer

robotron Z 9001

Kleincomputer auf der Basis des Mikroprozessors U880. Der BASIC Interpreter wird wahlweise von Kassette ins RAM eingelesen oder als ROM Modul gesteckt. Nachstehend ein Plan der Speicherbelegung des Rechners; die Angaben in Klammern beziehen sich auf das ROM BASIC. Die Zeiger verwalten den BASIC Arbeitsspeicher.

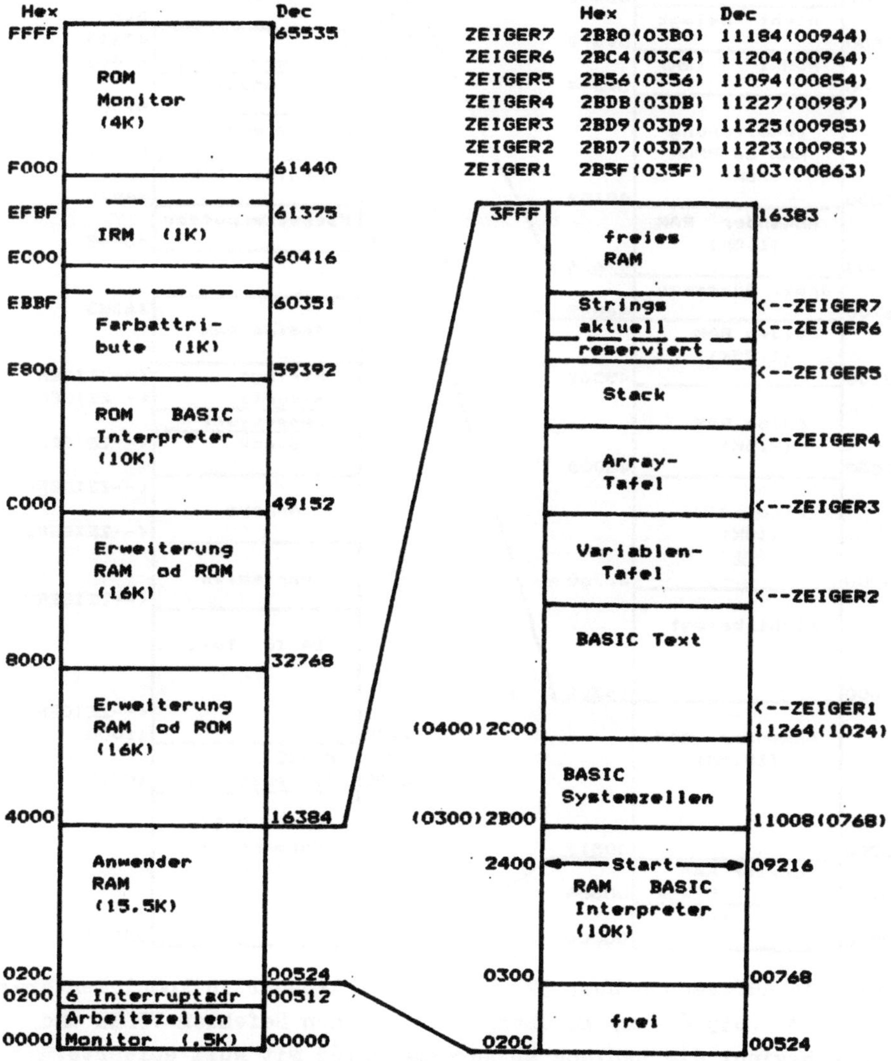

KC 85/2

Kleincomputer mit dem Mikroprozessor U880. Der BASIC Interpreter wird bei Betriebsbeginn von Kassette eingelesen.

Speicherbelegung

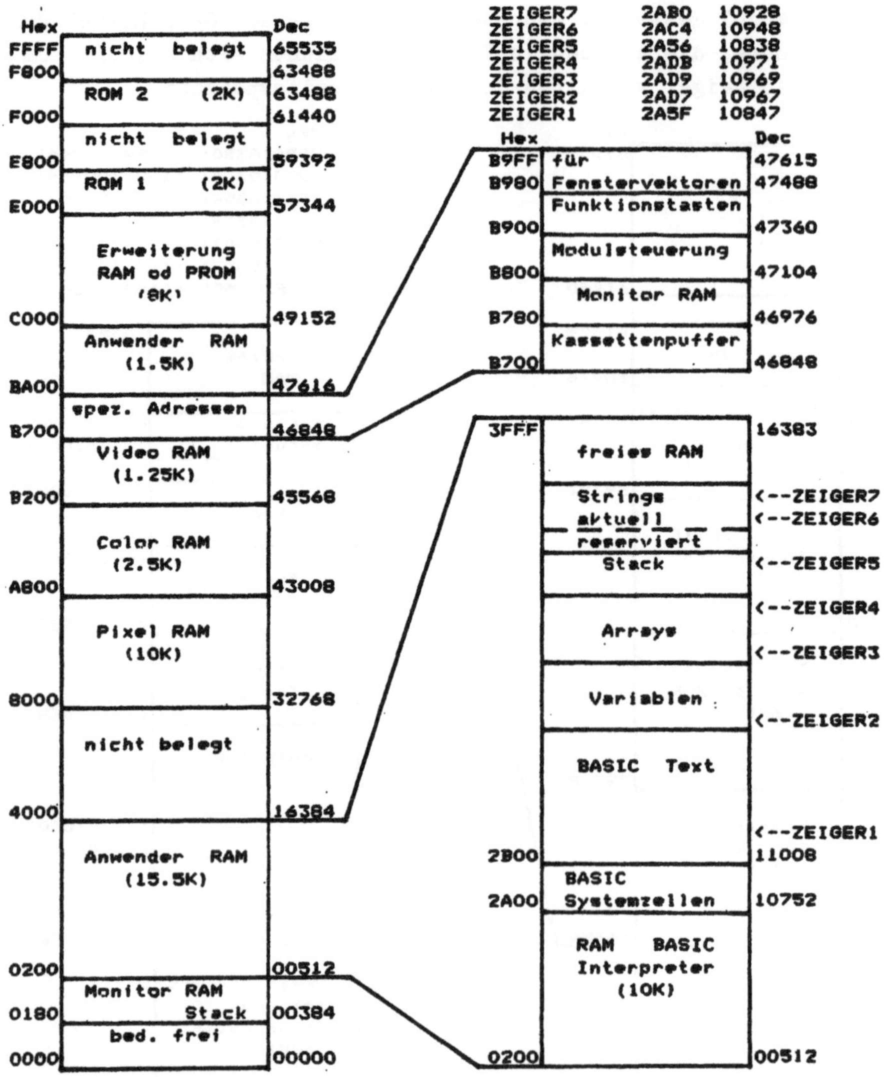

Dezimale Adressen n über 32767 sind dem Rechner in komplementärer Form $\bar{n}$ = -(65536 - n) zu übergeben. Bei den Befehlen VPEEK und VPOKE beginnt die Zählung ab Adresse 32768 mit Null aufwärts.

Systemadressen

```
0180-01D4   Monitor-Stack, Beginn bei 01D4
01E4-01EF   Interruptadressen
B79C-B79D   WINON Fensteranfang: Spalte (0...39dec), Zeile (0...31dec)
B79E        WINLG relative Fenstergrösse,  Spaltenzahl (1...max.40dec)
B79F        WINLG+1 relative Fenstergrösse, Zeilenzahl (1...max.32dec)
B7A0-B7A1   CURSO Cursorposition: Spalte, Zeile
B7A2        STBT  Steuerbyte
B7A3        COLOR Farbbyte; Bits 0:bH, 1:rH, 2:gH, 3:bV, 4:rV, 5:gV
            (b-blau, r-rot, g-grün, V-Vordergrund ,H-Hintergrund),
            6:30° Drehung im Farbkreis, 7:Blinkbit
B7D3-B7D4         Graphik Cursor X-Koordinate (0...319dec)
B7D5              Graphik Cursor Y-Koordinate (0...255dec)
B7D6              Farbbyte für Graphic-Routinen
I/O Adressen  0088-008B  PIO,  008C-008F  CTC
```

Einige Rufnummern für ROM Routinen

04 Tasteneingabe mit Warten, Zeichen in A; Einblendung des Cursors

1A Ausgabe des Inhaltes von Register HL als Hex-Zahl

30 Setzen eines Bildpunktes; X-Koordinate in B7D3 (low byte) und B7D4 (high byte), Y-Koordinate in B7D5, Farbbyte in B7D6

Aufruf der Routinen durch CALL F003 (CD 03 F0); Beispiel: Erweiterung des MENU um ein Unterprogramm 'ASCII' zur Ausgabe von 15 Zeichen -

1. Aufruf von MODIFY in der Monitor-Ebene
2. Eingabe folgender Code-Zahlen in den Speicherbereich 0000-0016:
7F 7F ,A ,S ,C ,I ,I 01 08 06 0F CD 03 F0 04 CD 03 F0 00 10 F6 08 C9
3. Aufruf MENU, dann Aufruf von ASCII, Zeicheneingabe über Tastatur

Beispiel 2: Erweiterung des MENUs durch die Routine CLS: 7F 7F ,C ,L ,S 01 08 D9 3E 00 01 FF 27 11 01 80 21 00 80 77 ED B0 08 D9 C9

Demonstrationsprogramme zur Struktur des Graphik-Schirms

```
10 REM  *** DEMO1  PIXEL RAM ***
20 WINDOW 0,31,0,39:!FENSTER AUF
30 CLS : FOR X=0 TO 10239
40 VPOKE X,255 : NEXT X : END
50 REM  *** DEMO2  BIT-MUSTER ***
60 CLS:C$="BYTE M =":FOR M=0 TO 255
70 PRINTAT(12,6);C$;M:FORX=1TO26STEP2
80 FOR X=1 TO 26 STEP2 :VPOKE 453+X,M
90 VPOKE677+X,M:NEXTX:PAUSE7:NEXTM:END
```

```
100 REM *** DEMO3  FARBE ***
110 WINDOW 0,31,0,39 : CLS
120 PRINT "*** FARBCODE ***"
130 FOR FB=0 TO 255
140 FOR P=10240 TO 10399
150 VPOKE P,FB
160 PRINT AT(1,15);FB
170 NEXT P,FB
180 END
```

Eingabe zweier Maschinencode-Routinen durch ein BASIC Hilfsprogramm (mit RUN starten). Aufruf der Routinen durch CALL*3F00 (Rollen des Schirmes nach links) bzw. CALL*3F8A (Pixel-Scrolling, Spalten 0-31)

```
10 CLEAR 256,16127:FOR X=16128 TO 16292 :READ M:POKE X,M:NEXT X:END
20 DATA 221,229,253,229,245,197,213,229,001,255,031,017,000,128,033
30 DATA 001,128,237,176,001,000,000,017,032,000,033,031,128,112,025
40 DATA 013,032,251,017,000,160,253,033,031,128,014,004,033,000,000
50 DATA 006,004,229,221,225,221,025,217,017,000,000,006,016,221,229
60 DATA 225,025,126,253,119,000,235,213,017,032,000,025,253,025,209
70 DATA 235,016,236,217,213,017,008,000,025,209,016,216,235,213,017
80 DATA 000,002,025,209,235,013,032,200,001,255,007,017,000,160,033
90 DATA 001,160,237,176,001,000,000,017,008,000,033,007,160,113,025
92 DATA 016,252,225,209,193,241,253,225,221,225,201,203,200,184,177
94 DATA 174,185,189,217,008,033,000,128,022,000,006,031,035,126,007
98 DATA 043,203,022,035,016,247,203,038,035,021,032,239,217,008,201
```

```
10 REM  *** LEFT SCROLL DEMO ***
20 PRINT CHR$(17)
30 PRINTAT(INT(32*RND(1)),39);"#"
40 PRINTAT(INT(32*RND(1)),39);"*"
50 CALL*3F00:IF INKEY$="" THEN 30
```

```
10 REM  *** PIXEL SCROLLING ***
20 FORY=20TO235:PSET255,Y,7:NEXT
30 Y=128-100*SIN(X):X=X+.03
40 PSET 255,128,7:PSET 255,Y,7
50 CALL *3F8A:IF X<2*PI THEN 30
```

Oric-1

Computer auf Basis des Mikroprozessors 6502. Die Ein- und Ausgabe wird durch die VIA 6522 gesteuert.

Speicherbelegung

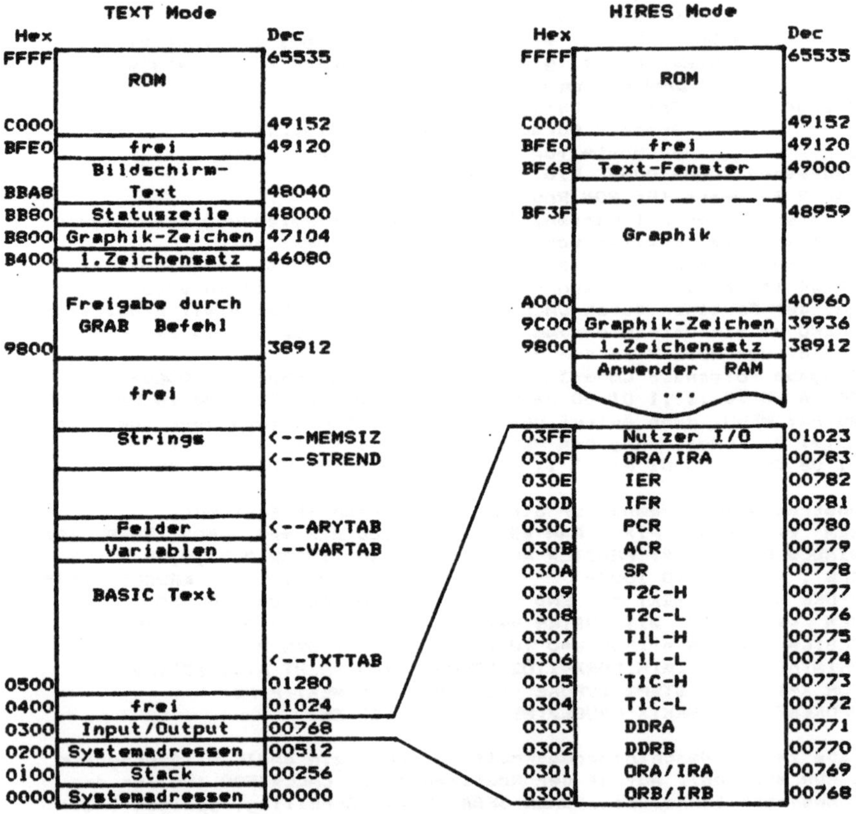

Auf den Adressen 0300-030F am Ende von Seite 3 liegen die Register der VIA 6522, vergleiche Rockwell Data Book (1984) oder Zaks,R. (1983).

Im ROM sind einige Fehler enthalten. So wird MEMSIZ falsch gesetzt; dies lässt sich durch Eingabe von HIMEM #97FF korrigieren. Das zweite Argument in POKE muss dezimal oder als Variable geschrieben werden. Vor Druckerausgaben sollte mit CALL #ED01 der regelmässige Interrupt abgeschaltet werden; wieder eingeschaltet wird mit CALL #ECC7.

Herrn Ekkehard Otto, Witten, danke ich sehr für detaillierte Mitteilungen über das ROM dieses Rechners.

Systemadressen im RAM

0000-000B		frei
0031	LINWID	Zeilenbreite bei Druckerausgabe
009A-009B	TXTTAB	Zeiger auf Anfang BASIC Text (low,high)
009C-009D	VARTAB	Zeiger auf Beginn Variablen (= Ende BASIC Programm)
009E-009F	ARYTAB	Zeiger auf Beginn der Array-Tafel
00A0-00A1		Zeiger auf Ende der Array-Tafel
00A2-00A3	STREND	Zeiger auf Ende des letzten String
00A4-00A5		Zeiger auf Anfang des letzten String
00A6-00A7	MEMSIZ	Zeiger auf höchste RAM Adresse (HIMEM)
00AC-00AD		Zeiger auf nächsten BASIC Befehl
00AE-00AF		Nummer der aktuellen DATA Zeile
00B0-00B1		Zeiger auf nächstes DATA
00D0-00D5	FACC	Gleitpunktakkumulator #1
00D8-00DD	FACC2	Gleitpunktakkumulator #2
0208	KEYAD	aktuell gedrückte Taste (Sondercode)
0209	KBSTAT	akt.gdr. Steuertaste A7,A4,A2 entspr. ->,<-,CTRL
0212		FB (foreground/backgr.) Wert für Graphik-Routinen
0213	PAT	Bitmuster für PATTERN Routine
0219	CURX	Graphik Cursor X-Koordinate
021A	CURY	Graphik Cursor Y-Koordinate
0220	SXTNK	RAM Flag: 0 - 48K, 1 - 16K Maschine
0228-022A	INTFS	Sprung zur IRQ Routine in EC03
022B-022D	NMIJP	Sprung zur NMI Routine in F430
0268	CURROW	Cursorposition Zeile
0269		Cursorposition Spalte
026A	MODEO	Statusflags Bit0=0 Cursor aus,Bit3=1 Tastklick aus Bit4=1 letzt.Zei ESC,Bit5=0 Spalten 1,2 geschützt
026B	BGND	Hintergrundfarbe, PAPER+16
026C	FGND	Vordergrundfarbe, INK
026D-026E	VDLU	Bildschirmfenster-Startadresse
026F	NOROWS	Zeilenzahl Bildschirmfenster
0270	CURON	Cursor ein/aus Flag
0271	CURINV	Cursor invers Flag
0276-0277	TIMER3	freier Zähler, zählt 10 min rückw. in 1/100 sec
02DF	ICHAR	zuletzt gedrückte Taste (ASCII + #80)
02E0-02E7	PARAMS	Parameterübergabe für Graphik und Sound
02F5-02F6		Adresse für ! Routine (nutzerdef. BASIC Befehl)
02FC-02FD		Adresse für & Routine (nutzerdef. BASIC Funktion)

Startadressen für ROM Routinen

C000	Sprung zum Kaltstart in EA59	DF34	Vergleich Var(A,Y) mit FACC
C003	Sprung zum Warmstart in C475	E072	FAKK + A -> FAKK
C5F8	Taste -> A mit Warten	E630	RDBYTE Read Byte from tape
CC12	Zeich.in A -> Schirm, 2F1=0	E905	GTORKB Taste -> A (o.Warten)
D3ED	16 bit Integer (A,Y) -> FACC	F02D	CURSET PARAMS=0,PARAMS+1=X PARAMS+3=Y, PARAMS+5=FB
D867	Zahl in FACC -> 33,34 Integ.		
DCB7	Variable(A,Y) * FACC	F064	CURMOV Parameter wie CURSET
DCBA	FACC2 * FACC	F079	DRAW Parameter wie CURSET
DD4D	Variable(A,Y) -> FACC2	F093	PATTERN PARAMS=0,PARAMS+1=B
DDA3	FACC * 10(dec)	F0A5	CHAR PARAMS=0,PARAMS+1=ASCII PARAMS+3=CharSet,PARAMS+5=FB
DDBF	FACC/10(dec)		
DDE0	Variable(A,Y)/FACC	F1E5	FILL PARAMS=0, PARAMS+1=Zeil PARAMS+3=Zell, PARAMS+5=Attr
DDE3	FACC2/FACC		
DE73	Variable(A,Y) -> FACC	F2E5	CIRCLE PARAMS=0,PARAMS+1=rad PARAMS+3=FB
DE98	FACC -> CB,CC,...,CF		
DE9B	FACC -> C6,C7,...,CA	F43C	Zeichen von Tastatur nach X
DEA8	FACC -> Variable(X,Y)	F73F	VDU, Zeichen in X -> Schirm
DECD	FACC2 -> FACC	F75B	PRTCHR Ausg. A -> Centronics
DEDD	FACC -> FACC2	F7E0	Berechnung alt. Zeichensatz
DF04	Vorzeichen FACC	FFFC	RESET Adresse F42D

Mikroprozessoren

U880/Z80 CPU

Der U880 ist ein in NMOS Technologie gefertigter LSI Schaltkreis. Die Datenbreite beträgt 8 bit, so dass jeweils ein Byte simultan verarbeitet werden kann. Der 16 bit breite Adressbus erlaubt das direkte Ansprechen von 64K Speicherstellen. Im Speicher sind gleichberechtigt Daten wie auch codierte Maschinenbefehle abgelegt. Diese Befehle werden vom Prozessor schrittweise gelesen und entsprechend seines fest vorgegebenen Befehlssatzes interpretiert. Der U880 ist kompatibel zu dem international weit verbreiteten Mikroprozessor Z80 (1983: 24% aller eingesetzten 8 bit Prozessoren, Tendenz steigend). Dieser ist eine Weiterentwicklung des Intel 8080 und umfasst dessen Befehlssatz vollständig. Das erlaubt die uneingeschränkte Nutzung des für den 8080 geschriebenen Standard-Betriebssystems CP/M.

Blockschaltbild

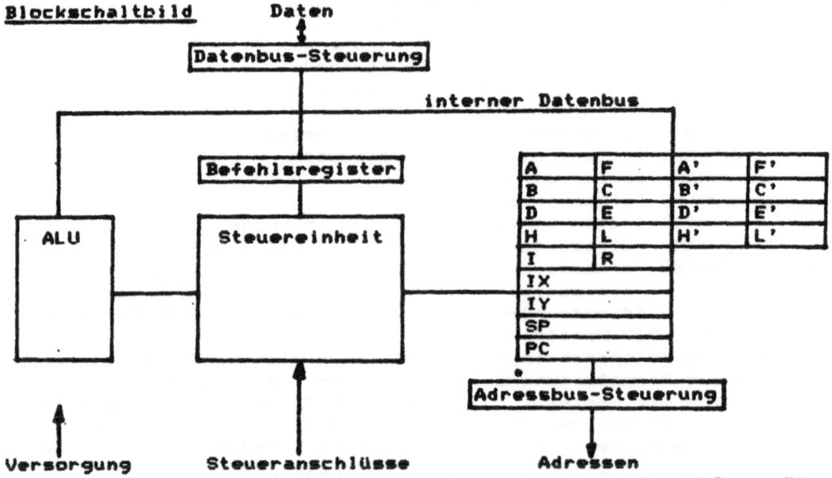

Befehle werden entsprechend dem Stand des Befehlszählers PC vom Speicher geholt, im Befehlsregister zwischengespeichert und dann dekodiert und verarbeitet. Hierdurch wird das Lesen und Schreiben von Daten im Registersatz gesteuert wie auch die arithmetischen und logischen Operationen in der ALU kontrolliert. Zum Hauptregistersatz gehören der Akkumulator A, das die Prozessorstatus-Bits enthaltende Flagregister F sowie die allgemeinen Register B - L. Diese 8 bit Register können paarweise zu den 16 bit Registern BC, DE und HL kombiniert werden. Wahlweise, aber nicht simultan, kann auch der Wechselregistersatz A'-L' mit identischen Funktionen genutzt werden. Das Interruptregister I wird bei bestimmten Unterbrechungen der Arbeit des Prozessors benutzt. Schliesslich unterstützt das Refreshregister R die Arbeit mit externen dynamischen Speichern. Die 16 bit Indexregister IX,IY sind zur indirekten Adressierung und allgemein zur Verarbeitung 16 bit breiter Daten vorgesehen. Der 16 bit breite Stackpointer SP ermöglicht die Anlage des Stacks an einer beliebigen Stelle des gesamten Adressraumes. Im Anfangszustand zeigt der Befehlszähler auf 0000.

Zum U880/Z80 ist umfangreiche Literatur erschienen, so findet man den vollständigen Befehlssatz ausführlich dokumentiert und erklärt in Kieser,H., und Meder,M. (1985) oder Zaks,R. (1982).

6502

Auch dieser Mikroprozessor ist ein LSI Schaltkreis in NMOS Technologie mit 8 bit Datenbreite. Im Vergleich zum Z80 zeichnet er sich weniger durch eine Vielzahl von Registern und verfügbaren internen Operationen aus, sondern eher durch effektive Adressierungsarten und eine hochentwickelte BCD Arithmetik. 1983 hatte er einen Anteil von 34% aller 8 bit Prozessoren. Der 6502 ist aufwärtskompatibel zum 16 bit Bus der 68000 Familie.

Registersatz

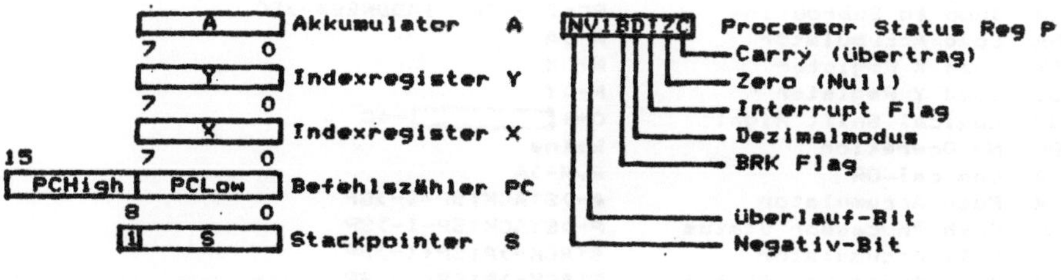

Adressierungsarten:

Accumulator (Acc) - Ein-Byte Befehl, Inhalt von A betreffend

Immediate (Imm) - Zweites Byte enthält Konstante als Operanden

Absolute (Abs) - Zweites Byte gibt niederwertiges, das dritte höherwertiges Byte einer Arbeitsadresse an

Zero Page (ZP) - Kurzform, zweites Byte enthält Adresse in Seite Null

Indexed Absolute (Abs X od Y) - Adresse wird durch Addition des X oder Y Register-Inhalts zur angegebenen Adresse gebildet (low,high)

Indexed Zero Page (ZP,X od Y) - Kurzform, Adresse in Seite Null

Implied (Ipl) - Im Code ist Angabe des Operanden implizit enthalten

Relative (Rel) - 2.Byte gibt Abstand zum Sprungziel (Zweierkomplement)

Absolute Indirect (Ind) - Angeg. Adr. weist auf Speicherzelle,in der niederw. Byte eines Sprungzieles steht, höherw. Byte in folg. Zelle

Indexed Indirect (Ind,X) - Die Summe aus dem zweiten Byte des Befehls und dem Inhalt des X Registers zeigt auf die erste zweier aufeinanderfolgender Zellen in Seite 0, welche die Arbeitsadresse enthalten

Indirect Indexed ((Ind),Y) - 2.Byte zeigt auf erste von zwei Zellen in Seite 0, die eine Adr. enthalten; Addition von Y ergibt Arbeitsadr.

Befehlssatz

Mnemonic		Aktion
ADC	Add with Carry	A+M+C->A
AND	Logical AND	A ∧ M->A
ASL	Arithmetic Shift Left	C ← [ ] ← 0
BCC	Branch on Carry Clear	Verzweige falls C=0
BCS	Branch on Carry Set	Verzweige falls C=1
BEQ	Branch on Result Zero	Verzweige falls Z=1
BIT	Test Bits	M7->N;M6->V;A ∧ M und aktualisiere Z
BMI	Branch on Result Minus	Verzweige falls N=1
BNE	Branch on Result not 0	Verzweige falls Z=0
BPL	Branch on Result Plus	Verzweige falls N=0
BRK	Force Break	PC+2,P->STACK;B=1;(FFFE,FFFF)->PC
BVC	Branch on Overflow Clear	Verzweige falls V=0
BVS	Branch on Overflow Set	Verzweige falls V=1
CLC	Clear Carry Flag	0->C
CLD	Clear Decimal Mode	0->D
CLI	Clear Interupt Mask	0->I
CLV	Clear Overflow Flag	0->V
CMP	Compare with Accumulator	A-M und aktualisiere N,Z,C
CPX	Compare with X Register	X-M und aktualisiere N,Z,C
CPY	Compare with Y Register	Y-M und aktualisiere N,Z,C
DEC	Decrement Memory	M-1->M
DEX	Decrement X Register	X-1->X
DEY	Decrement Y Register	Y-1->Y
EOR	Logical Exclusive OR	A ⊻ M->A
INC	Increment Memory	M+1->M
INX	Increment X Register	X+1->X
INY	Increment Y Register	Y+1->Y
JMP	Jump to new location	ADDRESS->PC
JSR	Jump to Subroutine	PC+2->STACK;ADDRESS->PC
LDA	Load Accumulator	M->A
LDX	Load X Register	M->X
LDY	Load Y Register	M->Y
LSR	Logical Shift Right	0 → [ ] → C
NOP	No Operation	keine
ORA	Logical OR	AvM->A
PHA	Push Accumulator	A->STACK;SP-1->SP
PHP	Push Processor Status	P->STACK;SP-1->SP
PLA	Pull Accumulator	STACK->A;SP+1->SP
PLP	Pull Processor Status	STACK->P;SP+1->SP
ROL	Rotate Left	┌[ ] ← C┐
ROR	Rotate Right	┌C → [ ] →┐
RTI	Return from Interrupt	STACK->P,SP+1->SP,STACK->PC,SP+2->SP
RTS	Return from Subroutine	STACK+1->PC,SP+2->SP
SBC	Subtract with Carry	A-M-C->A
SEC	Set Carry Flag	1->C
SED	Set Decimal Mode	1->D
SEI	Set Interrupt Flag	1->I
STA	Store Accumulator	A->M
STX	Store X Register	X->M
STY	Store Y Register	Y->M
TAX	Transfer Acc to X Reg	A->X
TAY	Transfer Acc to Y Reg	A->Y
TSX	Transfer PSR to X Reg	P->X
TXA	Transfer X Reg to Acc	X->A
TXS	Transfer X Reg to PSR	X->P
TYA	Transfer Y Reg to Acc	Y->A

Code Matrix

	0	1	2	4	5	6	8	9	A	C	D	E	
0	BRK Ipl 1 7	ORA (Ind,X) 2 6			ORA ZP 2 3	ASL ZP 2 5	PHP Ipl 1 3	ORA Imm 2 2	ASL Acc 1 2		ORA Abs 3 4	ASL Abs 3 6	0
1	BPL Rel 2 2	ORA (Ind),Y 2 5			ORA ZP,X 2 4	ASL ZP,X 2 6	CLC Ipl 1 2	ORA Abs,Y 3 4			ORA Abs,X 3 4	ASL Abs,X 3 7	1
2	JSR Abs 3 6	AND (Ind,X) 2 6		BIT ZP 2 3	AND ZP 2 3	ROL ZP 2 5	PLP Ipl 1 4	AND Imm 2 2	ROL Acc 1 2	BIT Abs 3 4	AND Abs 3 4	ROL Abs 3 6	2
3	BMI Rel 2 2	AND (Ind),Y 2 5			AND ZP,X 2 4	ROL ZP,X 2 6	SEC Ipl 1 2	AND Abs,Y 3 4			AND Abs,X 3 4	ROL Abs,X 3 7	3
4	RTI Ipl 1 6	EOR (Ind,X) 2 6			EOR ZP 2 3	LSR ZP 2 5	PHA Ipl 1 3	EOR Imm 2 2	LSR Acc 1 2	JMP Abs 3 3	EOR Abs 3 4	LSR Abs 3 6	4
5	BVC Rel 2 2	EOR (Ind),Y 2 5			EOR ZP,X 2 4	LSR ZP,X 2 6	CLI Ipl 1 2	EOR Abs,Y 3 4			EOR Abs,X 3 4	LSR Abs,X 3 7	5
6	RTS Ipl 1 6	ADC (Ind,X) 2 6			ADC ZP 2 3	ROR ZP 2 5	PLA Ipl 1 4	ADC Imm 2 2	ROR Acc 1 2	JMP Ind 3 5	ADC Abs 3 4	ROR Abs 3 6	6
7	BVS Rel 2 2	ADC (Ind),Y 2 5			ADC ZP,X 2 4	ROR ZP,X 2 6	SEI Ipl 1 2	ADC Abs,Y 3 4			ADC Abs,X 3 4	ROR Abs,X 3 7	7
8		STA (Ind,X) 2 6		STY ZP 2 3	STA ZP 2 3	STX ZP 2 3	DEY Ipl 1 2		TXA Ipl 1 2	STY Abs 3 4	STA Abs 3 4	STX Abs 3 4	8
9	BCC Rel 2 2	STA (Ind),Y 2 6		STY ZP,X 2 4	STA ZP,X 2 4	STX ZP,Y 2 4	TYA Ipl 1 2	STA Abs,Y 3 5	TXS Ipl 1 2		STA Abs,X 3 5		9
A	LDY Imm 2 2	LDA (Ind,X) 2 6	LDX Imm 2 2	LDY ZP 2 3	LDA ZP 2 3	LDX ZP 2 3	TAY Ipl 1 2	LDA Imm 2 2	TAX Ipl 1 2	LDY Abs 3 4	LDA Abs 3 4	LDX Abs 3 4	A
B	BCS Rel 2 2	LDA (Ind),Y 2 5		LDY ZP,X 2 4	LDA ZP,X 2 4	LDX ZP,Y 2 4	CLV Ipl 1 2	LDA Abs,Y 3 4	TSX Ipl 1 2	LDY Abs,X 3 4	LDA Abs,X 3 4	LDX Abs,Y 3 4	B
C	CPY Imm 2 2	CMP (Ind,X) 2 6		CPY ZP 2 3	CMP ZP 2 3	DEC ZP 2 5	INY Ipl 1 2	CMP Imm 2 2	DEX Ipl 1 2	CPY Abs 3 4	CMP Abs 3 4	DEC Abs 3 6	C
D	BNE Rel 2 2	CMP (Ind),Y 2 5			CMP ZP,X 2 4	DEC ZP,X 2 6	CLD Ipl 1 2	CMP Abs,Y 3 4			CMP Abs,X 3 4	DEC Abs,X 3 7	D
E	CPX Imm 2 2	SBC (Ind,X) 2 6		CPX ZP 2 3	SBC ZP 2 3	INC ZP 2 5	INX Ipl 1 2	SBC Imm 2 2	NOP Ipl 1 2	CPX Abs 3 4	SBC Abs 3 4	INC Abs 3 6	E
F	BEQ Rel 2 2	SBC (Ind),Y 2 5			SBC ZP,X 2 4	INC ZP,X 2 6	SED Ipl 1 2	SBC Abs,Y 3 4			SBC Abs,X 3 4	INC Abs,X 3 7	F
	0	1	2	4	5	6	8	9	A	C	D	E	

	1		
		Code:	A1
A	LDA (Ind,X) 2 6	Mnemonic: Adressierung: Anzahl Bytes,Maschinenzyklen:	Load Accumulator Indexed Indirect 2,6

Bemerkung. Der Prozessor hat einen Maskenfehler. Ist das zweite Byte in einem indirekten Sprungbefehl gleich FF, so wird falsch adressiert. Beispiel: Der Code für JMP (07FF) ist 6C FF 07. Die Zieladresse müsste aus den Zellen 07FF und 0800 geholt werden. Der Prozessor liest indessen 07FF und 0700.

Abkürzungen und Kunstworte

Ada	höhere Programmiersprache, benannt nach Lady Augusta Byron, Countess Lovelace, Assistentin von Charles Babbage
ADC	Analog to Digital Converter, Analog/Digital-Wandler
AFC	Automatic Fine-Tuning Control, automat. Scharfabstimmung
AI	Artificial Intelligence, Künstliche Intelligenz
ALGOL	Algorithmic Language, höhere Programmiersprache für wissenschaftliche Anwendungen
ALU	Arithmetic and Logic Unit, Rechenwerk
APSS	Auto Program Search System, automatisches Suchsystem
ASCII	American Standard Code for Information Interchange
AV	Fernsehempfängereingang für Videorecorder
BAS	Bild-Austast-Synchronisiersignal
BASIC	Beginners All-purpose Symbolic Instruction Code, dialogorientierte höhere Programmiersprache, gegenwärtig auf Kleincomputern besonders genutzt
Baud	Masseinheit für Übertragungsgeschwindigkeit: 1 bit/sec, benannt nach dem Ingenieur Emile Baudot (1845-1903)
BCD	Binary Coded Decimal, binär kodierte Dezimalzahl
BDOS	Basic Disk Operating System, Programm im Betr.-Syst. CP/M
BIOS	Basic Input/Output System, Programm im Betr.-Syst. CP/M
BTX	Bildschirmtext
C	moderne höhere Programmiersprache
CAD	Computer Aided Design, computergestützte Entwurfstechnik
CADAM	Computer Graphics Augmented Design and Manufacturing
CAE	Computer Aided Engineering
CAI	Computer Assisted Instruction, computerunterstütztes Unterrichten
CAL	Computer Assisted Learning, computerunterstütztes Lernen
CAM	Computer Aided Manufacturing, computergestützte Fertigung
CAM	Computer Aided Management, computergest. Betriebsführung
CAP	Computer Aided Planning, computergestützte Planung
CAQ	Computer Aided Quality Assurance, computergestützte Qualitätssicherung
CCP	Console Command Processor, Teil des Betriebssystems CP/M
Centronics	Firmenname, Norm für eine Schnittstelle zur parallelen Datenübertragung
CIM	Computer Integrated Manufacturing, komplexes Entwurfs- und Produktionssystem

CMOS	Complementary Metal Oxide Silicon, Technologie für stromsparende Transistoren und Chips
CNC	Computerized Numerical Control, Computersteuerung (von Werkzeugmaschinen)
COBOL	Common Business Oriented Language, höhere Programmiersprache für vorwiegend kommerzielle Zwecke
COPICS	Communication Oriented Production Information and Control System
CP/M	Control Program for Microprocessors, Betriebssystem der Firma Digital Research, Standard für 8-bit-Microrechner
CPU	Central Processing Unit, Zentraleinheit
CRT	Cathode Ray Tube, Kathodenstrahlröhre, Monitor
CRTC	CRT Controller, Bildröhren-Steuerung
CTC	Counter Timer Circuit, Zähler/Zeitgeber-Schaltkreis
DAC	Digital to Analog Converter, Digital/Analog-Wandler
DC	Direct Current, Gleichstrom
DIP	Dual-In-Line Package, Gehäuse für Chips mit zwei Anschlussreihen
DMA	Direct Memory Access, direkter Speicherzugriff
DNC	Direct Numerical Control, direkte numerische Steuerung (mehrerer Werkzeugmaschinen)
DOS	Disk Operating System, Betriebssystem für Plattenspeicher
DRAM	Dynamical RAM, dynamisches RAM, kapazitiver Speicher
EAR	Earphone, Ohrhörer
EAROM	Electrically Alterable ROM, elektrisch änderbares ROM
EBCDIC	Extended Binary Coded Decimal Interchange Code
EPROM	Erasable Programmable ROM,löschbares programmierbares ROM
FBAS	Farb-Bild-Austast-Synchronisiersignal
FDC	Floppy Disk Controller, Floppy-Steuerung
FET	Field Effect Transistor, Feldeffekttransistor
Forth	Programmiersprache, fourth - 'die Vierte', ursprünglich entwickelt zur Steuerung astronomischer Geräte
Fortran	Formula Translator, höhere Programmiersprache für wissenschaftlich-technische Anwendungen
IC	Integrated Circuit, integrierter Schaltkreis
I^2L	Integrated Injection Logic, Halbleitertechnologie für schnelle Schaltkreise
IRM	Image Repetition Memory, Bildwiederholspeicher
KByte	$2^{10} = 1024$ Bytes
LAN	Local Area Network, lokales Computer-Kommunikationsnetz

LCD	Liquid Crystal Display, Flüssigkristallanzeige
LED	Light Emitting Diode, Luminiszenzdiode
LIFO	Last-In-First-Out, Prioritätsprinzip in einem Bedienungssystem: Der zuletzt gekommene Kunde wird zuerst bedient
LSB	Least Significant Bit, Bit mit niedrigstem Stellenwert
LSI	Large Scale Integration, Integrationsgrad von in Kleincomputern eingesetzten Mikroprozessoren, ca. 10000 Bauelemente-Funktionen pro Chip
MB	MByte, $2^{20} = 1024^2 = 1048576$ Bytes
MIC	Microphone
MIPS	Million Instructions Per Second, 10^6 Befehle pro Sekunde
MMU	Memory Management Unit, Speicherverwaltungsbaustein
MNOS	Metal Nitride Oxide Semiconductor, Halbleitertechnologie
Modem	Modulator-Demodulator, Telefonkoppler für Rechner
MOS	Metal Oxide Semiconductor, Halbleitertechnologie für spannungsgesteuerte Transistoren
MP/M	Multi-Programming Monitor Control Program for Microprocessors, Mehrbenutzer-Betriebssystem von Digital Research
MPU	Microprocessor Unit, Mikroprozessor
MSB	Most Significant Bit, Bit mit höchstem Stellenwert
MS-DOS	Microsoft Disk Operating System
MSI	Medium Scale Integration, mittlerer Integrationsgrad
MSX	Microsoft Extended BASIC, Kleincomputerstandard
NC	Numerical Control, Steuerung von Werkzeugmaschinen
NMOS	n-Channel Metal Oxide Semiconductor, Halbleitertechnologie für mittelschnelle Schaltkreise
PAL	Phase Alternation Line, zeilenfrequenter Phasenwechsel, Farbfernsehnorm
Pascal	höhere Programmiersprache, benannt nach dem Mathematiker Blaise Pascal (1623-1662)
PC	Personal Computer
PEARL	Process and Experiment Automation Real Time Language, Programmiersprache für die Prozessrechentechnik
PIA	Peripheral Interface Adapter, Schaltkreis für parallele Datenübertragung
PIO	Parallel Input Output Controller, Schaltkreis für parallele Ein- und Ausgabe
PL/1	Programming Language 1, universelle höhere Programmiersprache

PL/M Programming Language for Microcomputer, höhere Programmiersprache für Micros
PMOS p-Channel Metal Oxide Semiconductor,Halbleitertechnologie
PROM Programmable ROM, programmierbares ROM
RAM Random Access Memory, Schreib-/Lesespeicher
RGB Red Green Blue signal, Monitoranschluss
ROM Read Only Memory, Nur-Lese-Speicher
RS 232 internationale Norm für eine Schnittstelle zur seriellen Datenübertragung
SECAM Séquentiel á Mémoire, Farbfernsehnorm
SIO Serial Input/Output Controller, Schaltkreis für serielle Ein- und Ausgabe
SLSI Super Large Scale Integration, siehe ULSI
SOS Silicon On Saphire, Halbleitertechnologie für schnelle Schaltkreise
TPA Transient Program Area, Bereich für Nutzerprogramme im Betriebssystem CP/M
TTL Transistor Transistor Logic, mittelschnelle digitale Schaltkreise mit 5 Volt Versorgungsspannung
TTY Tele Typewriter, Fernschreiber
UART Universal Asynchronous Receiver/Transmitter, universeller Kommunikations-Chip zur asynchronen Datenübertragung
UHF Ultra High Frequency, Frequenzbereich der zweiten Fernsehprogramme
ULSI Ultra Large Scale Integration, Integrationsgrad der gegenwärtig neuesten Chip-Generation mit über 100000 Bauelemente-Funktionen
Unix Betriebssystem für Mini- und Microcomputer
USRT Universal Synchronous Receiver/Transmitter, universeller Kommunikations-Chip für synchrone Datenübertragung
VDU Visual Display Unit, optische Anzeige
VHF Very High Frequency, Frequenzbereich der ersten Fernsehprogramme
VIA Versatile Interface Adapter, Kommunikations-Chip zur parallelen Datenübertragung
VLSI Very Large Scale Integration, Integationsgrad von Chips mit bis zu 100000 Bauelemente-Funktionen
VVLSI Very Very Large Scale Integration, siehe ULSI
V.24 Norm für eine 2x12 Volt Schnittstelle zur seriellen Datenübertragung, entspricht praktisch RS 232

Computer-Englisch

access - Zugriff
to acknowledge - bestätigen, quittieren
to add - addieren
aerial - Antenne
amber - bernsteinfarben
ampersand - Kaufmanns-Und
arcade - Spielhalle
array - Feld
assembler - Assembler, Übersetzerprogramm
asterisk - Sternchen
background - Hintergrund
background program - Hauptprogramm
backspace - Rücktaste
backup - Sicherheitskopie
bank switching - Speicherumschaltung
batch - schubweise
batch system - Stapelverarbeitung
baud rate - Baud Rate, Geschwindigkeit bei serieller Datenübertragung
benchmark test - Bewertungsprogramm
binary digit - Binärziffer, Bit
bit pattern - Bitmuster
bootstrap loader - Urlader
to borrow - (Übertrag) borgen
brace - geschweifte Klammer
bracket - (eckige) Klammer
to branch - verzweigen
to break - abbrechen
bubble - Blase
buffer - Puffer
bug - Wanze, Programmfehler
bus - Bus, Sammelschiene
button - Knopf, Taste
byte - Byte, byte
to call - rufen, aufrufen
capital - Grossbuchstabe
carriage return - Wagenrücklauf
carry - Übertrag
character - Zeichen, Symbol
to check - überprüfen
chip - Chip, Halbleiterkristallplättchen
to chop - abtrennen
circuit - Schaltung
to clear - klären, löschen
clock - Takt
colon - Doppelpunkt
column - Spalte
command - Kommando
to compare - vergleichen
compatible - verträglich, vereinbar
compiler - Übersetzungsprogramm
concatenation - Verkettung
condition - Bedingung
control character - Steuerzeichen
control unit - Steuereinheit
to count - zählen
crash - Absturz, Zusammenbruch
cursor - Positionszeiger, Schreibmarke
cyan - blaugrün
cycle - Zyklus, Periode
data bus - Datenbus
debugging - Fehlerbeseitigung
to decrement - schrittweise vermindern
delay - Verzögerung

to delete - streichen
device - Gerät, Vorrichtung
digit - Ziffer, Stelle
directory - Dateiverzeichnis
display - optische Anzeige
drain - Senke
to draw - Linie ziehen
driver - Treiber
dummy - Statist, Strohmann, Blindzeichen, Scheinargument
to edit - zusammenstellen, neuordnen, edieren
emulation - Nachbildung
enable signal - Freigabesignal
to enter - eintreten
envelope - Einhüllende
to erase - radieren, löschen
to escape - entweichen, nächstes Zeichen als Attribut zu interpretieren
etched screen - geätzter Schirm
exclusive - ausschliessend
factorial - Fakultät
feasible - zulässig
file - Datei, File
flag - Flagge, Zustandsmarke
to flash - blinken
flip flop - statische Speicherzelle
floating point - Fliesspunkt, Gleitkomma
floppy disk - Magnetscheibenspeicher
flow chart - Flussdiagramm
foreground - Vordergrund
garbage collection - Bereinigung redundanter Speicherbelegungen
graphic character - Graphikzeichen
ground - Masse, Nullpotential
hand shaking - Quittungsbetrieb
hardcopy - Ausdruck
hard disk - Festplatte
hardware - Bauteile und Geräte
high byte - höherwertiges Byte
high level language - höhere Programmiersprache
immediate - unmittelbar
to implement - implementieren, durchführen
implied - implizit
to increment - schrittweise erhöhen
indexed - indiziert
ink - Tinte, Vordergrundfarbe
input - Eingang, Eingabe
instruction - Befehl
interface - Schnittstelle, Anpassungsschaltung
interrupt - Unterbrechung
item - Einzelheit, Dateneinheit
joystick - Steuerhebel für Spiele
jump - Sprung
key - Taste
keyboard - Tastatur
key word - Schlüsselwort
kit - Bausatz
label - Marke, Kennzeichen
latch - Signalauffangspeicher
lead - Leitung
library function - festprogrammierte Standardfunktion
light pen - Lichtgriffel
line - Zeile
to link - verbinden
listing - Auflistung, Liste
to load - laden, einlesen
loop - Schleife

low byte - niederwertiges Byte
machine code - Maschinencode
machine language - Maschinensprache
magenta - rotviolett
main switch - Hauptschalter
mains - Stromnetz
mask - Maske, Bitmuster
memory - Speicher
memory map - Speicherbelegungsplan
menu - Menü
to merge - mischen,verschmelzen
mismatch - Fehlanpassung
mnemonic - Mnemonik, Gedankenstütze
mode - Modus, Betriebsart
monitor - 1. Betriebssystem
2. Bildschirm-Einheit
to move - bewegen
multiple precision - mehrfache Genauigkeit
multitasking - Parallelbetrieb
nesting - Verschachtelung
network - Netzwerk
new line - Neue Zeile, Zeilenvorschub
nibble - Halbbyte
odd - ungerade
off - aus
off-line - ungekoppelt
on - ein
on-line - (Rechner-)gekoppelt
opcode - Operationscode
overflow - Überlauf
paddle - Spielhebel
page - Seite, Speicherabschnitt
paper - Papier, Hintergrundfarbe
parity - Parität
pixel - Bildpunkt
to plot - plotten, graphisch darstellen
plug - Stecker
pointer - Zeiger
to pop - holen
port - Tor, Kanal
power socket - Steckdose
power supply - Netzanschluss
power unit - Stromversorgung
to print - drucken
prompt - Bereitschaft
priority - Priorität
to protect - schützen
to pull - aufnehmen, auskellern
to push - wegstossen,einkellern
question mark - Fragezeichen
random - zufällig
to read - lesen
ready - bereit, fertig
real - reelle Zahl
real time - Echtzeit
record block - Aufzeichnungsblock
to refresh - auffrischen
relational operator - Vergleichsoperator
remote control - Fernbedienung
to repeat - wiederholen
to request - anfordern,anfragen
to reset - rückstellen, neu setzen
resolution - Auflösung
to rotate - umlaufen
row - Reihe, Zeile
to rubout - ausradieren
to save - sichern
screen - Bildschirm
scrolling - Rollen
to search - suchen
sequence - Folge

to shift - verschieben
shriek - Ausrufungszeichen
significance - Bedeutsamkeit
silicon - Silizium
size - Grösse, Format
slice - Prozessorscheibe
small letter - Kleinbuchstabe
socket - Buchse, Sockel
softkey - programmierbare Funktionstaste
source - Quelle
source code - Quellcode
space - Raum, Zwischenraum
special character - Sonderzeichen
square root - Quadratwurzel
stack - Stapel, Kellerspeicher
statement - Anweisung
status - Zustand
storage - Speicher
to store - speichern
string - Zeichenreihe
string slice function - Textfunktion
subroutine - Unterprogramm
subscript - Index
tape - Band
terminal - Datenstation, Endstelle
time sharing - Zeitteilung
toggle switch - Kippschalter
token - Codierung für Befehle
toolkit - Programmierhilfe
top down design - Entwurf vom Ganzen zum Detail
touch panel - Kontaktbildschirm
trace - Spur, Ablaufverfolgung
transfer - übertragen
truncation - abschneiden
twos complement - Zweierkomplement
until - bis
to update - aktualisieren
user defined - nutzerdefiniert
to verify - prüfen
volatile - flüchtig
wafer - Siliziumscheibe, viele Chips eines Typs enthaltend
while - während, solange
width - Breite, Zeilenlänge
word processing - Textverarbeitung
word size - Wortlänge
worst case - ungünstigster Fall
to write - schreiben
yield - Ausbeute
zero - Null

Literatur

Adamson, I.: The ORIC ATMOS Manual, Pan Books, London 1984.

Adler, H., Jenke, H.: Programmierung von Rechenanlagen - Eine Einführung, Fachbuchverlag, Leipzig 1985.

Barthold, H., Bäurich, H.: Mikroprozessoren - Mikroelektronische Schaltkreise und ihre Anwendung 1,2; Amateurreihe electronica 222/223 und 224/225, 3.Aufl., Deut. Militärverl., Berlin 1985.

Bennewitz, W., Podszuweit, H.: Programmierung von Einchipmikrorechnern U881 , Automatisierungstechnik 215, VEB Verlag Technik, Berlin 1985.

Busch, H.-J., Hesse, J., Keller, G., Nowottna, H.-J.: Programmierhandbuch Kleincomputer Z 9001, VEB Robotron-Messelektronik "Otto Schön", Dresden 1985. (Bezugsquelle: robotron Vertrieb Erfurt und Berlin)

Claßen, L.: Programmierung des Mikroprozessorsystems U880-K 1520, Automat.-Tech. 192, 4.Aufl., VEB Verlag Technik, Berlin 1984.

DIN-Taschenbuch Nr. 194: Bildschirmarbeitsplätze, Beuth-Verlag GmbH, Berlin und Köln 1984.

Erben, J.: Abriss der deutschen Grammatik, 9.Aufl., Akademie-Verlag, Berlin 1966.

Franke, K.: Einführung in die Mikrorechentechnik, VEB Verlag Technik, Berlin 1984.

Graf, L., Jacob, H., Meindl, W., Weber, W.: Keine Angst vor dem Mikrocomputer, VDI Verlag GmbH, Düsseldorf 1984.

Haase, V., Stucky, W.: BASIC Programmieren für Anfänger, Hochschultaschenbuch 744, Bibliographisches Institut, Mannheim 1977.

HC Magazin 3(1984), 30-32: Fünfunddreissig Monitore im Überblick.

Heyder, F.: Amateurcomputer AC1, Funkamateur 12(1983) - 1(1985).

Hoffmann, P., Strelocke, K.: Die Dialogprogrammiersprache BASIC, Verlag Die Wirtschaft, Berlin 1981.

Hopfer, R.: Mikrorechner - eine Herausforderung 1-3, Funkamateur 3-5(1983).

-: Experimentier-Mikrorechner 1-8, Funkamateur 8(1983)-3(1984).

-: Programmierung von einfachen Mikrorechnern mit U808D, 1-5, Funkamateur 7-11(1984).

Hoyer, H.: ABC Mikroprozessortechnik, Jugend+Technik, ab 1(1984).

Jugel, A.: Mikroprozessorsysteme, 2.Aufl., VEB Verlag Technik, Berlin 1980.

Kerner, I.O.: Numerische Mathematik und Rechentechnik I, B.G. Teubner Verlag, Leipzig 1970.

Kieser, H., Meder, M.: Mikroprozessortechnik - Aufbau und Wirkungsweise des Mikroprozessorsystems U880, 3.Aufl., VEB Verlag Technik, Berlin 1985.

Koch, H.: Ergonomische Grenzwerte für die Anordnung von Bildschirmen, Feinwerktechnik und Messtechnik 89,3(1980), 105-110.

Kreul, H., Leupold, W., Horn, T. (Hrsg.): Kleinstrechner-TIPS, 1-4, Fachbuchverlag, Leipzig 1984/85.

Lampe, B., Jorke, G., Wengel, N.: Algorithmen der Mikrorechentechnik - Maschinenprogrammierung und Interpretertechniken des U880, 2.Aufl., VEB Verlag Technik, Berlin 1985.

Leventhal, L.A.: 6502 Programmieren in Assembler, te-wi Verlag GmbH, München 1981.

Loll, F., Schulze, W. (Hrsg.): Bürocomputer A 5110, A 5120, A 5130 Systembeschreibung, Nutzererfahrung, Verlag Die Wirtschaft, Berlin 1984.

Maeß, G.: Vorlesungen über numerische Mathematik I, Akademie-Verlag, Berlin 1984.

Mätzel, K., Nehrkorn, K.: Formelmanipulation mit dem Computer, Akademie-Verlag, Berlin 1985.

Maximowitsch, G.W.: Kybernetik Computer Gesellschaft, Verlag Mir und VEB Verlag Technik, Moskau und Berlin 1979.

Meiling, W.: Mikroprozessor - Mikrorechner, Funktion und Anwendung, 2.Aufl., Akademie-Verlag, Berlin 1979.

Menzel, K.: BASIC in 100 Beispielen, B.G. Teubner, Stuttgart 1984.

Mittelbach, H.: Simulationen in BASIC, B.G. Teubner, Stuttgart 1984.

Möschwitzer, A.: Grundkurs Mikroelektronik - Standardschaltkreise, Kundenschaltkreise, VEB Verlag Technik, Berlin 1984.

Müller, S.: Programmieren mit BASIC, Automatisierungstechnik 216, VEB Verlag Technik, Berlin 1985.

Oefler, U., Claßen, L.: Mikroprozessor-Betriebssysteme, Problemorientierte Programmierung U880(K 1520), Automatisierungstechnik 201, 3.Aufl., VEB Verlag Technik, Berlin 1984.

Otto, E.: ORIC-ROM geknackt 1-2, c't magazin 5-6(1984).

Pawlizki, P.: Auswerten der Flags des U880, rfe 7(1985), 462.

Paulin, G.: Kleines Lexikon der Mikrorechentechnik, Automatisierungstechnik 206, 2.Aufl., VEB Verlag Technik, Berlin 1985.

radio fernsehen electronic 34,2(1985), 68: Computerstandard MSX.

Rockwell: Data Book, Newport Beach, Calif. 1984.

Roth, M.: Mikroprozessoren, 4.Aufl., Sonderheft Wissenschaftliche Zeitschrift TH Ilmenau, 1979.

Schnabel, U., Bräuning, G., Heinold, H.: Informationsverarbeitung für Ingenieure, VEB Verlag Technik, Berlin 1982.

Scriven, J.: Oric-1 BASIC Programming Manual, Sunshine Publ. Ltd., London 1983.

Schwarz, W., Meyer, G., Eckhardt, D.: Mikrorechner - Wirkungsweise, Programmierung, Applikation, 3.Aufl., VEB Verlag Technik, Berlin 1984.

Sinclair Research Ltd.: ZX 81 BASIC Programmierung, Cambridge 1980.

Steffens, E.: MSX - das Thema des Jahres 1985? Ein Blick auf den neuen Standard, c't magazin für computertechnik 2(1985).

Vickers, S.: ZX Spectrum BASIC-Programmierung, Sinclair Research Ltd., Cambridge 1982.

Warme, G., Otto, V., Graffunder, B.: Mikrorechneranwendung - Gerätetechnik U880, 2.Aufl., Inst. f. Nachr.-Tech., Berlin 1984.

Werner, D.: Programmierung von Mikrorechnern, VEB Verlag Technik, Berlin 1983.

Wilke, M.: Im Zeichen der Roboter, Deut. Verl. Wiss., Berlin 1984.

Willers, F.A.: Elementar-Mathematik, 11.Aufl., Verlag von Theodor Steinkopff, Dresden und Leipzig 1962.

Wittig, S.: BASIC-Brevier, 6.Aufl., Heise-Verlag, Hannover 1984.

Woschni, E.-G.: Kleines Lexikon der Mikroelektronik, Automatisierungstechnik 207, 2.Aufl., VEB Verlag Technik, Berlin 1985.

Zaks, R.: 6502 Anwendungen, Sybex-Verlag, Düsseldorf 1983.

-: Programmierung des Z80, 5.Aufl., Sybex-Verlag, Düsseldorf 1984.

-: Programmierung des 6502, 3.Aufl., Sybex-Verl., Düsseldorf 1985.

Index

Bei Fragen zur Produktsicherheit wenden Sie sich bitte an:
If you have any questions regarding product safety,
please contact:

Walter de Gruyter GmbH
Genthiner Straße 13
10785 Berlin
productsafety@degruyterbrill.com